D0897117

Mémoires de la rose

DU MÊME AUTEUR

Oppède, Editions françaises Brentano's, New York, 1945. Rééd. Gallimard, 1947.

CONSUELO DE SAINT-EXUPÉRY

Mémoires de la rose

Préface d'Alain Vircondelet

Plon

© Plon, 2000
ISBN : 2-259-19282-3

J'ai longtemps hésité avant de prendre la décision de révéler l'existence de ce manuscrit.

Pour le vingtième anniversaire de la disparition de Consuelo et le centième anniversaire de la naissance de son mari Antoine de Saint-Exupéry, j'ai pensé que le moment était venu de lui rendre hommage en lui redonnant la place exacte qu'elle avait toujours tenue à côté de celui qui écrivait avoir bâti sa vie sur cet amour.

José MARTINEZ-FRUCTUOSO,
légataire universel de Consuelo de Saint-Exupéry

REMERCIEMENTS

Ce texte a été écrit directement en français bien que la langue maternelle de Consuelo de Saint-Exupéry fût l'espagnol. Les Editions Plon et les ayants droit remercient Alain Vircondelet, écrivain et auteur d'un essai sur Saint-Ex, de l'avoir rétabli, quand cela s'imposait, dans une syntaxe correcte.

Les chapitres ont été titrés par l'Editeur.

PRÉFACE

« Entre la première et la dernière guerre mondiale, raconte l'écrivain colombien German Ariniegas[1], tout le monde parlait de Consuelo comme d'un petit volcan d'El Salvador qui jetait son feu sur les toits de Paris. Pas une histoire à propos de son premier mari Enrique Gómez Carrillo[2] ou de son second mari, Antoine de Saint-Exupéry, où il ne fût question d'elle. Mariée à Enrique Gómez Carrillo, elle fut une intime de Maurice Maeterlinck, de Moréas, de Gabriele D'Annunzio. Veuve en 1927, elle épousa Saint-Exupéry en 1931 et ses amis furent alors André Gide, André Maurois, Denis de Rougemont, André Breton, Picasso, Salvador Dali, Miró... Là où vivaient les Saint-Exupéry se réunissaient amis aviateurs et écrivains. André Maurois était leur hôte quand Saint-Exupéry écrivait un livre qui n'a pas encore fini de tourner autour du monde : *Le Petit Prince*. Après le dîner, on se mettait à

1. *In* un quotidien d'Amérique latine, juillet 1973. M. Ariniegas était par ailleurs ambassadeur de Colombie à Paris.
2. Gómez Carrillo (1873-1927), d'origine guatémaltèque, consul du Guatemala à Paris en 1898, directeur du journal *Liberal* à Madrid en 1916, consul d'Argentine à Paris en 1918, Commandeur de la Légion d'honneur, se marie avec Consuelo Suncin en 1926 après s'être marié avec Aurora Cacceres en 1906 et avec Raquel Meller en 1919. Auteur d'un grand nombre d'ouvrages dont *L'Evangile de l'amour* et *La Vie et la Mort de Mata-Hari*. Il repose au Père-Lachaise, à Paris, aux côtés de Consuelo de Saint-Exupéry.

jouer aux cartes ou aux échecs, puis Saint-Exupéry disait
à tout le monde d'aller se coucher car il désirait travailler.
Quelques heures plus tard, Maurois entendait des cris
dans l'escalier : "Consuelo ! Consuelo !" Il sortait affolé,
pensant que la maison brûlait, mais ce n'était que Saint-
Exupéry qui avait faim et demandait à sa femme de lui
faire des œufs...

« Si Consuelo avait pu écrire tous ces épisodes de leur
vie commune à sa manière, vive et cocasse, on saurait avec
certitude qu'elle fut bien la Muse de l'écrivain. Elle était
peintre, sculpteur et écrivait avec beaucoup de bonheur
et de talent, mais ses Mémoires... elle ne faisait qu'en
parler. »

On sait maintenant qu'il n'en fut rien. Quinze ans après
sa rencontre avec Saint-Exupéry en 1930, dans la solitude
de l'exil américain, Consuelo, de son écriture large et couchée, racontait sur des pages entières, raturées et souvent
illisibles, sa vie avec l'écrivain-pilote. Puis, soigneusement,
elle les a retapées à la machine à écrire, sur papier pelure,
maladroitement, elle a fait relier les pages dans un carton
fort et noir.

Mémoires de la rose : dernière facétie du « petit oiseau des
îles ».

Nous sommes en 1946. Consuelo a la nostalgie de la
France, mais redoute d'y retourner, craint surtout les tra-
cas de la succession, aspire à vivre dans un pays où l'on
parle espagnol, pense pour cela à Palma de Majorque,
« en souvenir, dit-elle, de George Sand et d'Alfred de
Musset », deux autres « enfants terribles ».

Depuis la disparition de Saint-Exupéry, en juillet 1944,
Consuelo mène à New York une existence assez retirée.
Elle compose des décors et des maquettes pour les vitrines
de magasins, vit dans le souvenir de « Tonio ». Deuil difficile sans corps inhumé, cruauté de l'absence doublement

éprouvée. Elle rédige de petits textes, inachevés, raconte des souvenirs au dictaphone, tape à la machine des chapitres bien composés, mais que son exubérance de Centre-Américaine fait déborder, « écrit » d'une autre façon le visage de Tonio sur la pierre et dans l'argile. Elle le peint aussi, au crayon, au fusain, à l'aquarelle. Elle a envie de retourner dans la grande propriété de La Feuilleraie, louée par Saint-Exupéry avant l'exode de 1940 et maintenant abandonnée. Elle dit vouloir y « retrouver les portraits de mon père, de ma mère, de toi ».

Le dialogue s'engage entre l'absent et elle. De l'autre côté de l'Océan, en Europe, la disparition de Saint-Exupéry fonde la légende. On le statufie, on le mythifie, il est devenu ange, archange, Icare et Petit Prince qui a rejoint sa planète ; héros du ciel, il s'est pulvérisé dans l'univers. De Consuelo, on ne parle guère, occultée, niée même : après tout elle n'est pas indispensable au mythe organisé, même si elle détient beaucoup de clés. Elle n'est pas désirable non plus dans le décor, elle tranche trop dans l'histoire héroïque et aristocratique de Saint-Exupéry. Maltraitée par ses biographes qui savent peu de chose de sa vie, ignorée ou considérée comme une excentrique un peu sotte, malmenée par les parents de l'écrivain (excepté Marie de Saint-Exupéry, sa mère) et leurs proches (« la comtesse de cinéma », « petite personne fantasque et capricieuse », « bavarde et parlant mal le français »), elle est réduite à l'image de la femme-objet, de l'infidèle, de la coquette. Bref, elle fait, pourrait-on dire, désordre dans le mythe.

1944-1945. Consuelo « n'a pas, selon ses dires, le moral très haut ». Elle a appris de toute manière depuis longtemps l'art d'attendre, elle n'a fait que cela, attendre, depuis qu'elle est mariée à Saint-Exupéry. La plus dure des attentes, elle la connut peut-être dans les heures qui suivirent son départ pour la guerre, en mars 1943. « Votre désir était plus fort que toutes les forces du monde réunies et je connais bien mon mari. J'ai su depuis toujours, raconte-t-elle dans un dialogue inédit et fictif entre elle et lui, j'ai su, oui, que vous alliez partir. » Elle poursuit : « Vous teniez à être lavé, vous vouliez vous laver dans cette rivière de balles et de mitraille. »

1944-1945 : temps des bilans, temps des retours sur une existence en apparence brouillonne, bohème et « artiste », comme on peut en concevoir dans le monde des arts des années 30. Temps aussi pour survivre, « digne » de Tonio. Elle doit trouver un autre appartement, assurer des rentrées d'argent même modestes, endosser une troisième fois son rôle de veuve. De toute façon, le temps n'est plus aux larmes. « Je n'en ai plus, mon amour », écrit-elle. Comment surmonter le deuil ? « Vous êtes éternel, mon enfant, mon mari, je vous porte en moi, comme le Petit Prince, nous sommes intouchables. Intouchables, comme ceux qui sont dans la lumière. » Consuelo n'est pas assez armée pour se défendre contre la difficile réalité des intérêts familiaux et éditoriaux. Elle a gardé de son enfance cette désinvolture un peu naïve et confiante qui ne connaît pas les roueries des usages européens, elle n'a pas le goût des intrigues... Elle a vécu de surcroît avec Saint-Exupéry une vie dégagée des contraintes et des règles sociales, vie qui l'a confortée dans sa nature excessive, sensible et brouillonne. Elle fera donc comme elle a toujours pensé et vécu : c'est à l'instinct qu'elle avancera, qu'elle rebâtira sa vie.

Ces flux d'énergie, puissants et vitalistes, elle les tient de son enfance au El Salvador où elle est née en 1901. Enfance passée, comme celle de Saint-Exupéry, au contact de la nature. Enfance traversée de rêveries et de fantaisies, que l'imaginaire centre-américain a magnifiée : elle est depuis toujours une conteuse-née, elle « roucoule », elle « gazouille », elle enchante par sa manière de subvertir la réalité et de l'entraîner dans les contes. Elle sait broder sur un fait réel, met en scène sa propre naissance, et El

Salvador, avec ses terres brûlées, ses volcans et ses séismes, devient pays de légendes. De ce pays, elle est le génie et la déesse. Toujours, dans leurs moments de paix et de bonheur, Saint-Exupéry lui faisait raconter des histoires d'El Salvador, quand, petite fille, elle jouait dans la plantation de café de son père au milieu des grands bananiers avec les Indiens. « Raconte-moi l'histoire des abeilles », lui demandait-il, comme le Petit Prince demande « Dessine-moi... », et Consuelo racontait. Saint-Exupéry lui disait : « Quand je suis parmi les étoiles, et quand je vois au loin une lumière, que je ne sais pas si c'est une étoile ou une lampe sur la terre qui me fait des signaux, je me dis que c'est ma petite Consuelo qui m'appelle pour me raconter des histoires, et je t'assure que je me dirige vers le point de lumière. »

Cette enfance, Consuelo la porte en elle et c'est elle qui la sauve aux moments les plus rudes : infidélités de Saint-Exupéry, absences incertaines, accidents d'avion, disparition enfin. Elle aussi pourrait dire : « Je suis de mon enfance. »

Sa nature violente, excessive et baroque au sens où les grands conteurs de son continent, Borges, Cortázar, Márquez, entendent ce terme, est la chance de Saint-Exupéry. Elle lui permet de vivre poétiquement, au même diapason que sa nature fantasque et bohème : tous les deux possèdent cette indépendance aristocratique de l'esprit, cette capacité surréaliste de convertir la vie matérielle en légendes et en fables.

C'est cette aptitude à l'imagination, cette force de vie que Consuelo requiert après la mort de Saint-Exupéry pour échapper à l'amertume et au désespoir. Elle écrit donc ses souvenirs. La rencontre à Buenos Aires, les fiançailles mouvementées, les présentations à la famille, le mariage, l'installation à Paris, la vie d'épouse, les difficultés d'existence de Saint-Exupéry, son infidélité, son don-juanisme pathétique, ses tendresses retrouvées, leurs

déménagements, les autres femmes, la vie errante, les accidents, les livres et les succès, l'exode et son séjour en
communauté à Oppède dans le Vaucluse, le départ pour
New York, la grande maison blanche et la solitude dans la
ville étrangère, les adieux de son Tonio pour la guerre, et
les eaux de l'Hudson, plates et grises, sous lesquelles se
faufile le sous-marin qui l'emmène à jamais...

Elle écrit ses mémoires d'un trait, avec cette grâce exu-
bérante qu'elle a mise en toutes choses. Elle y apparaît
impulsive et amoureuse, naïve et soumise, révoltée et éner-
gique, fidèle et infidèle, résistante et découragée. Elle
écrit comme elle parle, comme elle parlera encore juste
avant de mourir, en revenant sur ces événements sur des
bandes magnétiques qui rapportent fidèlement sa voix.
Voix de conteuse, comparable par l'accent et la manière
à celle de Salvador Dali dont elle était l'amie à New York.
« Il m'est très pénible, dit-elle, de parler de mon intimité
dans mon foyer avec mon mari Saint-Exupéry. Je crois
qu'une femme ne devrait jamais en parler, mais je suis
obligée de le faire avant de mourir parce que l'on a
raconté des choses fausses sur notre ménage et je ne tiens
pas à ce que cela continue. Malgré la peine que j'ai à me
remémorer ces moments difficiles comme il y en a dans
tous les mariages. Vraiment, quand le prêtre vous dit que
vous êtes mariés pour le pire et le meilleur, c'est vrai ! »

1946-1979 : toute sa vie avec Saint-Exupéry, lettres et
documents, petits dessins griffonnés de l'écrivain, aqua-
relles, portraits au crayon bleu, dessins du *Petit Prince*,
vieux programmes de spectacles, menus gribouillés de
personnages enfantins, télégrammes, cartes de géographie, cartes postales et livres manuscrits, poèmes et textes
inédits, brevets et cahiers de recherches mathématiques,
tout le trésor d'une vie rejoint la solitude des malles-
cabines. Traversée de l'Atlantique dans les soutes. Elles
sont déposées dans les caves de l'appartement parisien de
Consuelo, et toutes ne sont pas ouvertes, laissées à leur
mystère d'archives ensevelies.

Quelquefois, dans sa vieillesse, elle revient au passé, ose explorer les boîtes enfermées dans leur nuit. « Je n'ouvre jamais sans trembler, écrit-elle, les dossiers et les coffrets où s'entassent les lettres de mon mari, ses dessins, ses télégrammes... Ces feuilles jaunies, étoilées de hautes fleurs et de petits princes, sont les témoins fidèles de ce bonheur perdu dont je mesure un peu plus fort chaque année la grâce et les privilèges. »

Durant ces années de retour en France, elle vit à Paris et à Grasse. Sa carrière de sculpteur et de peintre s'affirme. Elle passe aussi beaucoup de temps à perpétuer la mémoire de Saint-Exupéry. En tant que comtesse de Saint-Exupéry, veuve du grand écrivain tombé mort pour la France, elle assiste aux commémorations, aux inaugurations, aux célébrations ; elle le fait comme un devoir, pas forcément par goût. Elle n'a jamais beaucoup aimé les académismes, les mondanités, les choses obligées. Elle préfère se souvenir de ce qu'elle lui écrivait, à la veille de sa mort, à la fin de juin 1944 : « Vous êtes dans moi comme la végétation est sur la terre. Je vous aime, vous, mon trésor, vous mon monde. » Et aussi de ce qu'il lui répondait : qu'il est si reposant d'être noués tous deux comme deux arbres de ses forêts. D'être remués par les mêmes grands vents. De recevoir ensemble le soleil et la lune et les oiseaux du soir. Pour toute la vie.

A la mort de Consuelo, en 1979, ses ayants-droit héritent des fameux coffrets et des dossiers. Les malles-cabines ne sont toujours pas ouvertes. Elles rejoignent le mas de Grasse où elles dorment encore pendant des années. Lentement, les héritiers les exhument, les portent jusqu'au jour. En 1999, pour l'hommage au centenaire de la naissance de Saint-Exupéry, les documents nous sont confiés, soumis à notre étude. Résurrection des *Mémoires de la rose*, de la correspondance croisée du couple, microfilmée en Amérique par les soins de Consuelo, des ébauches du *Petit Prince*...

Consuelo retrouve vie. Celle qu'on avait si longtemps cachée réapparaît. On pourrait dire rendue à son innocence. Par ce dialogue secret, jamais lu de personne, et qui retrace soudain toute l'histoire, la rétablit dans sa vérité, dans sa violence passionnelle, dans sa complexité.

La relation Consuelo-Saint-Exupéry est fondamentale pour connaître l'écrivain. Sans Consuelo, serait-il vraiment Saint-Exupéry ? L'assomption de ces documents le rend à sa propre humanité. Et qu'importe après tout que le mythe se lézarde un peu ? Que le portrait ne soit plus tout à fait le même que celui qu'on a dessiné pour l'éternité, comme ces fines cires qui recouvrent les visages embaumés des saints ?

Peu de biographes ont bien compris l'histoire de ce couple et l'influence qu'il eut sur Saint-Exupéry : il manquait les clés essentielles. Aucun n'a soupçonné à ce point les arcanes obscurs de cette relation. Lire les *Mémoires de la rose* par rapport à ce manque. Lire ce livre des traces. Livre d'abord de l'attente.

Car l'attente inaugure le récit des souvenirs et le clôt. Tout au long, c'est l'histoire d'un homme qui part et fuit, esquive et rattrape, se sauve et revient, se cherche et ne se trouve pas. Au cœur de la problématique : aimer mais surtout être aimé. Présence de sa mère tutélaire, gardienne du foyer, mère qui enchante l'enfance, image de la fidélité et de la permanence. Fantasmatisation de ces motifs et transfert sur les femmes. Pas toutes, il y a celles, idéales, et les « salles d'attente », les « poulettes », les Gaby et les Betty, les « petites perruches » comme les surnomme Consuelo.

Saint-Exupéry garde profondément inscrite en lui l'image de la femme idéale, attentive au foyer, déesse de la Terre, archétype de la femme chrétienne, « la servante du Seigneur ». Consuelo n'est pas, contrairement à ce qu'on en a pu dire, une femme légère ou inconséquente. Elle a reçu de ses parents une éducation assez stricte, sa mère, de son propre aveu, fut sévère envers elle, l'éleva dans la religion chrétienne et dans la dévotion populaire. Mariée à Saint-Exupéry, fut-elle ce modèle d'épouse qu'il réclamait confusément ? Elle y répond dans ses Mémoires : elle joue son rôle avec application, range ses vêtements, prépare ses valises, veille à ce qu'il se nourrisse bien, décore et soigne son studio où il écrit, et surtout attend. Long apprentissage du rôle auquel Consuelo s'applique. L'exubérance exotique recouvre quelquefois les gestes convenus, Consuelo parle, ne sait pas faire ce silence que Saint-Exupéry réclame pour écrire et méditer, et quand elle parle, c'est dans une syntaxe qui n'est pas correcte.

Il ne lui en faut pas davantage pour s'éloigner. Il subit avec facilité des influences tendancieuses, prête le flanc aux malveillances, se laisse attendrir et séduire par ses admiratrices. Ce qu'il aime, l'aveu est explicite, c'est vivre comme il l'entend, faire ce qu'il a envie, ne pas être redevable, mais libre. Son désir d'indépendance se heurte néanmoins à celui d'une dépendance profondément ancrée en lui. Reviennent alors les invocations, sur le mode du lamento, des figures sublimées de Consuelo : Consuelo, soyez toute fleurie pour mon retour... Consuelo, ma petite lumière bénie... Mon petit poussin, gardez la maison pure... Faites-moi un manteau de mon amour... Consuelo, mon doux devoir...

L'étrange situation existentielle de Saint-Exupéry l'oblige à une errance sentimentale qui ne trouve d'exutoire et de libération que dans le vol solitaire et nocturne, ou encore dans le désir obsessionnel de lutter pour sa patrie. C'est dans un grand défi à la mort, dans cet état de résistance qui accepte le martyre, qu'il tempère son échec affectif. L'action, la camaraderie, la droiture, le patriotisme poussé jusqu'à l'héroïsme, le vol considéré comme une image sublimée de la pureté retrouvée, sont autant de relais et de passerelles pour le libérer des entraves affectives dont il est toujours prisonnier. Le livre de Mémoires de Consuelo explique très bien cette quête pathétique et douloureuse.

Leur vie n'est qu'une suite de ruptures et de retrouvailles, sur fond de raids aléatoires, de changements d'adresses et de coups de théâtre, de crises, de cris et de silence, de départs subits et de moments idylliques dans la douceur de La Feuilleraie, dont Consuelo veut préserver le charme à la Monet. Mais jamais pourtant cet amour ne se détruit vraiment. Consuelo, lasse et douloureuse, mais dont la grâce exotique n'a pas tari, finit par accepter les hommages d'autres hommes, l'architecte Bernard Zerhfuss auquel elle inspirera un amour violent, Denis de Rougemont qui habitera près du couple à New York et qui courtisera Consuelo (la seule vengeance d'Antoine sera de battre son rival aux échecs !) et auprès de qui elle cherchera un réconfort après la disparition de son mari. Leur passion racinienne ne peut vivre que dans cette tension et ces absences qui permettent toutefois d'affirmer chaque jour davantage la certitude : celle du couple indissoluble, quand Saint-Exupéry lui avoue que c'est elle qui a raison contre toutes les autres. Il lui dit encore qu'elle est sa consolation, son étoile et la lumière de la maison. C'est que Consuelo, tiraillée, reniée, sommée de revenir, lui est indispensable. Il a beau avoir des maîtresses, des égéries notoires qui le comblent de cadeaux, l'assurent dans sa carrière d'écrivain, le flattent et quelquefois l'aiment sincèrement, Consuelo reste indéracinable. Ce n'est pas faute d'être critiquée et méprisée. Elle est l'étrangère dans la famille et elle détonne dans les soirées littéraires de la NRF. Gide la déteste, mais, dit-elle, il n'aime de toute façon que les jeunes garçons et les vieilles femmes. Elle a une grâce juvénile et printanière que tous les tableaux, les croquis et les photographies révèlent, une liberté de Nadja, mais cette fraîcheur justement lui porte tort parce qu'on préfère, dans les salons que fréquente Saint-

Exupéry, des femmes autrement plus émancipées, intellec-
tuelles, libertines ou femmes d'affaires. Consuelo, comme
le lui reproche Tonio, « fait au contraire étalage de ses
dévotions religieuses », invoque Dieu et tous ses saints, fréquente les églises, se rend régulièrement à confesse et prie
pour son mari quand il est en mission... Nouvelle
complexité pourtant de Saint-Exupéry qui affiche un
mépris apparent pour les superstitions dévotes, et en
même temps conserve dans son portefeuille une image
pieuse de sainte Thérèse de Lisieux, et qui demande à sa
femme, à son retour de 1940, d'aller en pèlerinage à
Lourdes et de se faire baptiser ensemble dans les piscines
d'eau miraculeuse !

Le livre de Consuelo ne cesse de multiplier les exemples
de ces contradictions internes qui travaillant à bas bruit
démoralisent Saint-Exupéry et le tourmentent.

C'est pourquoi Consuelo est toujours revendiquée,
appelée au secours, elle est celle dont, au terme, il est sûr,
et qui saura le garder. La seule qui n'a pas eu pour lui de
rêves de gloire et de célébrité : seulement le désir de vivre
au fin fond de l'Afrique, dans une petite maison où il
serait tranquille et pourrait écrire. Car elle est celle qui lui
a toujours demandé d'écrire, de se préserver de toutes les
tentations noctambules, allant même jusqu'à l'enfermer
dans son studio aménagé par ses soins, avec ordre de n'en
sortir qu'une fois ses pages terminées !

Saint-Exupéry lui en est reconnaissant, lui confiant qu'il
a tant rêvé d'écrire sous son aile, doucement protégé par
sa tiédeur d'oiseau... « Votre langage d'oiseau et son ado-
rable frémissement... » Dans la grande maison blanche
américaine qui ressemble à Versailles, comme il le disait
en bougonnant un peu, il a accompli son chef-d'œuvre,
Le Petit Prince. Journées heureuses employées à dessiner, à
faire poser les amis, à réécrire l'histoire empruntée à la
sienne, à recréer tous les motifs qui l'ont tissée. *Le Petit
Prince* est né du grand feu de Consuelo, avoue-t-il enfin...

Et la rose, de fait, est au cœur du conte. C'est encore Consuelo qui inspire l'épisode, et les regrets de Saint-Exupéry d'avoir été si injuste et si ingrat envers sa rose : « Mais j'étais trop jeune pour savoir l'aimer. » À Bevin House déjà et plus encore en Corse, il sait que tout est effacé, que Consuelo lui a pardonné et qu'elles sont finies les grandes angoisses de la petite Consuelo. « Dites-moi, petite Consuelo, que sont finies les miennes ? » C'est à elle qu'il pensait dédier *Le Petit Prince* mais Consuelo a voulu que ce fût à Léon Werth, son ami juif. Et Saint-Exupéry le regrette presque à présent. Il lui promet d'écrire la suite lorsqu'il reviendra de la guerre et, cette fois-ci, elle sera la princesse des rêves, plus jamais une rose avec des épines et il lui dédiera ce livre. Les Mémoires comme la correspondance, non encore publiée, témoignent de cet étrange amour. Et surtout de ce que les légendes et les constructions trop parfaites peuvent ensevelir : Saint-Exupéry avait besoin en fait de ce manuscrit oublié depuis plus de cinquante années pour revivre autrement, pour apparaître plus humain. Ces Mémoires le rapprochent de nous, il en devient soudain plus émouvant et moins sentencieux, plus vrai et plus attachant. Ecrivez-moi, écrivez-moi, lui recommandait-il le jour de ses quarante-quatre ans, quelques semaines avant de mourir, « de temps en temps [le courrier] arrive et ça fait le printemps dans mon cœur ».

« La petite Consuelo » a bien reçu la lettre et l'ordre.

Elle a écrit, écrit, pour raconter leur histoire et faire entendre sa vérité.

Alain Vircondelet
Paris, février 2000

1

« La niña del *Massilia* »

Ricardo Viñes, le pianiste aux mains d'ailes de colombe, me disait à l'oreille, chaque matin, sur le pont :

— Consuelo, vous n'êtes pas une femme.

Je riais. Je l'embrassais sur les joues en écartant ses longues moustaches qui parfois me faisaient éternuer. Tandis qu'il psalmodiait les rites de la courtoisie espagnole, pour me souhaiter le bonjour, pour me questionner sur mes rêves, pour me préparer à bien vivre cette journée de voyage vers Buenos Aires. Et tous les jours je me demandais ce que don Ricardo voulait bien dire, avec sa petite phrase matinale.

— Suis-je donc un ange, suis-je une bête ? Ne suis-je pas ? lui dis-je enfin avec violence.

Il devint grave. Sa face à la Greco se tourna vers la mer pendant quelques instants. Il prit mes mains entre les siennes :

— Enfant, vous savez écouter, ah, ce n'est pas mal... Depuis que nous sommes sur ce bateau, je me demande ce que vous êtes. Je sais que j'aime ce qui est en vous, mais je sais que vous n'êtes pas une femme. J'ai médité des nuits entières sur ce sujet et je me suis enfin mis au travail. Je suis peut-être plus compositeur que pianiste et ce n'est qu'en musique que je puis exprimer, comme je le sens, ce que vous êtes.

Il ouvrit le piano du salon avec cette élégance castillane qui le rendait si célèbre en Europe. J'écoutais, c'était très beau. La mer nous balançait, prolongeait la musique et nous nous mîmes à raconter, comme d'habitude, nos insomnies, nos découvertes sur cette mer qui nous laissait apercevoir de temps à autre un phare, une île ou un autre bateau.

Je crus que jamais plus je ne m'inquiéterais de la petite phrase de Viñes dite en musique. Et je me mêlai aux passagers du *Massilia*.

Il y avait des Européens, convaincus par les agences de voyages qu'ils allaient découvrir dans un tango le jeune continent américain. Il y avait aussi des touristes natifs d'Amérique du Sud, qui rapportaient de Paris des cargaisons de robes, de parfums, de bijoux et de mots d'esprit. Des dames âgées racontaient sans pudeur combien de kilos elles avaient perdus pendant leur cure de beauté. Et d'autres, plus impudentes encore, me montraient des photos où l'on pouvait mesurer au millimètre les variations de leur joli nez. Un monsieur me confia le succès d'une opération délicate : une transplantation de dents achetées à bas prix à de pauvres gens...

Les plus jeunes femmes jouaient à nous montrer quatre ou cinq robes différentes chaque jour. Elles étaient obligées de les porter un peu, car les douanes de l'Amérique du Sud se montraient très sévères pour la contrebande des articles de luxe pratiquée par les femmes du monde. Entre chaque changement de toilette, elles prenaient des bains de parfums enivrants. Argentines et Brésiliennes, elles gagnaient de plusieurs longueurs sur les Européennes la course aux toilettes de luxe. Elles ne se faisaient pas prier pour jouer de la guitare ou chanter des chansons de leur pays. A mesure que le bateau avançait, ces filles des tropiques devenaient plus naturelles et leur caractère s'accentuait. Vieilles et jeunes roucoulaient leur portugais, leur

espagnol, sans donner une seule chance aux Françaises de
raconter la moindre histoire.

Rita, jeune Brésilienne, avait trouvé sur sa guitare le
moyen d'imiter le son des cloches, tantôt sonnettes de
messe, tantôt carillon de campanile. Elle disait que l'inspi-
ration lui était venue pendant un carnaval de son pays,
une de ces nuits de sorciers noirs et indiens où toutes les
femmes se livrent à leurs désirs, à leur vérité, à la vie
entière des forêts vierges inexplorées. Les cloches de Rita
trompaient parfois les passagers et les amenaient sur le
pont. Elle prétendait que sa guitare était un objet magique
et pensait qu'elle mourrait le jour où elle viendrait à se
briser. Le père Landhe, auquel elle se confiait souvent, se
sentait désarmé devant elle et renonçait à lui faire la
morale sur ses désirs païens et ses croyances magiques.

J'aimais beaucoup le père Landhe. Nous nous prome-
nions ensemble longuement, parlant de Dieu, des problèmes de cœurs, de la vie et des moyens de devenir
meilleurs. Comme il me demandait pourquoi je ne parais-
sais pas à la salle à manger, je lui répondis que j'étais en
deuil de mon mari, Enrique Gómez Carrillo, et que mon
voyage répondait à une invitation du gouvernement
argentin que mon pauvre mari défunt, qui était de la Carrière, avait représenté quelque temps en Europe. Le père
Landhe, qui connaissait très bien plusieurs livres de lui, fit
de son mieux pour me consoler : il m'écouta lui raconter,
avec toute la sincérité de ma jeunesse, l'amour qu'un
homme de cinquante ans avait éveillé en moi pendant la
trop courte période de notre mariage. J'avais hérité de
tous ses livres, de son nom, de sa fortune et des journaux
qu'il possédait. Une vie, la sienne, m'avait été confiée, que
je voulais comprendre, et revivre, et continuer en hommage à sa mémoire. Je ne voulais grandir que pour lui et
je faisais de ce cadeau ma mission.

Ricardo Viñes avait été un des familiers de mon mari. Il
m'avait remarquée à Paris parce que je portais par ma

mère le nom d'un de ses amis, le marquis de Sandoval, et pour Viñes, Sandoval signifiait l'océan, la tempête, la vie libre et les souvenirs des grands conquistadors. Toutes les femmes de Paris l'adoraient, mais c'était un ascète et ses grands flirts n'avaient jamais été que musicaux...

Un jour nous entendîmes Rita la guitariste lui dire à l'oreille, d'une voix rauque :

— Est-il vrai que vous appartenez à un ordre secret et très sévère, quelque chose de plus fort que les Jésuites, une secte où l'on ne vous permet que d'être un artiste ?

— Bien sûr, on vous a sans doute raconté aussi que nous nous coupons la moitié de la moustache par les nuits de pleine lune et qu'elle repousse malgré tout aussitôt ?

J'avais un autre chaperon sur le paquebot en la personne de Benjamin Crémieux qui allait donner des conférences à Buenos Aires. Il avait une tête de rabbin, beaucoup de feu dans le regard et de chaleur dans la voix. Ses phrases me paraissaient chargées d'un pouvoir secret qui rassurait.

— Quand vous ne riez pas, ce sont vos cheveux qui deviennent tristes, ce sont eux qui se fatiguent le plus. Vos boucles tombent comme des enfants qui s'endorment... C'est curieux, quand vous vous animez, quand vous racontez des histoires de magie, de cirque, de volcans de votre pays, vos cheveux sont de nouveau vivants. Si vous voulez être belle, riez toujours. Et promettez-moi que, ce soir, vous ne laisserez pas vos cheveux s'endormir.

Il me parlait comme à un papillon auquel on demanderait de tenir ses ailes ouvertes pour qu'on en voie mieux les couleurs. Malgré son veston long, un peu râpé, et sa barbe qui lui donnait un air sérieux, il était le plus jeune de mes amis. Son sang juif était pur et juste. Il semblait heureux d'être lui-même, de vivre sa propre vie. Il disait qu'il m'aimait parce que je savais me transformer selon l'heure. Cela ne me flattait guère. J'aurais voulu être comme lui, stable et contente de ce que Dieu et la nature m'avaient permis d'être.

Vers la fin du voyage, Viñes, Crémieux et moi étions devenus inséparables.

Tard dans la nuit précédant notre arrivée à Buenos Aires, don Ricardo joua un prélude étrange et brillant, puis annonça que le morceau s'appelait « La niña del *Massilia* ».

— C'est vous, dit-il, en me tendant les pages du manuscrit. Vous êtes la niña de ce paquebot.

Rita aussitôt proposa de l'accompagner sur sa guitare, car sa guitare seule, disait-elle, saurait révéler le sens de cette musique, et ce que Viñes pensait de moi.

Nous arrivions. La fièvre du débarquement nous montait à la tête et nous ne nous parlions plus que par politesse, comme des automates, lorsque j'entendis crier sur le pont :

— On demande la veuve de Gómez Carrillo. Dónde está la viuda de Gómez Carrillo[1] ?

Il me fallut bien comprendre qu'il s'agissait de moi.

— C'est moi, messieurs, murmurai-je timidement.

— Ah ! nous pensions que vous étiez une vieille dame !

— Je suis ce que je peux, dis-je tandis que les éclairs des appareils photographiques crépitaient autour de moi. Pouvez-vous m'indiquer un hôtel ?

Ils crurent que je plaisantais. Un ministre était venu m'accueillir sur le quai. Il m'annonça que j'étais l'invitée du gouvernement et que je logerais à l'hôtel España, résidence des invités officiels. Le Président s'excusait de ne pas me recevoir chez lui, étant occupé par une prochaine révolution.

— Comment, une révolution ?

— Oui, madame, et une vraie. Mais il est sage, don El

1. Où est la veuve de Gómez Carrillo ?

Peludo[1], il en est à sa troisième période de présidence. Il sait comment on gère ces incidents.

— Est-ce pour bientôt, votre révolution ? En avez-vous souvent dans ce pays ?

— Il y a longtemps qu'on n'en avait plus eu. On dit que celle-là sera pour mercredi.

— N'y a-t-il pas un moyen de l'empêcher ?

— Non, affirma le ministre, je ne pense pas. Le Président ne veut pas s'en mêler. Il attend tranquillement que la révolution vienne à lui. Il refuse de prendre des mesures contre les étudiants qui manifestent dans la rue aux cris de « A bas El Peludo ». La situation est grave mais je suis heureux que vous ayez encore quelques jours devant vous pour rendre visite au Président. Je vous conseille d'aller le voir dès demain matin. Il aimait beaucoup votre époux, et il sera content de parler de lui avec sa veuve.

Le lendemain, je pris donc une voiture pour la Casa Rosada, résidence du gouvernement. Je passai devant le seul gratte-ciel new-yorkais dont s'orne la capitale, et d'où l'on plonge sur des terrains vagues en plein centre de la ville, et sur de petites maisons qui ont l'air d'être installées là pour toujours.

Je trouvai dans la personne d'El Peludo, comme on surnommait le Président, un être très sage et très serein. Il me dit en souriant qu'il se faisait vieux, qu'il ne mangeait presque plus que des œufs frais, et qu'il s'était procuré de bonnes pondeuses qu'il élevait dans sa propriété. Il avait toujours refusé d'habiter le palais de la Présidence, où il se rendait tous les jours à pied de chez lui. Comme je redoutais d'aborder le sujet de la mort subite de notre cher Gómez Carrillo, je demandai au Président à quoi pensaient tous ces gens qui parlaient partout d'une révolution pour mercredi. Il devint grave mais pas triste :

1. Hipólito Irigoyen (1850-1933), président de l'Argentine de 1916 à 1922 et de 1928 à 1930, surnommé « El Peludo », « Le Chevelu ».

— Ils ont décidé de faire la révolution... Les étudiants... Ils en parlent depuis quelques années. Peut-être la feront-ils un jour. J'espère que ce sera après ma mort. Je leur ai toujours accordé ce qu'ils réclamaient. Je signe, je signe, toute la journée, et j'approuve toutes leurs positions.

— Peut-être signez-vous trop, risquai-je, et que c'est là le mal ?

— La mort de Gómez Carrillo, dit-il sans me répondre, m'a fait tant de chagrin. Vous savez qu'il m'avait promis de venir ici à Buenos Aires et de diriger quelque temps le ministère de l'Education. Je pense que c'est le plus important de tous les ministères. J'ai suivi l'un de ses conseils : j'ai remplacé les vieilles maîtresses d'école par de jeunes et jolies filles. Je me suis souvenu que lorsque j'étais petit, c'était un cauchemar pour moi de retrouver chaque matin ma vieille maîtresse affublée d'un râtelier, et qui n'avait plus d'amour pour les enfants. Aujourd'hui quand une fille agréable se présente, on l'engage même sans diplôme... Je crois que les enfants doivent apprendre plus facilement d'un être joli...

En souriant légèrement, je le laissai parler. J'imaginais les plaintes des parents dont on livrait les enfants à ces prix de beauté, incultes, sans expérience...

Le ministre G. m'offrit un dîner le même soir, avec beaucoup de personnalités officielles. La révolution était toujours prévue pour mercredi. Les femmes étaient très belles et le menu très riche. Les repas à Buenos Aires sont trois fois plus abondants qu'en Europe. J'étais ravie de mon séjour.

2

« Je vous présente Antoine de Saint-Exupéry, il est aviateur »

Benjamin Crémieux venait de donner sa première conférence dans les salons des Amigos del Arte. J'y avais rencontré toute la bonne société de Buenos Aires. Tout le monde parlait de la révolution.

— Ils sont bien aimables, me dit Crémieux, et j'aimerais pouvoir rester ici quelques semaines, mais ils commencent à me faire peur avec leur révolution. Ils ont l'air amusé d'en parler. Peut-être croient-ils qu'une révolution, ça ne fait pas de victimes. J'ai été soldat dans la dernière guerre et je n'aime pas le bruit des balles. Je suis d'une nature calme, ajouta-t-il en caressant sa barbe. A propos, ne voulez-vous pas venir à mon hôtel dans l'après-midi ? Je voudrais vous présenter un ami français très intéressant. Ne me posez pas de lapin surtout, je vous attends.

Dans les salons de l'hôtel, au cours du cocktail donné en l'honneur de Crémieux, on parlait de choses et d'autres mais on revenait toujours à la révolution. Cela commençait à m'ennuyer. Il me semblait même que cette révolution était bien longue à venir.

— La vôtre est pour quand ? disait l'un en plaisantant.

— La mienne est pour jeudi, je vous parie tout ce que vous voulez, répondait l'autre.

Je regardai l'heure et décidai de m'en aller sans

prendre congé de Crémieux, craignant qu'il ne me retienne. Comme j'étais en train de mettre mon manteau, un homme brun, très grand, fit irruption dans le hall de l'hôtel. Il vint à moi tout droit et, tirant sur les manches de mon manteau pour m'empêcher de les enfiler :

— Vous partez déjà, et j'arrive à peine. Restez quelques minutes.

— Mais je m'en vais, on m'attend.

Crémieux accourut et, montrant toutes ses dents au milieu de sa barbe noire, il déclara :

— Oui, oui, restez, c'est la rencontre que je vous avais promise. Je vous avais prévenu sur le bateau que je vous présenterais un aviateur, et que sûrement il vous plairait, parce que c'est un homme qui aime autant que vous l'Amérique latine et qui parle espagnol, mal, mais qui le comprend très bien.

Et face à l'homme brun, me tenant le bras, il disait en tirant sa barbe :

— Elle est très espagnole, savez-vous, et quand les Espagnoles se fâchent, c'est sérieux !

L'homme brun était tellement grand que je devais lever les yeux au ciel pour le voir.

— Benjamin, vous ne m'aviez pas signalé qu'il y avait d'aussi jolies femmes. Je vous remercie.

Puis se retournant vers moi :

— Ne partez pas, asseyez-vous dans ce fauteuil.

Et il me poussa de telle façon que je perdis l'équilibre et me retrouvai assise. Il s'excusa, mais je ne pouvais plus protester.

— Mais qui êtes-vous ? dis-je enfin, essayant de toucher le tapis du bout de mes pieds, car j'étais littéralement prisonnière du fauteuil trop profond et trop haut.

— Pardon, pardon, rétorqua Crémieux, j'ai oublié de vous présenter. Antoine de Saint-Exupéry, un pilote, un aviateur, il vous fera voir tout Buenos Aires d'en haut et aussi les étoiles. Car il aime tellement les étoiles...

— Je n'aime pas voler, dis-je. Je n'aime pas les choses qui vont vite. Je n'aime pas voir trop de têtes à la fois. Et je veux m'en aller.

— Mais les têtes n'ont rien à faire avec les étoiles ! s'écria l'homme brun.

— Vous croyez que nos têtes sont si loin des étoiles ?

— Ah ! fit-il surpris, peut-être avez-vous des étoiles dans votre tête ?

— Je n'ai pas encore rencontré l'homme qui a vu mes vraies étoiles, avouai-je un peu mélancoliquement. Mais nous disons des bêtises. Je vous répète que je n'aime pas voler. Je me sens déjà perdue quand je marche trop vite.

L'homme brun n'avait pas lâché mon bras, et s'était accroupi à côté de mon fauteuil en m'examinant comme on examine un objet indéfinissable. Je me sentais embarrassée, ridicule, une sorte de poupée qui faisait du bruit en parlant. Il me semblait que les mots que je prononçais perdaient leur sens. Sa main pesait sur mon bras et malgré moi je me sentais sa proie, enfermée dans ce fauteuil de velours, sans pouvoir m'enfuir. Il continuait à me questionner. Il m'obligeait à lui répondre. Je ne voulais plus manifester quoi que ce soit et je me sentais bête, mais quelque chose en moi faisait que je ne pouvais plus m'en aller. Je commençai à me fâcher contre la nature féminine. Je fis encore un effort, celui d'une luciole qui lance son dernier jet de lumière, d'esprit, de force.

J'essayai de m'extirper de ce fauteuil et je dis doucement :

— Je pars.

Il barra le passage de ses grands bras.

— Mais vous savez bien que vous venez dans mon avion regarder du haut des nuages le Rio de la Plata ! C'est tellement beau, vous allez voir le soleil se coucher comme nulle part ailleurs !

Crémieux lisait sur mon visage la crainte de l'oiseau pris au piège. Et, voulant me secourir, il déclara d'une voix ferme :

— Elle doit partir, Saint-Ex, un groupe d'amis l'attend, et je dois vous laisser aussi, j'ai mes invités.

Mais l'homme brun barrait toujours mon fauteuil. Il parla d'un ton grave :

— J'envoie mon chauffeur prendre ce groupe d'amis pour venir assister au coucher du soleil.

— Mais c'est impossible. Ils sont une dizaine.

— Et alors ? J'ai tous les avions que vous voulez. Je suis ici, disons, le patron de l'aviation. Je suis le chef de l'Aéropostale.

Nulle résistance n'était désormais possible. Il commandait. Il fit téléphoner aux amis. Nous étions à lui.

La joie qui se peignait sur le visage de Crémieux m'aida à accepter. Je priai l'homme brun de s'asseoir et de me laisser souffler. Je lui fis remarquer que tout le monde nous regardait, qu'il m'empêchait de respirer, que j'avais de la peine à parler.

Il rit de bon cœur puis, se passant la main sur les joues, il jura très fort et déclara :

— Je ne suis pas rasé. Je reviens d'un vol de deux jours et deux nuits !

Il disparut chez le coiffeur de l'hôtel et reparut dix minutes plus tard, rasé de frais, riant comme un enfant. Il criait :

— Crémieux, la prochaine fois que vous inviterez une jolie femme, vous me préviendrez !

— Vous n'étiez donc pas prévenu ? répondit Crémieux avec malice.

— Prenons d'abord un verre ensemble, j'ai soif. Et si je parle trop, excusez-moi, c'est parce que je n'ai vu personne pendant presque une semaine. Je vous raconterai des histoires sur la Patagonie, sur des oiseaux et sur des singes qui sont plus petits que mon poing.

Il me prit les mains et s'exclama :

— Oh ! qu'elles sont petites, vous savez, je sais lire les lignes de la main.

Il garda mes mains assez longtemps. J'essayai de les lui retirer mais il ne voulait pas les lâcher :

— Non, je les étudie. Vous avez des lignes qui sont parallèles. Vous aurez une double vie. Je ne sais pas comment cela s'explique, mais elles sont toutes parallèles. Non, je ne crois pas que votre caractère soit tout à fait secret. Mais il y a quelque chose qui vous a marquée. Probablement votre pays. C'est votre transplantation de l'Amérique centrale à l'Europe.

J'étais soudain ravie de ses attentions mais je tentais de lui résister :

— Je n'aime vraiment pas aller en avion, je n'aime pas la vitesse. Je préfère être assise dans un coin sans bouger. C'est sûrement à cause de mon pays, en El Salvador, il y a beaucoup de tremblements de terre et d'une minute à l'autre vous vous trouvez un jour avec la place Vendôme à votre porte.

— Eh bien, me répondit-il en riant, j'irai tout doucement dans mon avion. J'ai déjà demandé un autobus pour aller chercher vos amis, ils sont descendus à l'hôtel Occidental, on va vous les ramener ici. Ceux qui ont accepté de venir avec vous sont déjà là.

Tout était arrangé et vingt minutes plus tard nous nous serrions dans une auto qui roulait vers le terrain. Vers le coucher de soleil promis. De Buenos Aires à Pacheco, il fallait une bonne heure de route et, pelotonnée dans la voiture, j'écoutais ce garçon, le récit de sa vie, le récit de ses vols de nuit. Je lui dis alors :

— Vous savez, vous devriez écrire cela, c'est tellement beau ce que vous racontez.

— Eh bien, je l'écrirai pour vous. Vous savez, j'ai déjà rédigé un livre de souvenirs sur mes premiers courriers, quand j'étais jeune, il y a cinq ans.

— Mais cinq ans, ce n'est rien.

— C'est beaucoup. J'étais bien jeune, dans le désert du Sahara. Ce livre s'appelle *Courrier Sud.* Au retour, nous passerons chez moi et je vous en donnerai un exemplaire. Le livre n'a eu aucun succès. J'en ai vendu trois, un à ma tante, un autre à ma sœur et un autre à une amie de ma sœur. Enfin trois... On a un peu ri de moi mais si vous dites que ce que je raconte est vraiment bien, alors je l'écrirai. Ce sera pour vous seule. Une très longue lettre.

J'étais l'unique femme. Madame E. qui devait nous accompagner s'était excusée en prétextant que les routes qui menaient au terrain d'aviation étaient trop poussiéreuses. Dans la voiture, Saint-Exupéry parlait, parlait avec enthousiasme. Quel charme dans ses images, quel accent farouche de réalité mêlée à l'invraisemblable ! Crémieux le questionnait. Il répondait sans se lasser. Il déclara qu'il n'avait pas parlé depuis une semaine et nous abreuvait de mille histoires sur l'aviation.

Nous arrivâmes enfin au terrain. Un bel avion argenté nous attendait. Je voulus monter dans la cabine des passagers mais il insista pour que je sois auprès de lui sur le siège du copilote. La cabine était séparée par un rideau, une grosse toile. Je ne sais pas comment les hommes pouvaient voler dans ces avions. Il ferma les rideaux. J'épiais ses mains, de belles mains intelligentes, nerveuses, fines et fortes à la fois. Des mains à la Raphaël. Son caractère s'y révélait. J'avais peur, mais je lui confiais ma vie. Nous décollâmes. Ses muscles se détendirent sur son visage. Nous volions au-dessus des plaines, de l'eau. Mon estomac n'était pas content. Je me sentais pâlir, je soupirais profondément. Par bonheur le bruit du moteur étouffait mes soupirs. L'altitude me bouchait les oreilles, j'avais envie de bâiller. Tout à coup il coupa les gaz :

— Avez-vous beaucoup volé ?

— Non, c'est la première fois, dis-je timidement.

— Cela vous plaît ? me demanda-t-il en me regardant d'un air amusé.

— Non, c'est étrange, seulement.

Il arrêtait le manche à balai pour me parler à l'oreille.

Après, il le remontait de nouveau puis s'arrêtait encore pour me parler. Il s'amusait à nous effrayer en effectuant des loopings. Je souriais.

Il posa ses mains sur mes genoux et me dit en tendant sa joue :

— Voulez-vous m'embrasser ?

— Mais, monsieur de Saint-Exupéry, vous savez que, dans mon pays, on embrasse les gens qu'on aime et seulement quand on se connaît bien. Je suis veuve depuis très peu de temps, comment voulez-vous que je vous embrasse ?

Il se mordit les lèvres pour réprimer un sourire.

— Embrassez-moi ou je vous noie, dit-il en faisant mine de plonger l'avion sur la mer.

De colère je mordais mon mouchoir. Pourquoi devais-je embrasser cet homme que je venais juste de rencontrer ? Je trouvais la plaisanterie de fort mauvais goût.

— Est-ce ainsi que vous obtenez vos baisers des femmes ? lui demandai-je. Avec moi, ce procédé me marche pas. J'en ai assez de ce vol. Atterrissez, vous me ferez plaisir. Je viens de perdre mon mari et je suis triste.

— Ah ! Nous tombons !

— Peu m'importe.

Alors il m'a regardée, il a fermé le contact et il m'a dit :

— Je sais, vous ne m'embrassez pas parce que je suis trop laid.

J'ai vu des perles de larmes tomber de ses yeux sur sa cravate et mon cœur a fondu de tendresse. Je me suis penchée vers lui comme j'ai pu et je l'ai embrassé. A son tour il m'a embrassée violemment et nous sommes restés deux, trois minutes comme ça, on montait, on descendait, il fermait le contact et le rouvrait. Tous les passagers étaient malades. On les entendait derrière se plaindre et gémir.

— Vous n'êtes pas laid, non, mais vous êtes trop fort pour moi. Vous me faites mal. Vous me mordez, vous me mangez, vous ne m'embrassez pas. Je veux atterrir maintenant.

— Pardonnez-moi, je ne sais pas très bien ce qu'est une femme. Je vous aime parce que vous êtes une enfant et que vous avez peur.

— Vous allez me faire mal à la fin. Vous êtes un peu fou.

— J'en ai l'air seulement. Je fais ce que je veux même si cela me fait du mal.

— Ecoutez, je ne peux même plus crier, descendons à terre. Je me sens mal. Je ne veux pas m'évanouir.

— Pas question. Regardez, là-bas, le Rio de la Plata.

— D'accord, ça, c'est le Rio de la Plata, mais je voudrais voir la ville.

— J'espère que vous n'avez pas le mal de mer.

— Un tout petit peu.

— Tenez, voilà une petite pilule, tirez la langue.

Il posa la pilule dans ma bouche et me serrant nerveusement les mains :

— Quelles petites mains ! Des mains d'enfant ! Donnez-les-moi pour toujours !

— Mais je ne veux pas devenir manchote !

— Que vous êtes bête ! Je vous demande de m'épouser. J'aime vos mains. Je veux les garder pour moi tout seul.

— Mais, écoutez, vous ne me connaissez que depuis quelques heures !

— Vous verrez, vous m'épouserez.

Nous atterrîmes enfin. Tous nos amis étaient malades. Crémieux avait vomi sur sa chemise, Viñes se sentait incapable de donner son concert.

Saint-Exupéry me porta jusqu'à la voiture. On nous conduisit chez lui. Je me souviendrai toute ma vie de la course en voiture. On passait devant des vitrines de bijouteries, étincelantes de pierres précieuses, des émeraudes, de gros brillants, des bracelets, il y avait des boutiques avec des plumes, des oiseaux empaillés, c'était un vrai petit Paris. On aurait dit la rue de Rivoli. On arriva. On prit un ascenseur et l'on se retrouva dans la garçonnière de Saint-

Exupéry. Après avoir bu du café, nous nous sommes couchés comme on a pu. Viñes et Crémieux sur le même divan et moi dans le lit de Saint-Exupéry. La tête me tournait. J'avais mal au cœur. Je ne savais plus où j'étais. Je me suis recroquevillée et il me lut un passage de *Courrier Sud*. Je n'entendais plus rien et je finis par lui lancer :

— Ecoutez, voulez-vous me laisser un peu seule ? J'ai trop chaud, je voudrais prendre une douche. Excusez-moi.

Il sortit, alla dans l'autre pièce. Je pris une douche et il me donna un peignoir. Je me recouchai. Il se mit à côté de moi et me dit :

— N'ayez pas peur, je ne vais pas vous violer.

Puis il ajouta :

— Moi, j'aime qu'on m'aime. Je n'aime pas voler les choses. J'aime qu'on me les donne.

J'ai souri :

— Ecoutez, bientôt je serai de retour à Paris et ce sera quand même un agréable souvenir, ce vol, seulement mes amis sont tous malades et moi je le suis un tout petit peu.

— Tenez, voilà une autre pilule.

Je pris la pilule et m'endormis. Je me réveillai dans la nuit et il me donna du bouillon chaud. Puis il fit passer un film qu'il avait lui-même réalisé.

— C'est ce que je vois après mes vols, dit-il.

Il y avait une musique étrange, des chants d'Indiens accompagnaient les images. Je n'en pouvais plus, cet homme était trop impressionnant, trop riche intérieurement. Vaguement, je lui annonçai que Viñes avait un concert le soir même et qu'il fallait l'emmener au théâtre. Il m'assura que Viñes dormait profondément, qu'il était trois heures du matin, que je devais être sage moi aussi et me rendormir.

Quand je me réveillai, j'étais dans ses bras.

3

« Il a un grand talent. Il écrira son *Vol de nuit* »

Mes amis entre-temps avaient disparu. Lorsque je les retrouvai quelques jours après, ils me jurèrent que jamais plus ils ne remonteraient en avion ! Quant à Crémieux, le seul mot d'avion lui donnait envie de vomir :

— Il y a des « mal de mer », dont on se souvient toute sa vie !

La révolution approchant, je lui proposai de partir le lendemain par le prochain bateau.

— N'ayez pas peur, venez plutôt demain déjeuner à mon hôtel. Etes-vous libre ?

— Certainement, cher Crémieux. A bientôt donc !

Je revins à mon hôtel. Tout y était en effervescence, les femmes de chambre allaient et venaient, tenaient d'interminables conversations derrière les portes. Moi, j'étais contente : demain je déjeunerais avec Crémieux, puis nous partirions pour Paris.

Le soir, je dînai avec le ministre G. à l'hôtel. C'était un homme intelligent, doué d'une singulière vivacité d'esprit et d'une grande tendresse humaine. Il tenait à me recevoir en souvenir de Gómez Carrillo. Je voulais être jolie en son honneur. L'ambiance de l'hôtel contrastait avec mon état d'esprit. Je chantais, je m'habillai d'une robe blanche, je posai un voile de dentelle noire sur mes cheveux.

Je connaissais les difficultés politiques du moment et je trouvais vraiment très aimable de la part du ministre de me consacrer sa soirée. Il s'excusa d'avoir fait dresser la table dans un salon un peu retiré, par mesure de précaution.

— J'ai invité en votre nom quelques amis de Gómez Carrillo, leurs femmes sont ravissantes. Elles veulent toutes vous connaître. Elles veulent voir celle qui a remplacé Raquel Meller, la Violettera, dans le cœur du Maître !

Le divorce de Gómez Carrillo puis notre mariage excitaient leur imagination. Je ne souhaitai pas approfondir le sujet et détournai la conversation sur le Président.

— Parlez-moi plutôt de don El Peludo. Je le trouve très sympathique. J'ai passé une heure avec lui. Il m'a parlé de ses poules pondeuses : « Je me fais vieux, j'aime les œufs frais. » Je crois qu'il est fatigué de ses responsabilités. Il signe les papiers sans regarder...

Le ministre G. était son véritable ami et savait que la révolution était prête pour chasser El Peludo de la Casa Rosada.

Pendant que l'on nous servait des mets exquis arrosés de vins argentins, on apporta en toute hâte une lettre jusqu'à notre table. Elle était de mon aviateur. Il venait de passer un jour et une nuit en vol. Il me racontait les tempêtes, les escales forcées, dans l'émotion toute fraîche du vol. Il me parlait de fleurs, d'orages, de rêves et de terres fermes. Il disait qu'il reviendrait parmi les hommes seulement pour me voir, me toucher, me prendre la main. Il me suppliait de l'attendre sagement. Je riais et lisais la lettre à haute voix. Elle commençait par « Madame, chérie si vous le permettez » et se terminait par « Votre fiancé si vous le voulez » ! Nous la trouvâmes tous merveilleuse, géniale. Son livre *Vol de nuit* est né de cette lettre d'amour.

Cette nuit-là, je rêvai de ses mains me faisant des signes. Il y avait un ciel d'enfer. C'était un vol de nuit sans espoir. Mais moi seule avais le pouvoir d'allumer le soleil et de lui faire retrouver son chemin. Dans mon agitation, je réveillai le bon Crémieux par téléphone. Il conclut que je devais accepter sa demande en mariage. Je ne pouvais pas le laisser seul, disait-il, se basant sur mon rêve... « Il a un grand talent d'écrivain, si vous l'aimez, il écrira son *Vol de nuit* et ce sera grandiose. »

Le lendemain, attablés à la brasserie Munich, tous réunis, Crémieux, Viñes, Saint-Exupéry et moi, nous riions et parlions avec gaieté. Crémieux lui dit :

— Vous l'écrirez, votre grand livre, vous verrez.

— Si elle me tient la main, si elle veut être ma femme, répondit Saint-Exupéry.

J'acceptai enfin, à bout d'arguments. Fou de joie, il voulut m'acheter le plus gros diamant que l'on puisse trouver à Buenos Aires. C'est alors qu'on l'appela au téléphone.

— Je dois partir immédiatement, dit-il, allons ensemble jusqu'au terrain, nous nous y fiancerons puisque c'est là que vous avez bien voulu m'embrasser.

Crémieux ne voulut pas cette fois se prêter à une autre expédition. Seul Viñes nous accompagna et dit à Saint-Exupéry :

— Pressez-vous sinon je vais me tromper et me croire le fiancé de la « niña del *Massilia* » ! Il n'y a pas de piano sur votre terrain, il faut en faire porter un.

— Pour vous, j'en ferai venir un de Paris, lui dis-je en riant.

Tonio revint vers nous, le visage sombre :

— Je vous quitte.

— Mais vous ne pouvez pas me quitter. Nous devons nous fiancer cette nuit.

Je continuais à rire de la situation. Je ne comprenais rien mais je me sentais très heureuse.

— Vous voyez le pilote qui part ? Il a peur. Il est déjà revenu une fois très inquiet. Il prétend qu'il ne peut pas passer.

— Passer quoi ? demandai-je.

— La nuit, grogna Tonio. La météo n'est pas très bonne. Mais elle est toujours assez bonne pour moi. Il faut les sauver de la peur, disait Daurat... S'il persiste, je prends sa place. Le courrier doit partir ce soir.

Nous mangions des huîtres, buvions du vin blanc. Je commençais à avoir peur moi aussi... peur de la nuit. Les téléphones sonnaient tous en même temps, la radio, à deux mètres de nous, émettait en grinçant des messages en morse : d'autres pilotes demandaient leur chemin.

Le halo de lumière sur la tête du radio lui donnait un air macabre. Puis on entendit un grand ronflement de moteur. Une lueur blanche, comme une auréole de lait, envahit le terrain devant mes yeux. Tonio sonna. Un Argentin (l'habilleur, comme au théâtre) arriva et plus vite encore que je ne le raconte, le chaussa de bottes, lui passa un manteau de cuir, lui donna des gants. Le pilote pendant ce temps descendit de son avion. Il était de retour.

— Faites-le venir à mon bureau, cria Tonio, tandis qu'il avalait toutes les huîtres, mordait dans le pain entier et buvait à la bouteille. Je vous demande pardon, me dit-il, je suis pressé.

Le pilote qui avait peur entra, accompagné d'un secrétaire. Il était debout, gêné, pas fier, respirant mal. Il enleva son serre-tête.

Tonio dictait au secrétaire : « Boulevard Haussmann, Paris. Pilote Albert congédié, prévenez toutes les autres compagnies d'aviation. »

Albert cria :

— Si vous envoyez ce radio, je vous tue.

Il s'approcha de Tonio qui se ruait vers l'avion.

— Vous qui avez peur de la nuit, vous voulez me tuer ? Attendez que je revienne ! lui lança Saint-Ex.

Le pilote avait un revolver à la main. Il pleurait.

— Vous ne passerez pas, vous allez vous écraser...

Et il pleurait encore.

Viñes et moi étions paralysés. Le vin blanc nous desserra la gorge.

— Niña, niña, nos vamos a casa[1] ?

— Non, Ricardo, cette nuit, ce sont mes fiançailles.

Ricardo se lissait la moustache. Un cri retentit dans le hangar : Ricardo Viñes !

— Qu'ai-je fait de mal ? sursauta Viñes. Je ne tiens pas à voler...

— C'est un radio pour vous.

— Pour moi ?

Ricardo était de plus en plus perdu. Il cherchait ses lunettes qui ne voulaient pas sortir de sa poche pendant qu'Albert jurait dans l'ombre en s'éloignant, tête baissée.

Ricardo lut enfin le message radio : « Mille pardons pour mon absence. Continuez fiançailles au terrain, jusqu'à mon retour. Ciel plus clair et vent plus favorable pour mon retour. Vers minuit, j'espère. Votre ami, Saint-Ex. »

— Si vite, un télégramme, bravo ! rétorqua Viñes en riant de tant d'émotion. Eh bien, les fiançailles annoncent una boda magnífica, inesperada[2] !

C'était le commencement des vols de nuit, ceux qui désormais troubleraient mon sommeil.

Le lendemain, avec un café au lait, nous célébrions nos fiançailles sur le terrain. Tonio avait apporté le courrier jusqu'à l'étape suivante, où il avait trouvé un pilote de secours.

On vint nous annoncer que la révolution allait éclater le jour même. J'appris cette information avec calme. Plus rien ne m'inquiétait, mon pilote était de retour.

Viñes et moi rentrâmes dormir à Buenos Aires. Tonio devait rester au terrain, attendant des nouvelles de son courrier. Le téléphone me réveilla. C'était Crémieux.

— Levez-vous, la révolution a éclaté... On tire dans votre rue, entendez-vous ?

1. Petite fille, petite fille, on va à la maison ?
2. Une noce magnifique, inespérée.

— Ah oui ? Vous savez, cette nuit, je me suis couchée très tard. Attendez, je vais voir à la fenêtre. On tire, oui, c'est la révolution. Mais je viendrai déjeuner avec vous, attendez-moi.

A peine avais-je fini de m'habiller que je constatai la désertion des domestiques. Seul un vieux, dans un coin, qui ne désirait rien, me tendit une lettre urgente. Je la lui arrachai des mains. Mais Tonio soudain surgit comme un diable, en courant, dans mon appartement.

— Ah, vous êtes là ? J'ai eu si peur pour vous. Et le terrain est loin de Buenos Aires. J'ai été plus angoissé que pour tous mes vols à l'idée d'arriver trop tard, de vous perdre, venez.

— Mais pourquoi ? Ce n'est rien, c'est la révolution... Au Mexique, quand j'avais quinze ans, j'en ai vu des révolutions avec mes camarades de classe. De temps à autre, on attrape une balle, mais on meurt rarement. Les civils ne tirent pas bien. Il faut de longues années pour que les gens s'entraînent à tuer.

Il riait.

— Bon, si vous n'avez pas peur, moi non plus... D'ailleurs, voyez, j'ai ma caméra, je voudrais filmer la révolution juste là où l'on tire, cela fera plaisir à mes amis restés en France. Vous vous souvenez de mes petits films que je vous ai montrés.

— Oui, mais accompagnez-moi chez Crémieux. Il nous attend pour déjeuner.

— Il vous attend, mais moi pas...

— Mais puisque nous sommes fiancés !

— On ne le croirait pas, me dit-il, en me fixant dans les yeux. J'ai très peu de temps libre, et quand je viens vous voir, vous êtes avec du monde.

— Oui, si pour vous, la révolution, c'est du monde.

Nous marchions lentement et nous commencions à nous disputer. Il ne me laissait pas le temps de penser. Je voulais protester. Je lui disais que je ne désirais pas passer ma vie sur un terrain d'aviation ou sur une chaise à l'attendre. Mais les balles sifflaient plus vite que mes idées. Il me serrait très fort le bras.

— Dépêchez-vous, on va nous tuer. Regardez, il y a deux, trois hommes tombés morts, là.

— Peut-être sont-ils seulement blessés ?

— Marchez, marchez plus vite, petite fille, ou je vais vous prendre sur mon dos.

Il me donnait cet ordre très sérieusement, en regardant mes talons hauts et mon petit pas.

— Il ne faut pas courir quand on traverse une rue où l'on tire, lui dis-je. Les hommes de l'autre côté du trottoir, ceux qui font la révolution, nous repèrent mieux. De plus, vous avez l'air très différent d'un Argentin. Les soldats du haut de leurs camions ne s'occupent pas de nous, ils tirent seulement sur les hommes armés.

— Puisque c'est ainsi, pourquoi ne danserions-nous pas au milieu de la rue, petite fille ?

Les révolutionnaires forçaient l'entrée des immeubles privés, d'autres tiraient du haut des toits. Un homme armé d'une carabine nous menaça soudain, mais Tonio, d'une voix forte et tranquille qui couvrait le bruit des armes, lui lança :

— Je suis Français. Regardez, ajouta-t-il, en exhibant sa décoration de la Légion d'honneur.

Ce seul geste avait suffi pour tout arranger, mais je continuais d'avoir peur :

— Vite, courons nous cacher derrière cette porte cochère.

Nous passâmes une bonne heure à regarder le manège des révolutionnaires. Des hommes tombaient sans crier, on les ramassait vite, on les emportait, et d'autres sortaient d'un tunnel pour les remplacer. Nous ne pouvions plus rester à la même place, nous devenions nerveux. Nous continuâmes à marcher jusqu'au coin de la rue. Là, pas de révolution mais les fenêtres étaient fermées et l'on devinait des têtes, derrière, qui guettaient. Une agitation de fourmilière affolée.

Nous arrivâmes enfin chez Crémieux. Il était content de nous parler des événements.

— El Peludo est votre ami. Les personnes qui habitent l'hôtel sont de l'autre bord. Faites attention en parlant.

Il riait, c'était sa première révolution. Quelques avions continuaient à menacer Buenos Aires si le gouvernement résistait. Mais El Peludo, à la Casa Rosada, s'était rendu sans conditions.

Vers la fin de l'après-midi, la révolution avait donc gagné. Les révoltés commencèrent à jeter dans la rue les meubles qui appartenaient aux gens du parti du Président. Ils traînaient sa statue sur la chaussée, pendue au bout d'une corde, et mettaient le feu aux ministères.

Je courus avec Tonio à mon hôtel pour sauver mes bagages, puis je retournai auprès de Crémieux. Soudain une sirène se mit à siffler. C'était celle du journal *Critique*, organe du gouvernement.

— Et si c'était la contre-révolution ? demandai-je.

— Où aller ? répondit Crémieux.

— Moi, je ne bouge plus. J'ai horreur de cette agitation. Je suis venue à Buenos Aires pour me reposer !

Tonio et Crémieux riaient.

Nous décidâmes enfin de monter sur le toit où Tonio pourrait utiliser sa caméra. « Ce serait dommage de ne pas filmer l'événement », disait-il. Nous avancions de maison en maison. Tonio voulait descendre dans la rue. Crémieux me conseilla de le laisser sagement prendre ses photos : « nous resterons dans un petit coin sur le toit pour surveiller la situation ».

Le journal *Critique*, en fait, brûlait juste à côté de l'hôtel. La fumée nous empêchait de respirer, il fallait battre en retraite.

Le soir, nous prenions des cocktails au bar, moi avec ma

robe déchirée. Crémieux décida de partir définitivement le lundi suivant. Je ne savais plus où j'étais ni ce que je devais faire, un peu perdue entre les fumées du journal et les fleurs du piano-bar...

4

« Êtes-vous sûr de vouloir une femme pour la vie ? »

Je marchais dans la ville, chaque pas me semblait une aventure nouvelle et je me demandais pourquoi je devais être témoin de toutes ces choses étranges : la révolution, ma visite chez le Président, El Peludo traîné dans les rues, parmi les rires nerveux d'un peuple jeune qui se croyait, pour la première fois, libre. La statue déboulonnée en était le symbole. Le marbre avait résisté au beau temps comme au mauvais, mais le mauvais temps dans le cœur des étudiants avait été plus fort que celui de la pampa...

Don El Peludo irait lui-même en prison quelques jours plus tard, sur un bateau qui séjournerait dans les ténèbres, entre les îles où jamais rien ne pourrait apaiser son cœur. Il était vieux et on voulait le « suicider » ainsi, parmi les courants d'air implacables qui parcourent les mers. Des nuits entières on avait discuté de l'endroit où on allait envoyer le dictateur que le peuple argentin avait enfanté. On n'en trouva pas de plus lugubre pour cet homme qui était innocent, même au dire des braves gens, mais qui avait négligé ses devoirs de père du peuple.

J'avais peur de cette atmosphère étrange qui planait sur Buenos Aires. Aucune porte ne m'offrait de sécurité, chaque fenêtre me semblait un piège de volière. La mesure était dépassée pour une citoyenne comme moi qui arrivais de Paris, où tout était si simple, même la mort, même la misère et l'injustice. Ici tout était à découvrir. A inventer. J'avançais lentement. Pourquoi étais-je arrivée au moment précis où la fourmilière avait explosé ? Je n'avais pas de chance. J'étais venue chercher des amis, une paix pour adoucir mon cœur de jeune veuve, et je trouvais partout le mécontentement de cette race des tropiques qui, pour la première fois, jaillissait.

Dans ma poche, je sentais la lettre d'amour de mon Chevalier Volant, je la froissais entre mes doigts et à chaque pas, à chaque mouvement de mes muscles, à chaque tremblement de mes hanches, je l'entendais. Je me disais que c'était une lettre d'amour... Que l'amour... l'amour... Je continuais à marcher.

Trop de choses m'envahissaient. A moi de réfléchir, de devenir une grande fille. Je voulais comprendre, je savais qu'il y avait dans toute cette histoire quelque chose à déchiffrer. J'ignorais si c'était pour moi, ou si c'était pour la vie en général, qu'il fallait écouter attentivement la mesure de ce nouveau temps venu à ma rencontre. Je ralentis ma marche. Je regardai le ciel gris, près des toits mansardés de Buenos Aires : pas d'ombre dans le paysage, pas de feuilles, seulement quelques passants. Et je songeais aux beaux marronniers roses des avenues de Paris, à la Seine qui coupe la ville en deux, aux bouquinistes qui, en de semblables moments, distraient, apaisent. Une amie argentine me racontait un jour qu'elle possédait cinq mille arbres. On compte les arbres à Buenos Aires. Ils viennent de loin, ceux que l'on voit ici, on les amène comme des prisonniers, on leur promet beaucoup de soins et d'amour s'ils veulent bien grandir. Dans ce pays, les hommes marchent à la rencontre des arbres, et ils leur demandent de grandir chez eux, de les abriter de leur ombre, de leur donner une ombre. Je connais quelques propriétés où les arbres prospèrent grâce aux soins des jardiniers. Mais la pampa est dure, elle ne veut rien offrir, elle veut rester seule, elle veut être pampa. Le mal que les propriétaires se donnent à faire pousser le vert tient simplement de la magie. Une récolte est un miracle. Mais plus l'homme rencontre d'obstacles, plus il devient digne de provoquer des miracles...

La lettre de Tonio frottait toujours contre ma robe, contre ma hanche, elle me parlait sans que je veuille l'entendre. Je cherchais à comprendre ce qui m'arrivait, dans ce pays dur et tendre. Je me sentais seule, orpheline, loin des marronniers de l'avenue Henri-Martin, à Paris, exilée loin du Luxembourg. L'orgueil tiré de ma solitude et de mes difficultés à voir clair me donnait cependant l'impression d'exister réellement. On me proposait un rôle d'épouse dans une pièce. Etais-je faite pour lui ? Avais-je vraiment envie de l'interpréter ? J'avais la migraine à force de penser, alors, comme pour me détendre, je cédai enfin au bruit de ma lettre d'amour. Je mis la main dans ma poche, je la sortis lentement. Lui, le Chevalier Volant, m'offrait tout, son cœur, son nom, sa vie. Il me disait que sa vie était un vol, qu'il voulait m'emporter, qu'il m'avait trouvée légère, mais il croyait que ma jeunesse pouvait résister aux surprises qu'il me promettait : nuits sans sommeil, changements imprévus, jamais de bagages, rien d'autre que ma vie suspendue à la sienne. Il disait encore qu'il était sûr de me rejoindre à terre pour me cueillir, à une vitesse vertigineuse, que je serais son jardin, qu'il m'apporterait de la clarté, que je lui donnerais la terre ferme, la terre des hommes, la terre d'un foyer, une tasse de café chaud fait exprès pour lui, près d'un bouquet de fleurs qui l'attendrait toujours. J'avais peur de lire ces mots, j'avais envie de regarder derrière moi, dans mon pays où les maisons et les êtres étaient en sûreté.

Pas un signe pour apaiser mes craintes dans les rues sombres. J'éprouvais une lassitude. Je ne pleurais même pas. Je me tirais les cheveux comme une bête prise au piège. Pourquoi accepter cette union impossible avec un oiseau aux attitudes farouches qui traversait des cieux si hauts pour moi ? Pourquoi mon âme d'enfant se laisserait-elle tenter par ses promesses de nuages, de lendemains d'arc-en-ciel ? Je fermai les yeux sur cette lettre, je la remis dans ma poche et je continuai à pied jusqu'à une église pour demander à Dieu la suite des événements.

C'était Lui seul qui pouvait adoucir cette blessure qui venait de s'ouvrir dans mon cœur. Je me rappelais les conseils de ma mère : « Dieu, me disait-elle, ne veut pas que nous soyons tristes, confus, Il nous veut gais et forts. » Alors pourquoi me troubler ainsi, Seigneur ? Je frissonnais de crainte, j'avais de la fièvre, je ne pouvais plus penser, mais mon cœur me chuchotait à l'oreille : « Si Crémieux part sans moi, je resterai seule, sans conseil, sans protection. Je ne serai plus qu'une poupée dans les bras du grand voyageur du ciel. De l'aviateur. » Et la lettre continuait à murmurer à chaque pas de ma marche.

J'arrivai enfin à l'église, c'était la paroisse du père Landhe. Il était là, comme s'il m'attendait. Sans préambule, je lui racontai mes fiançailles en vol, et tirai cette lettre de ma poche. Il la lut lentement à haute voix, comme pour m'informer de son contenu. Et me regardant en face, il me dit :

— Si vous l'aimez, je vous conseille de l'épouser ; il est une force de la nature, il est un honnête homme, il est célibataire, si Dieu vous aide, vous fonderez un foyer heureux.

Je repris la lettre de ses mains et le quittai.

Je me retrouvai seule, parcourant les bruits de Buenos Aires. J'aperçus par hasard mon ancien hôtel : l'hôtel España. J'y entrai, poussée par la curiosité. Je demandai à voir ma chambre. Personne ne s'y opposa. Il y avait du désordre dans les escaliers, dans le hall, mais les domestiques paraissaient tranquilles et résignés. Je poussai la porte de la chambre, celle où l'on m'avait tant parlé de la révolution. Je retrouvai ma malle-armoire, intacte mais trop lourde pour que je l'emporte. Une lettre qui m'était adressée s'y trouvait posée, il y avait quelques taches sur l'enveloppe, comme des gouttes d'eau. Je l'ouvris et commençai à la lire. C'était encore une lettre de mon aviateur, il me répétait encore une fois qu'il voulait m'épouser, qu'il refusait que je rentre en France, qu'il savait bien que j'étais une invitée du gouvernement, et il me conseillait de ne pas me mêler de la politique du pays, mais de prendre au sérieux l'amour qu'il me portait. Notre ami Crémieux, disait-il, était d'accord sur ce mariage qui serait pour toute la vie. Il me demandait d'être une grande fille et de prendre soin de son cœur. Je remis cette lettre avec l'autre dans ma poche et, toutes les deux, en se froissant, gémissaient doucement...

Je sortis enfin de l'hôtel. Je monologuais dans la rue, je revoyais en face de moi son visage tendre, ses yeux noirs, ronds et pénétrants. La dernière fois que je l'avais vu éveillé, après des nuits et des jours de vol, il était frais et souriant comme un ange après avoir traversé une nuit d'orage. Il était prêt à danser ou à voler de nouveau. Il pouvait manger une fois par jour ou même pas du tout, il pouvait boire un tonneau de liquide ou rester plusieurs jours sans avaler une seule goutte d'eau. Il n'avait d'horaires fixes que ceux des orages dans le ciel et de la tempête dans son cœur. Un jour, arrivant à mon hôtel et me voyant prendre un verre d'eau :

— Ah ! dit-il, je sais ce qui me manque, depuis hier, je n'ai rien bu. Versez-moi à boire.

Je lui tendis un verre d'eau et une bouteille de cognac. Il versa le contenu de la bouteille de cognac dans sa gorge et ensuite l'eau, sans réfléchir. Il avait oublié que les autres personnes présentes pouvaient aussi avoir envie de boire. Il ne s'excusait même pas car il détestait perdre le fil de sa conversation. Cela le dérangeait beaucoup. Parfois, si on l'interrompait à la moitié de l'un de ses récits, il restait

longtemps silencieux et parfois ne reparlait plus de la soirée. Je devrais dire de toute la nuit car il n'avait pas la
notion de l'heure. Ses visites se prolongeaient jusqu'au
petit déjeuner, et il trouvait ce rythme tout naturel. Parfois
le sommeil le gagnait, il s'endormait n'importe où, et personne ne pouvait alors le réveiller.

Un jour on le ramena du terrain d'aviation. Il avait
donné l'adresse à son chauffeur qui me l'apporta
endormi, comme on vous livre un colis. A l'hôtel les
domestiques me disaient avec malice :

— Votre aviateur est endormi, on vient vous le livrer :
il dort ! Il dort !

Que faire avec ce garçon ? Je le fis allonger sur un divan
et demandai à ma femme de chambre de prendre soin de
lui lorsqu'il se réveillerait ; et, comme je craignais pour
ma réputation, je lui laissai mon appartement et pris une
autre chambre.

Cet homme qui n'était jamais fatigué était sensible aux
gestes les plus simples. Il détestait par exemple se déranger pour mettre les cendres de sa cigarette dans un cen-
drier, et même si elles tombaient dans les plis de son
pantalon, pour ne pas interrompre la conversation, il fei-
gnait d'ignorer le sort de ses vêtements, dussent-ils brûler !

Je continuai à marcher seule dans la rue, songeant à
mon pilote qui dormait... J'avais l'air d'une petite imbécile
qui vagabonde, se cogne aux passants, je ne savais pas mon
chemin quand soudain un homme me prit par le bras et
me cria à l'oreille :

— Montez, montez dans la voiture.

— Ah ! C'est vous, Tonio ?

— Oui, c'est moi. Je vous cherche partout. Vous avez
l'air d'une pauvresse, vous marchez toute courbée.
Qu'avez-vous perdu ?

— Je crois avoir perdu ma tête.

Il rit de bon cœur :

— C'est mon chauffeur qui vous a reconnue, moi, je

n'aurais pas su. Pourquoi êtes-vous si triste ? On dirait une orpheline.

— Oui, j'ai l'air triste parce que je n'ai pas le courage de vous fuir. Et je crois que je ne veux pas entendre la vérité ; pour vous je ne suis qu'une rêverie, vous aimez jouer avec la vie, vous n'avez peur de rien, même pas de moi. Mais sachez bien que je ne suis pas un objet, ni une poupée : je ne change pas de visage tous les jours, j'aime m'asseoir chaque jour au même endroit, sur ma chaise, et je sais bien que vous, vous aimez la quitter et changer tous les jours de lieu. Si vous me dites sincèrement que votre lettre, que votre déclaration sont un essai sur l'amour, un conte, un rêve d'amour, je ne serai pas fâchée. Vous êtes un grand poète, vous êtes un chevalier volant, vous êtes un beau garçon, fort, intelligent, vous ne pouvez pas vous moquer d'une pauvre fille comme moi qui n'a point d'autre trésor que son cœur et sa vie.

— En quelque sorte, me répondit-il, vous me trouvez trop de qualités pour faire de moi votre mari ?

— Pour faire un bon mari, peut-être, lui dis-je pensivement.

— Ah, les femmes sont toutes les mêmes ! Elles aiment l'amour dans les poèmes, sur la scène d'un théâtre. Elles aiment l'amour des autres, mais le vivre, aimer avec son cœur, ça c'est une autre chose, qui est donnée seulement par la grâce. Pourquoi ne croyez-vous pas à l'amour ? me dit-il en me serrant très fort la main. Pourquoi, si jeune, êtes-vous si méfiante de la vie ? Pourquoi êtes-vous si amère sur la douceur de vivre ?

— Combien de fois avez-vous déjà voulu vous marier, Tonio ? Combien de fiancées avez-vous eues ?

— Je vais vous raconter. Une seule fois, quand j'étais très jeune. J'étais fiancé à une jeune fille qui était paralysée, dans un plâtre. Le docteur disait que peut-être elle ne pourrait plus jamais marcher, mais j'ai joué avec elle, et je l'aimais. C'était la fiancée de mes jeux et de mes rêves. Sa tête seule s'agitait hors du plâtre pour me raconter ses rêves. Mais elle me racontait aussi des mensonges. Elle s'était fiancée à tous mes amis, et à chacun elle faisait croire qu'elle était la seule fiancée de son cœur. Et nous les étions tous ; seulement, plus tard, les autres fiancés de hasard se sont mariés avec des femmes qui marchaient, et moi seul suis resté auprès d'elle. Alors elle m'a aimé pour ma fidélité. Puis les grandes personnes se sont mêlées de nos fiançailles. Et les grandes personnes ont trouvé un autre fiancé, plus riche, et j'ai pleuré, oui, j'ai pleuré... Je n'étais bon à rien, je devais faire mon service militaire. J'ai choisi l'aviation, j'étais à la limite d'âge, je dus faire des miracles... Au Maroc, un colonel voulut me protéger. Je suis rentré comme pilote de ligne et je n'ai plus jamais quitté l'aviation, car je suis fidèle. Je n'ai pas oublié ma fiancée mais c'est la première fois que j'en désire une autre.

— Et vos parents ?

— Ah ! ma mère est très bonne. Je lui demanderai de venir à notre mariage. Elle comprendra.

— Mais ma famille m'attend à San Salvador. Je suis veuve depuis très peu de temps, et nous nous connaissons si peu. Je suis presque fiancée à un ami de mon mari. Vous, vous êtes toujours préoccupé de vos vols.

— Mais non, mais non, je ne vole pas toujours. Je vole seulement quand tout va mal. J'ai plusieurs pilotes qui vont à l'intérieur de l'Amérique du Sud. Mais si voulez, je vous ferai visiter les petites escales de la ligne Sud-Amérique-France. Le Paraguay, la Patagonie, et plus loin encore... J'ai inauguré des terrains, vu de petits villages, mais cela commence à bien fonctionner. Je resterai à Buenos Aires pour surveiller les lignes. J'écrirai. Depuis *Courrier Sud*, je n'ai plus rien écrit... Que cette lettre de quarante pages pour vous... Et dire que je vous admire, que je vous aime... Tous les jours je vous demanderai d'être ma compagne pour toute la vie. J'ai besoin de vous. Je sais que vous êtes ma femme, je vous le jure.

— Je suis trop émue... si je croyais vous apporter quelque chose de bien, de beau, je pourrais peut-être me décider à me remarier... mais pas si vite... Tonio, êtes-vous sûr de vouloir une femme pour toute la vie ?

— Consuelo, je vous veux pour l'éternité. J'ai pensé à tout. Voilà le télégramme pour ma mère. Je l'ai fait hier tout seul. Je ne puis même pas vous quitter une journée. Voyez les lettres que je vous ai apportées chaque jour : je n'ai fait rien d'autre que de vous aimer... Si vous m'aimez, je lutterai pour vous offrir un nom célèbre, aussi important que celui de votre mari, Gómez Carrillo. Mieux vaut renoncer à être la veuve d'un grand homme et devenir la femme d'un être vivant qui vous protégera de toutes ses forces. Pour vous convaincre, je viens de vous écrire une lettre de cent pages. Je vous en prie, lisez-la, c'est la tempête de mon cœur, la tempête de ma vie, qui va vers vous, de très loin. Croyez-moi, avant vous, j'étais seul au monde, désespéré. C'est la raison qui m'a poussé à habiter le désert, comme dépanneur d'avions. J'étais sans femme, sans espoir, sans but... On m'a nommé ici, je travaille, je gagne beaucoup d'argent. J'ai un compte en banque, j'économise depuis vingt-six ans. J'habite une garçonnière, passage Geremez, dans un endroit où ne demeurent que des oiseaux, quelques personnes de temps en temps. J'ai pris cette garçonnière pour une semaine et j'y suis resté. Je remplirai mes devoirs envers les miens... Quant à ma vie de pilote, vous le savez vous-même, elle a ses risques comme tous les métiers. Je n'ai même pas acheté un manteau d'hiver de peur de ne pas arriver à vivre jusque-là...

Moi je l'intéressais parce que, comme lui, je pouvais, si je le souhaitais, disposer de moi-même. Nous étions deux à former une union toute neuve. Libre.

Crémieux approuvait notre projet :

— Vous allez vivre une vie intense, ne vous laissez pas atteindre par les envieux, allez toujours de l'avant.

A moi, il confia :

— C'est un grand type, faites-le écrire, et l'on parlera de vous deux.

Quelques jours après, Crémieux partait.

A la brasserie Munich, mon grand Tonio, habillé de clair, prétendait qu'il ne pouvait pas dormir. Que bientôt nous serions mariés, ce n'était plus qu'une question de jours. Sa mère allait arriver. Une jolie maison était louée pour notre mariage à Tagle. Si j'étais sage, me disait-il, je pourrais l'habiter tout de suite, sans me cacher de la bonne société de Buenos Aires, puisqu'il serait ma vie, toute ma vie.

Je suis donc allée à Tagle. Des amis sont venus pendre la crémaillère. On attendait ma future belle-mère pour le mariage. Ricardo donnait toujours des concerts. Il venait chez nous, nous comblait de son talent qui enchantait l'imagination de Tonio.

La maison était petite, mais agrémentée de terrasses énormes et d'un petit studio isolé où j'installai un tonnelet de porto au robinet d'or, une peau de guanaco au mur, des animaux empaillés et des dessins de ma composition. Nos amis appelaient cette pièce : la chambre des enfants terribles.

J'étais heureuse : « Quand on cherche au fond de soi-même le merveilleux, on le trouve. Je pourrais dire, en chrétienne, quand on cherche le divin... on parvient à le trouver. »

5

« Je ne peux pas me marier loin des miens »

— Où mettre cela, Tonio ? dis-je en voyant ses valises et ses caisses pleines de papiers dans le hall de notre nouvelle maison.

— C'est sans importance. Dans le garage, pour ne pas encombrer la maison. Les dix caisses sont clouées et en bois... rien à craindre pour les papiers. Je ne sais plus d'ailleurs ce que j'ai pu mettre dedans. Mais ce sont tous mes biens, chérie. Je les transporte d'une escale à l'autre. Chaque caisse est une escale, un hôtel où j'ai demeuré depuis ma vie de pilote. Mais je n'ai pas été toujours pilote, j'ai aussi été dépanneur dans le rio del Oro... J'étais jeune alors !

— A quelle époque, Tonio ?

— Il y a trois ans. La vie va très vite, vous savez. C'est Monsieur Daurat qui m'a appelé un jour à son bureau. Monsieur Daurat ne parle pas beaucoup. Il agit, il pense, il aime son travail parce que son travail participe aux mouvements des hommes. Monsieur Daurat fait toujours agir le meilleur dans l'homme. Les pilotes ne l'aiment pas beaucoup, mais ils voudraient bien être comme lui... moi aussi ! J'avais fait des vols sur la ligne, par-ci par-là. Un jour à Toulouse, il me demande à son bureau. « Vous allez partir à Port-Etienne, l'avion décollera à 3 h 15. Vous allez rester là quelques mois, le travail est facile, mais nous perdons souvent des avions. » Je dis à Daurat : « Mais je serai loin de ma famille ! — Vous lui écrirez par avion. — Mais mes valises, Monsieur Daurat ? — Ne vous encombrez pas, l'avion est très chargé de poste. Vous pouvez emporter votre rasoir et votre brosse à dents. Là-bas il fait chaud : 50 degrés à l'ombre. » Puis il dit très fort : Soyez à l'heure. Au suivant. »

» Un autre pilote rentra. Moi, j'étais sur le carreau. Devais-je partir ? Je savais bien que, si je refusais, j'étais congédié. C'était la fin de ma carrière de pilote. J'effaçai de ma tête tous mes rendez-vous. Je demandais à ma conscience d'homme : refuser ou accepter ? Refuser était trop facile. Je devais accepter. Je pourrais toujours dire non là-bas, et revenir. Ce n'était pas le bagne, après tout. J'écrivis à ma mère, à mes amis, et à l'heure exacte j'étais au terrain. Monsieur Daurat m'a conduit à l'avion sans dire un mot. Seulement un signe de main une fois que j'étais dans l'air.

» Le lendemain soir, Port-Etienne. Nous avions bu du café, mangé du chocolat. Le radio en avait une bonne provision. Moi, comme d'habitude, je n'avais rien emporté... Mais je vous laisse debout, ma chérie. Asseyons-nous là, sur mes caisses, comme à Port-Etienne ! Monsieur Daurat me les avait envoyées, une par une, et je les avais aussi clouées. J'avais tout dedans. Mais je n'avais besoin de rien, à Port-Etienne. J'étais nu, une serviette autour de la tête pour les grandes promenades. J'emportais une carabine, car il était dangereux de s'éloigner du hangar. Les Maures étaient et sont encore des ennemis des chrétiens, mais c'est le peuple le plus pur que j'aie jamais rencontré...

» Avec une grande habileté, on avait traité avec eux pour obtenir un hangar, les pourparlers ont été dignes des contes des Mille et Une Nuits. Ils nous demandaient le poids du hangar en or pour nous permettre d'avoir une base là ! Plus tard j'ai appris qu'il fallait toujours leur dire oui et discuter le vrai prix après. Ils demandaient aussi mille chameaux, et mille esclaves armés de neuf mille carabines, mille kilos de sucre et de thé ! Nous disions oui, évidemment. A la fin, après avoir vu le chef de la tribu qui était venu voilé, avec deux de ses hommes et des fusils chargés pour la réponse, on leur offrait une menthe, qu'ils ne refusaient jamais. Nous devions nous accroupir et ainsi ils avaient confiance. Conclusion : 100 pesetas, dix livres de thé, autant de sucre ; et pour les esclaves, on les achèterait quand on en trouverait, ce qui n'était pas facile. Savez-vous au juste la méthode pour faire un esclave ?

— Non.

— Vous n'êtes pas fatiguée ?

— Non, j'aime vos histoires. J'ai l'impression qu'elles sont inépuisables...

— Alors voilà : les Maures envoient leurs hommes de confiance acheter du thé, de la menthe sèche, du sucre et des fusils. Ils abordent des pâtres de troupeaux qui appartiennent à de riches marchands de tapis, de miel ou de cuivre, et ils sont très aimables. Les pâtres se laissent charmer bien qu'ils sachent que ces Maures déguisés en Marocains sont des loups qui peuvent dévorer troupeaux et bergers. Mais l'Arabe aime jouer. Le Maure lui tend alors un piège : « Viens avec moi, tu connais la région. J'ai un petit troupeau à tel endroit, je te le confierai. Tu seras mon ami. »

» Et le pâtre fait ses provisions de nourriture, ses adieux à sa femme et part... Une fois en terres dissidentes, les Maures rencontrent d'autres Maures, comme par hasard, et ils disent au berger : « Ah ! on va faire de toi un bon esclave, tu es solide, tu nous plais. » On le met dans un trou pendant quelques jours, une heure chaque jour, on le sort du trou pour y mettre un autre esclave, et pour le battre avec une verge... pour le dérouiller. On lui donne un verre d'eau et on le remet debout dans le trou, avec

une caisse sur la tête. Après la lune, on fait une cérémonie.
On le sort du trou, pas de coups de verge cette fois, on
l'habille de neuf, on le laisse dormir, une belle esclave le
masse, elle est sa femme, et tout le monde est ami avec
lui. A lui maintenant d'être un bon et fidèle esclave. S'il
s'échappe, comme c'est prévu, on le rattrapera et dans
une autre tribu, même traitement. Après trois ou quatre
fois l'homme le plus endurci devient vraiment un bon
esclave. S'il est jeune, il prendra comme maîtresse la
femme de son seigneur, et il empoisonnera l'eau pour se
sauver avec elle dans une autre tribu...

— Oui, dis-je, il y a des méthodes et des méthodes pour
nous rendre esclaves, même dans la Bible. Je voudrais,
moi, être votre esclave, mais par amour...

Tonio riait.

— Vous ne savez pas ce que vous dites, petite fille.

Au milieu de toutes ces caisses, il me paraissait
immense, un géant. Il avait la résistance d'un Maure. Nous
décidâmes que les caisses iraient dans son studio, au
deuxième étage. Il les portait comme on porte des livres.
Sans effort. Je me trouvai honteuse, indigne de lui. J'aurais
dû faire ce déménagement depuis longtemps pour qu'il
se sente enfin chez lui.

Le lendemain, après son départ au terrain d'aviation, à
cinq heures, j'ai commencé à ouvrir les caisses. Trois jours
de grand travail, à faire sauter ma cervelle. Je l'empêchai
de monter là-haut et, le troisième jour, je lui ai annoncé :

— Allez dans votre studio.

— Si vous voulez, me dit-il, pensif.

Il entra.

— Oh, plus de caisses ! s'écria-t-il et il rougit de colère.
Mais qui a touché à mes affaires ?

— Moi.

— Vous, douce ?

— Voyez, sur cette grande table de travail, tout est en
ordre. J'ai eu du mal. Regardez. Les dossiers principaux

sont là. Ainsi que les petits papiers de radio-messages en vol... Chaque liasse est épinglée à une feuille, puis mise dans un classeur, numérotée à l'encre rouge :

1 : Lettres de femmes du Maroc.

2 : Lettres de femmes de France.

3 : Lettres de famille.

4 : Lettres d'affaires et vieux télégrammes.

5 : Notes sur le vol.

6 : Lettres commencées.

Littérature à l'encre noire.

Phrases changées.

Notes sur la peur.

Photos de famille.

Photos de villes.

Photos de femmes.

Coupures de vieux journaux.

» Ici, j'ai mis :

Livres.

Cahiers.

Carnets de vol.

Des dossiers ensemble.

De la musique

Des chansons.

Les appareils photographiques et les lunettes.

Les casiers de la bibliothèque.

Un album de collages.

» Et les petits objets, les souvenirs, dans la bibliothèque.

» Les caisses sont vidées. Je vous jure que rien ne manque. Ici, il reste dans une caisse les enveloppes de quelques lettres et de vieux journaux. J'ai fait mon possible pour que vous ayez à la maison toutes vos affaires.

— Oui, oui, mais laissez-moi. J'ai besoin de rester seul. Je vous suis très reconnaissant. Je travaillerai jour et nuit à votre livre.

— A votre tempête, dis-je.

— Non, elle est passée. Je dois la raconter pour vous

faire plaisir. Donnez-moi du thé, je ne veux pas dîner. Je veux rester avec mes papiers.

J'enfermais ainsi mon fiancé dans son studio et, moyennant cinq ou six pages de travail, il avait le droit de rejoindre la chambre des futurs époux. Pas avant. Il aimait mon petit jeu.

Léon et sa femme, nos domestiques tchèques, me questionnaient souvent sur notre mariage. La mère de Tonio ne donnait pas de ses nouvelles. Nous avions appris par des amis consuls que sa famille s'informait sur mes origines. Nous étions tristes pour la première fois. Je n'aimais pas cela. Je commençais à étouffer, mais je ne diminuais pas le rythme de ses pages. Il s'y attelait et me remerciait même de ma sévérité. Mes amis d'Argentine me demandaient : « Alors, à quand le mariage ? »

Deux autres amis de mon ex-mari vinrent nous dire que nous étions le scandale de Buenos Aires. Que je ne pouvais pas me conduire de cette manière envers la mémoire de Gómez Carrillo. Je laissai Tonio répondre.

Nous avions fixé une date proche pour le mariage. Quand elle arriva, nous allâmes ensemble à la mairie inscrire nos noms. J'étais contente. Si sa mère ne venait pas, eh bien, on l'attendrait pour le mariage religieux. Nous étions d'accord, les amis de la légation aussi. Nous étions responsables de nous-mêmes. Je me suis habillée de neuf, comme lui. Après la mairie, nous irions à la brasserie Munich, tous les deux.

— Votre nom ? Votre adresse ? La femme la première.

J'ai donné mon nom, mon adresse. Puis ce fut son tour. Il tremblait, il me regardait en pleurant des larmes d'enfant. Alors je n'ai pas pu. Non, c'était trop triste. J'ai crié :

— Non, non, je ne veux pas me marier avec un homme qui pleure, non.

Je le tirai par la manche et nous avons descendu comme des fous les escaliers de la mairie. C'était fini. Je sentais mon cœur battre dans ma gorge. Il me prit les deux mains et me dit :

— Merci, merci, vous êtes bonne, vous êtes très bonne. Je ne peux pas me marier loin des miens. Ma mère va bientôt arriver.

— Oui, Tonio, ce sera mieux ainsi.

Ni lui ni moi ne pleurions plus.

— Venez déjeuner.

Je me fis secrètement le serment de ne plus jamais remonter l'escalier de cette mairie. Je tremblais encore. J'étais au terme de mon aventure.

La maison de Tagle, qui chantait avec les oiseaux et nos rêves, devint lugubre. Je ne respirais plus. Les amis venaient moins souvent me rendre visite. Je passais des heures à regarder la plaine devant la maison, la tête vide, le cœur en tout petits morceaux. J'étais amoureuse d'un garçon qui avait peur de se marier. Il m'avait séduite et il s'éloignait...

Les amis argentins ne m'invitaient plus chez eux. A leurs yeux, j'étais une veuve joyeuse. Mon aviateur sortait seul. Je priais Dieu. Je décidai de ne plus jamais parler à Tonio de notre mariage raté. Depuis qu'il m'avait remerciée à la mairie, il n'abordait plus ce sujet. J'avais perdu mon billet de retour. J'aurais dû avoir une pension de veuve de diplomate argentin, mais je n'avais plus le courage de demander quoi que ce soit aux amis de Gómez Carrillo.

Je m'enfermai dans la maison de Tagle. Tonio s'excusait souvent pour les repas. C'était comme quelque chose de convenu entre nous, même s'il restait à Buenos Aires, il ne prenait plus aucun repas à la maison. Il rentrait le soir pour changer de chemise, se raser, je me tenais dans un petit boudoir, feignant de lire un journal ou un livre, et il me disait :

— A tout à l'heure, chérie.

Il m'embrassait avec culpabilité et s'enfuyait en tremblant.

Il rentrait tard la nuit. Je l'attendais. J'étais toujours habillée en robe longue, souriante comme pour aller au bal, je préparais un sujet de conversation littéraire, une anecdote d'autrefois... Et nous prenions ensemble du champagne très frais. Il se détendait un peu et, alors que je me mourais de tristesse, je jouais comme si rien n'avait changé entre nous. Je lui disais :

— Cinq pages seulement de tempête, ce soir...

Et il allait dans son studio.

— Conduisez-moi par la main, je ne sais pas monter l'escalier.

Il jouait à l'enfant. Je l'installais dans son fauteuil, l'embrassais et lui répétais à l'oreille :

— C'est nécessaire, écrivez, écrivez. Crémieux a insisté : « Il faut qu'il écrive », alors dépêchez-vous.

— Merci, merci, j'écrirai puisque vous me le demandez.

Et le matin, je trouvais quelques pages illisibles sur mon petit bureau dans mon boudoir.

Il partait à son travail et moi, je dormais toute la matinée. Vers 3, 4 heures de l'après-midi, je sortais de mon lit, je me levais sans force. Je ne mangeais rien. Léon me disait :

— Si Madame ne mange pas, ma femme et moi, nous ne mangerons plus.

Une invitation pour le thé chez une de nos amies arriva un jour, mais elle était pour lui seul. Il vint se changer, se raser comme d'habitude. Mon cœur n'en pouvait plus. Je lui demandai de rester avec moi, mais il refusa.

— J'ai aussi un rendez-vous pour dîner.

Je me suis habillée de noir et suis partie dans la rue, folle de chagrin, à l'aventure. Je m'insultais en me regardant dans les vitrines. Un garçon soudain s'arrêta devant moi. Un grand admirateur de Gómez Carrillo.

— Consuelito, tu es seule ?

— Oui, Luisito.

— Mais viens, viens !

— Où ?

— A un thé.

— Je ne suis pas invitée.

— C'est ma tante qui le donne, viens vite.

On me reçut à bras ouverts et avec une certaine malice. Je retrouvai mon courage au bras de mon ami. J'étais tout à coup bien, loin de mon don Juan aviateur qui racontait ses histoires de désert avec tant de succès. J'annonçai que je partais par le prochain bateau, des affaires urgentes m'appelaient à Paris.

Les fleurs revinrent à la maison et les amis d'Enrique aussi. Ils me comblaient de leur tendresse. J'étais à mon tour invitée. Le pilote, lui, restait seul à la maison de Tagle, attendant sa maman.

Je pris une place, enfin, sur le prochain paquebot.

— Quand votre maman arrivera, dis-je à Tonio, vous lui expliquerez que j'avais à faire à Paris. Lucien m'attend, je me marierai avec lui. C'est le destin.

Il ne parlait pas. Les jours s'écoulaient rapidement, on invitait des amis, on allait au cinéma, on faisait des promenades sans but. Enfin, je me trouvai sur le bateau qui m'emportait, le cœur démoli, vers la France. Ma cabine était pleine de fleurs. Mes amis avaient compris ma tristesse.

Je me suis endormie avant même que le bateau ne parte. Quand je me réveillai, j'étais déjà en pleine mer. Le commissaire m'apporta un télégramme. Il était de Saint-Exupéry. On m'apprit aussi qu'il survolait le bateau... Il venait de temps en temps me faire de grands signes... J'étais morte de peur.

Je ne sortis pas de ma cabine jusqu'à Rio de Janeiro où je vis mon grand maître et ami, Alfonso Reyes[1]. La mère de Tonio était sur un autre bateau ancré pour quelques heures dans la rade. Je voulais l'ignorer.

Après dix-huit jours de traversée, Le Havre, la douane, mon appartement rue de Castellane. Je me retrouvais de nouveau à Paris. Ma concierge, questionnée, me dit que Lucien n'était jamais venu. Où était-il ? On frappe à la porte : c'est Lucien justement. Puis le téléphone sonne. Je décroche sans même avoir le temps de le saluer.

---

1. L'un des plus célèbres écrivains mexicains (1889-1959), dont l'influence intellectuelle fut très importante au Mexique.

— Allô ?

— Buenos Aires, ne quittez pas.

Puis :

— C'est moi, Tonio. Chérie, je pars par le prochain bateau vous rejoindre, vous épouser.

— Ah, écoutez, j'ai une visite.

— Lucien ?

— Oui.

— Eh bien, renvoyez-le, je ne veux pas que vous le voyiez. Je vous apporte un puma.

— Quoi ?

— Un puma. Je débarquerai en Espagne pour vous voir plus vite. Partez en Espagne tout de suite. Les trains sont mauvais, reposez-vous à Madrid et attendez-moi à Almeria.

— Pardon, je vous ai dit que j'avais une visite.

Nuit et jour, mêmes conversations. Puis j'ai cédé parce qu'un jour il me dit :

— Depuis votre départ, Léon, le valet de chambre, ne dessoûle pas, le riz n'est pas bien cuit, et on vole mon linge. Je viendrai vous rejoindre pour vous épouser dans n'importe quel pays du monde... et vous me ferez une jolie chambre sans tonneau d'or... parce qu'on me l'a volé. Je n'écris plus. Je fais pleurer ma mère de tristesse parce que je suis désespéré. Notre courte séparation me rend fou.

Je l'aimais, mais je mesurais aussi combien ma vie était calme sans lui. J'avais une rente considérable en tant que veuve de Gómez Carrillo et, si je me mariais, elle était perdue. J'avais beaucoup de travail pour régler mes affaires, besoin de réfléchir sérieusement, mais le téléphone de Buenos Aires, celui de la maison de Tagle, me rendait folle. Alors un jour, j'ai cédé : « Oui, je vous retrouverai à Almeria. »

Je suis partie sans prévenir Lucien qui se conduisait très mal. Mon chien était casé avec la secrétaire qui disait l'aimer férocement... autant que ma voiture. Tout redevenait comme avant.

Je me souviens exactement du petit train régional, des briques chaudes et des boîtes de cuivre remplies d'eau bouillante pour nous réchauffer. Quelqu'un dans un compartiment jouait de la guitare. J'entendais en même temps que le train ondulait, ce refrain : « Porque yo te quiero, porque yo te quiero[1] ! » et je voyageais vers mon Tonio en me disant : « Porque yo te quiero ! »

Madrid, puis Almeria, le jour de son arrivée. J'allai jusqu'au bateau dans une petite barque à rames avec un permis spécial. Le paquebot était en panne, une hélice cassée, et l'on prévoyait quelques jours de retard pour le débarquement. Je me fis annoncer, on cria : « La femme de l'aviateur Saint-Exupéry. » Il entendit et laissa sa mère sur le bateau avec le puma. Il se jeta dans mes bras. Il m'annonça que sa mère et lui étaient attendus à Marseille. Que toute la famille les attendait là. Mais il ne voulait pas nous présenter immédiatement. Nous avions tant à nous raconter, disait-il... Sa mère avait laissé entendre qu'un mariage avec une étrangère choquerait les vieilles personnes de la famille. Elle concluait : « Mais tout finit par s'arranger, il suffit d'attendre ! »

Elle était très diplomate avec lui. Elle savait qu'il était un grand enfant et que si on le prenait du mauvais côté, il s'enfuirait à jamais...

— Je ne veux rien brusquer avec ma mère, tu[2] comprends ? Je débarquerai clandestinement à Almeria, nous achèterons une vieille voiture avec un chauffeur et nous traverserons l'Espagne en pleine lune de miel.

Je disais oui à tout.

Valencia... les gens des auberges... le rire de nos jeunes vies...

---

1. Parce que moi je t'aime, parce que moi je t'aime !
2. A partir d'ici, Saint-Exupéry et Consuelo alterneront tutoiement et vouvoiement, que nous avons donc conservés.

6

« Consuelo, cette comtesse de cinéma... »

Vraiment Antoine n'était pas comme les autres. Je me disais que j'étais folle à lier, j'avais une maison en France, de la fortune grâce à la générosité de mon mari dont j'étais l'héritière. Pourquoi me tourmenter désormais ? Tout devenait simple. A Paris, j'avais des amis et, si je renonçais à me marier avec Tonio, je garderais toute ma fortune car Gómez Carrillo était riche, il avait publié des livres en Espagne, à Paris : tout était facile pour moi si je gardais son nom.

Mais je revenais toujours à Tonio. J'organisais déjà notre vie. Nous irions habiter ma maison dans le Midi, Le Mirador, la dernière demeure de Gómez Carrillo. Il terminerait son livre et nous irions plus tard en Italie, en Afrique, en Chine. Il piloterait de nouveau, pour la Compagnie Aéro-Orient... Les projets défilaient dans ma tête.

Nous n'avions rien dit de nos détresses. Dans chaque village traversé, il me faisait des cadeaux.

— Je veux que vous perdiez tout, pour vous donner de mes mains chaque chose que vous porterez.

Il était maigre alors, il semblait avoir souffert. Le premier soir de nos retrouvailles, nous n'avons pas pu quitter Almeria. Notre émotion était trop forte, mêlée de timidité et de souffrance.

— J'ai une seule question à vous poser, murmurait-il, inquiet, pâle, tremblant de tendresse. Je n'ai pas dormi les dernières nuits, vous savez que je ne me plains jamais du manque de sommeil, mais seulement des heures qui me séparent de vous. Mon puma, sur le bateau, était malheureux, je ne l'ai pas bien nourri et il a voulu mordre un matelot, on va sûrement le piquer. Mais j'étais encore plus malheureux que lui. Je ne pouvais pas penser à autre chose qu'à votre visage, à votre façon de parler. Je vous en supplie, parlez-moi, vous ne me dites rien, pourquoi ? Croyez-vous que je n'ai pas assez souffert, les téléphones de Buenos Aires étaient une vraie torture, et vous ne vouliez pas parler fort, distinctement. Pourquoi ? Aviez-vous toujours une visite chez vous ? Mais je suis fou, je n'ai plus le temps d'être malheureux, je vous ai retrouvée maintenant, et personne au monde ne pourra nous séparer. N'est-ce pas ?

— Oui, Tonio, l'amour c'est comme la foi. Je suis partie parce que vous n'aviez pas confiance en moi. Les vôtres aussi ont demandé des renseignements sur moi. Cela, vous le comprenez, me fut très pénible.

— Je vais vous expliquer, petite fille. Chez mes parents, en Provence, on épouse une femme de son milieu, dont les parents connaissent les grands-parents, et ainsi de génération en génération. Une personne nouvelle, d'un autre pays, c'est un tremblement de terre... et ils veulent des renseignements, pour « savoir », pour se rassurer... A Paris, c'est plus courant, les garçons de bonne famille épousent de riches Américaines. Mais en Provence, non, nous sommes encore vieux jeu. Ma petite maman s'est affolée et elle nous a fait attendre un peu. C'est tout et je suis très heureux de votre façon d'agir. Si vous n'étiez pas partie, ma mère nous aurait mariés à Buenos Aires et j'aurais été mal à l'aise. Je ne sais pas très bien ce qui s'est passé à la mairie. Je me suis dit : c'est pour la vie, mais je ne suis pas sûr de la rendre heureuse. Puisqu'elle veut partir, qu'elle parte, c'est elle qui prend la responsabilité de la rupture, et cela vaut mieux aujourd'hui, me disais-je, soucieux, à un moment où j'avais des affaires compliquées à régler au bureau avec l'Aéropostale Argentine. Je signais des chèques sans savoir ce qu'ils payaient et ma chère maman prenait son temps pour faire sa croisière... Alors vous m'avez quitté, et j'étais si content. Oui, parce que vous me prouviez que vous pouviez vous conduire dans la vie toute seule ! Je vous sentais triste, et si forte, si belle, et je voulais voir jusqu'où allaient vos forces. Mais tout cela sans réfléchir. Quand vous êtes vraiment partie, je me serais jeté à l'eau, oui, à l'eau. Ma petite maman peut vous raconter le séjour que nous avons fait au lac de l'Asunción de Paraguay. Je ne desserrais pas les dents. Je comptais les heures en attendant le bateau pour vous retrouver. Je vous aurais enlevée de toute façon, même si vous n'étiez pas venue à Almeria, même mariée à Lucien. Mais dites-moi que vous aussi vous avez besoin de moi.

— Ah, Tonio, la vérité est que je suis ici, et que je me suis déjà raccommodée avec Lucien. Je lui ai raconté toute notre histoire, toute ma peine, il m'a consolée, il m'a promis qu'il me fera tout oublier. Et voilà que je suis partie de Paris sans lui dire un mot. De Madrid, je lui ai télégraphié, j'avais des remords. Je ne sais plus ce que je lui ai dit.

— Ne vous inquiétez pas, ne pensez pas à des choses étrangères à nous.

— Mais c'est un être humain, il souffre.

— N'ayez crainte, j'irai le voir, je lui expliquerai que nous sommes fous tous les deux, mais fous dangereux, fous d'amour. Et que lui, mon Dieu, est un vieil ami de toujours pour vous. Je ne lui en veux pas de vous aimer. La terre entière doit vous aimer ! Et j'obtiendrai votre chien, je récupérerai votre voiture, vos papiers. Promettez-moi qu'on ne parlera plus jamais de lui, plus jamais. Et sans que vous ne le sachiez, j'arrangerai tout très amicalement.

— Bon, Tonio, je me confie à vous pour toujours, pour toujours.

Nous sommes restés à l'hôtel d'Almeria plusieurs jours. Il a décidé de louer un taxi avec lequel nous nous promènerions dans la ville et traverserions l'Espagne. Il ne voulait pas conduire, nous serions, disait-il, trop loin l'un de l'autre. Les oranges de Valencia, les petits villages perchés dans les rochers blancs, des endroits qu'il avait visités dans sa jeunesse, il voulait tout me montrer.

Il riait comme un grand enfant. Le chauffeur devenait fou à nous entendre parler français.

Il fallut enfin rentrer en France, pour mon chien, pour Lucien, pour sa famille. Il voulait rester encore quelques jours. Mais j'avais peur de l'éloigner trop longtemps des siens, qui l'attendaient sans savoir où il était.

Nous étions heureux au Mirador. Rien ne nous troublait. Que le parfum trop fort des mimosas. Nous ne nous décidions pas à brûler les bouquets et nous éternuions sans cesse. Ah, les mimosas et les mouchoirs de toutes les couleurs !

Moi, nouvelle fiancée, qui n'attendais pas le mariage... Nous disions que nous changerions les mœurs des gens qui se détestent parce qu'ils se marient par force ou pour plaire à leur famille. Et il ajoutait :

— Vous êtes ma liberté, vous êtes la terre où je veux habiter toute ma vie. La loi, c'est nous.

Agay pourtant était à une heure seulement du Mirador. Agay, la maison de son beau-frère où habitait sa sœur Didi. Elle vint nous voir. Ils se promenaient tous deux ensemble dans les jardins, pendant des heures, et moi je restais assise dans un fauteuil en attendant la fin de leur conversation.

— Je vous en prie, jeune future mariée, disait Tonio, vous qui lisez, ne nous attendez pas. Il n'y a pas de fin à une conversation à votre sujet... La fin, c'est votre disparition, alors chantez, lisez, travaillez !

Un jour, sa petite sœur nous a fait savoir qu'une de ses

cousines était en route pour voir Tonio et sa jeune future mariée. J'étais inquiète. Qui était vraiment cette cousine ?
— Une duchesse, me dit Tonio.
— Ah non, Tonio, je ne viendrai pas. Vous irez la voir tout seul.
— Vous savez, elle vient avec André Gide.
— Ah oui ?
— André Gide est un grand ami de ma cousine. Il désire me parler. Vous viendrez avec moi.
Alors j'ai décidé d'être là à l'appel du vieil écrivain et de la cousine, car elle voulait sûrement présenter une femme riche à Tonio. Mon Dieu, que de choses à comprendre et à vivre pour une petite femme des volcans ! Je ne connaissais pas la tactique des duchesses et les intrigues que les parents peuvent mener pour arranger des mariages... Gide était bien arrivé à Agay avec la cousine. Il avait une voix sucrée, doucette parfois, une voix de femelle usée par la détresse et des amours non consommées. La cousine n'avait rien d'extraordinaire, elle était élégante dans sa belle voiture. Elle me faisait des amabilités extrêmes. Seule la mère de Tonio fut gentille, pleine d'attention et de compassion. L'examen se passa bien. Pendant le repas, je bus de travers, le coiffeur m'avait trop frisé les cheveux, je transpirais et ma digestion était lente, pour finir je renversai du vin sur le pantalon de Tonio... Puis je ne me rappelai plus rien. Une migraine très forte effaça les visages des amis et des invités pendant deux jours et je restai dans le noir au Mirador. Je sentais Tonio qui allait et venait comme un puma en cage... Il commençait cependant à s'acclimater au Mirador, il partait, il rentrait, il ressortait...

Il me soignait aussi. Il avait évité les docteurs de Nice et lisait des traités étranges sur la médecine, écrits par des savants espagnols. Il avait découvert parmi les livres de Gómez Carrillo quelques ouvrages fameux de magie qu'il avait écrits et, nuit et jour, il était penché sur les recettes

ésotériques, en riant comme un enfant de son nouveau
jeu...

Il me répétait les histoires étranges que je lui avais
racontées dans mes délires. Des délires sans fièvre, préci-
sait-il.

Je tremblais de faiblesse et de peur. Il me rassurait de
son mieux. Il me voulait confiante dans la vie. Mais j'étais
terrifiée à l'idée de revoir sa famille, ses amis. Quelle jeune
fiancée amoureuse ne tremblerait pas devant une tribu
entière qui se prétendait propriétaire de son fiancé ? Je
venais d'une autre souche, d'une autre terre, d'une autre
tribu, je parlais une langue différente, je mangeais des
choses différentes, je vivais d'une façon différente. Voilà
la raison de ma peur, mais mon cerveau de fiancée ne
m'éclairait pas sur l'attitude à adopter. Je ne comprenais
pas pourquoi il y avait dès le début tant de malentendus
sur ce mariage. De l'argent, on pouvait en avoir, en exploi-
tant les livres et les biens de Gómez Carrillo : un voyage
en Espagne et les pesetas auraient coulé dans les pommes
de pin d'Agay... Il y avait même chez les Carrillo des titres
de noblesse, un marquis, et les Sandoval étaient de la meilleure classe... Dans ma famille, j'avais des curés, et même
des cardinaux... J'avais une bonne dose de sang indien
maya (ce qui était à la mode à Paris) par les Suncin, avec
des légendes de volcans qui pouvaient les amuser... Mais
quelque chose de plus profond les retenait, quelque chose
à propos des mélanges de sang...

Tonio en était bien tourmenté et décida de ne plus
écrire pendant un certain temps. Il ne pouvait pas. Il
essayait mais en vain, ces dissensions entre le Mirador et
Agay ne faisaient pas le printemps dans son cœur. Moi je
ne disais plus rien. Un jour, il me confia qu'il obtiendrait
bientôt une place de pilote. J'étais ravie.

— Ah oui, au bout du monde, j'irai avec vous. Vous êtes
mon arbre et je serai votre parasite.

— Non, vous êtes ma greffe, me disait-il, mon oxygène,

ma dose d'inconnu. Nous ne nous quitterons qu'avec la mort.

Et nous riions de la mort. Je lui demandais de me raconter des histoires d'avion, risquées, dangereuses, où la mort survenait fatalement.

Plus tard, l'écrivain à la voix de femme et la cousine ont écrit à Tonio. Ils donnaient leur avis sur moi : défavorable. En vain, il voulait me faire admettre d'eux. Je n'étais pas française, on ne voulait pas me voir, pas me connaître, on fermait les yeux devant moi. Je m'en plaignais souvent auprès de Tonio, il disait que cela lui donnait mal à la tête...

Gide, dans son aversion pour moi, écrivit dans son Journal cette phrase qu'on peut encore lire : « Saint-Exupéry a rapporté de l'Argentine un nouveau livre et une fiancée. Lu le livre, vu l'autre. L'ai beaucoup félicité, mais du livre surtout... »

Tonio me tenait toujours très fort par la main. Avec sa poigne de géant. Il m'aimait. Moi, j'étais vraiment blessée à mort de l'injustice qui m'était faite. Rien ne me troublait plus que l'injustice. Je commençais à trouver à ma future belle-famille de petits défauts. Mais je voulais apaiser les difficultés. Je pardonnais. Simone, sa sœur aînée, était une fille cultivée, brillante, et qui aurait pu être ma meilleure amie autant par sa culture que par sa fantaisie. Mais voilà, j'allais être sa belle-sœur. J'avais le frère. J'étais donc la voleuse. Et elle, la volée... Il était le frère unique. Plus tard, elle écrivit sur moi cette petite phrase amusante et si méchante : « Consuelo, cette comtesse de cinéma[1]... » Je décidai de relever le gant. Mais je pleurai quand même. La mère de Tonio, seule, avec son intelligence peu

---

1. Simone de Saint-Exupéry écrivit cependant en 1963 en évoquant son frère : « Quelques femmes marquèrent profondément sa vie et d'abord Consuelo Suncin, sa femme, épousée à Agay en 1931. Cet être fantasque et charmant, d'une inépuisable vitalité, fut dans son existence harcelée de soucis matériels, une intarissable source de poésie. Le Petit Prince l'a incarnée dans le personnage de la rose » (« Antoine, mon frère », in *Saint-Exupéry*, Hachette, 1963).

commune et sa foi chrétienne, voulait uniquement le bonheur de son petit. Je n'avais pas commis de crimes à ses yeux en ne naissant pas en France. J'étais une femme que son fils aimait, voilà tout. J'étais donc forcément bien puisque Tonio m'aimait. Elle m'offrit toute sa sympathie. Je me reposais sur ses cheveux blancs. Elle riait de bon cœur à mes histoires du Pacifique. Et, en vraie chrétienne, elle ne pouvait consentir que nous soyons pour le reste de notre vie des amants. Elle se moquait bien de l'opinion de ses cousines. Elle avait élevé ses enfants jusqu'à l'âge de fleurir, et personne, sauf elle, n'avait le droit de les empêcher de faire ce qu'ils voulaient. Tonio voulait Consuelo, alors Tonio aurait Consuelo, malgré l'opinion de la famille ! Et de Gide !

7

La citadelle d'Agay

Mes amis d'autrefois, ceux de mon premier mari, commencèrent à venir au Mirador : les Pozzo di Borgo, le docteur Camus... J'aimais aller au marché aux fleurs de Nice, Tonio suivait : cela lui évoquait le départ des avions, à l'aube, dans le vent, parce que c'était au petit matin... les odeurs de la mer, les cargaisons d'œillets, de chrysanthèmes, de mimosas, et les bouquets de violettes de Parme qui poussaient à une heure de Nice, dans la montagne, et où la neige restait même quelquefois pendant l'été.

Nous rentrions du marché, Julie Dutremblay et moi, avec la petite Toutoune, nos bras chargés de fleurs. Ces jours-là, c'était une fête de collégiennes. Le Mirador sentait bon, mais cette douceur de vivre rendait mon fiancé pensif. Je me demandais s'il s'ennuyait déjà en ma présence. « Non, disait-il, c'est tout le contraire. » Il ne tolérait pas mes absences, même d'une heure. Il n'aimait pas que je conduise, « tu peux te faire mal », répétait-il.

En moi-même, je pensais : mais de quoi a-t-il peur ? De nous deux sûrement, de notre mélange bizarre. Je me persuadais que nous n'étions pas en sûreté, que nous étions incongrus pour la société, oui, il fallait trouver un moyen pour être harmonieusement ensemble, pour l'éternité.

Comment trouver cet accord ?

Nous ne voulions pas nous marier à la mairie puisque cela signifiait que je perdais mes rentes comme veuve de Gómez Carrillo.

Un dimanche, à la messe, Tonio, m'ayant vu si pensive et morose, ne voulant pas même communier, se mit à rire très fort dans l'église et dit à voix haute, comme se parlant à lui seul, comme dans une prière qu'il semblait marmonner depuis le début de la messe :

— Mais c'est bien simple, nous ne nous marierons qu'à l'église.

Les gens se sont retournés vers lui, mais il avait déjà disparu. Je l'ai retrouvé dans la voiture en manches de chemise, lisant un journal :

— Consuelo, je voudrais que nous soyons mariés par un prêtre sans passer par la mairie, comme autrefois. Je veux que nous nous mariions à l'église, ainsi, si nous avons des enfants, nous serons en paix et en règle.

Moi, je riais :

— Mais Tonio, en France, il faut d'abord passer par la mairie. C'est en Andorre ou en Espagne, je ne sais plus très bien, que l'on peut se marier seulement à l'église.

— Nous irons n'importe où. Etes-vous d'accord ?

— Oui, Tonio, ce serait formidable. Je ne changerais pas de nom et tout irait bien pour mes affaires. Et le jour où tu ne m'aimeras plus, tu pourras partir avec mon cœur dans tes mains, et il sera béni...

— Toi, si un jour tu aimes un autre homme, tu seras parjure, mais je ne veux pas que tu partes !

Nous nous sommes embrassés et promis que nous n'oublierions jamais cette promesse.

Sa maman est arrivée un jour, toute vêtue de noir. Elle nous a dit :

— Mes enfants, vous allez vous marier le 22 avril, à la mairie de Nice, cela vous prendra quelques minutes. J'ai tout arrangé. Donnez-moi vos papiers, je veux aujourd'hui vous inscrire pour l'heure exacte.

— Consuelo, trouvez nos papiers, ordonna Tonio, et donnez-les à ma mère.

L'affaire était réglée, sans discussion...

Le 22 avril, à l'heure dite, nous étions à la mairie de Nice. Quelques minutes encore et nous serions mariés. Ni Tonio ni moi n'avions échangé un mot à ce sujet. Il commença alors à écrire « Le ventilateur ». Une sorte de poème qui commençait ainsi : « Un ventilateur tourne sur mon front, image de la fatalité... » Il avait commencé à écrire ce texte sur le bateau qui l'avait ramené d'Argentine. Son jeune puma le dérangeait tout le temps pendant qu'il écrivait. Il l'amenait dans sa salle de bains pour le reposer de la cage où on le gardait dans les soutes. Il s'acharnait encore sur ce texte et me disait :

— Consuelo, je n'ai jamais rien abandonné de ce que j'ai entrepris. Je veux finir « Le ventilateur ».

Il écrivait en même temps d'autres poèmes, « Le cri d'Amérique », « Les soleils éteints », qu'un jour je tâcherai de réunir et de publier.

Pierre d'Agay nous offrit son château pour notre mariage religieux le 23 avril. Ce mariage-là, oui, nous le désirions ardemment.

Nous nous marierions donc au vieux fort d'Agay logé dans sa tranquille baie. Un fort d'autrefois, résistant à tous les caprices des âges et du mistral, formant une grande proue de bateau qui entrait dans la mer. Une terrasse immense, pleine de rhododendrons et de géraniums, qui faisait le plus beau deck de bateau que mes yeux aient vu, dans le pur bleu de la Méditerranée. La discrétion de la famille d'Agay, qui fuyait les mondanités, avait éloigné les bateaux de pêche et les bateaux à moteur à un kilomètre à la ronde. On habitait Agay depuis des générations. La famille habitait aussi dans tout le village. Je n'ai jamais bien distingué toutes les belles-sœurs, les belles-mères des sœurs d'Agay. Je sais avec gratitude qu'elles ont été très aimables et très bonnes pour nous deux. Antoine était un peu leur enfant. Pierre d'Agay, son beau-frère, le considérait comme son frère.

L'intérieur du château était très simple. De grandes pièces en pierre, pavées de solides dalles que plusieurs vies n'useraient pas. Le jour du mariage, des fleurs, du vin cuit de la ferme d'Agay furent distribués, par ma belle-sœur Didi, à tous les habitants du pays. On riait, on chantait...

Ma belle-mère n'avait rien oublié. Elle avait prévu pour nous une lune de miel dans l'île de Porquerolles.

Nous sommes arrivés d'Agay, fatigués par la fête du mariage et par les photographies prises pour l'occasion.

— Ciel pur, vent admirable, disait Tonio comme dans ses vols de nuit pour encourager le radio et le pilote sur les grandes étendues du Rio del Oro où, s'ils tombaient en panne, à l'époque de l'Aéropostale, ils se faisaient couper en morceaux.

Il avait sommeil, il n'aimait pas les embrassades, les manifestations exubérantes qu'il avait dû subir ce jour-là. Nous avons quitté la voiture pour accéder à l'embarcadère. La mer était mauvaise. Mon aviateur qui luttait d'ordinaire d'égal à égal avec le Dragon de l'Hospitalette eut le mal de mer, ce qui augmenta sa mauvaise humeur.

De jeunes couples descendaient comme nous à l'hôtel, tout était prévu pour les jeunes mariés. Pour nous, l'atmosphère était irrespirable. Tonio se coucha, tout habillé, sur un divan. Il se réveilla le lendemain au premier rayon du soleil et me supplia de repartir pour le Mirador. Il n'avait qu'une envie, disait-il, finir son « Ventilateur » ! Il me faisait un peu de peine, il ne savait pas jouer au jeune marié.

— Je vous demande pardon, je trouve cela idiot, me disait-il en pensant aux jeunes mariés qui au petit déjeuner se font des politesses après leur première nuit d'intimité.

Et sans dire un mot à la famille, nous sommes revenus dans notre maison du Mirador.

Nous étions donc en ordre et en paix. Je m'appelais dorénavant autrement, mais je ne m'habituais pas encore à mon nouveau nom. Je continuais à signer Veuve Gómez Carrillo. Tonio me grondait et me demandait d'oublier Gómez Carrillo parce qu'il était mort. Je ne devais plus m'occuper de lui, ni de ses livres, ni faire de voyages en Espagne pour voir ses éditeurs. Aujourd'hui encore, quinze ans après, je n'ai jamais écrit une seule lettre d'affaires pour toucher le moindre argent de ce bel héritage dont il m'avait dotée si gracieusement. J'ai un peu honte à l'avouer. Mais j'étais jeune, et c'est ma seule excuse. Mon jeune mari voulait écrire, il ne voulait pas d'un autre écrivain dans notre maison. Je l'ai bien compris.

Je trouvais Tonio un peu isolé à Nice. Un peu mélancolique. Je me dis qu'une personnalité comme Maeterlinck, grand ami de mon premier mari, lui ferait du bien. Maeterlinck gardait un sentiment pur et vivant pour Gómez Carrillo. Comment recevrait-il le jeune aviateur qui le remplaçait au Mirador ?

Excitée comme une guêpe, je téléphonai et écrivis à la délicieuse Sélysette Maeterlinck qui, au temps de Gómez Carrillo, avait été une vraie amie pour moi. Elle nous invita tout de suite chez elle, à Orlamonde, leur nouvelle demeure.

Je n'en menais pas large. On a toujours peur des personnes qui vous connaissent. Je conduisis donc mon Tonio chez les Maeterlinck.

Une minute après les présentations, j'étais rassurée. Tonio avait été jugé et approuvé comme digne successeur de mon défunt mari !

Maeterlinck lui donna à boire, descendant même dans ses caves chercher une bouteille de vieille fine. Tonio lui parlait de tout, de rien, des choses de la vie. Je les vois encore dans le palais d'Orlamonde, dans la salle de cristal et de marbre. Tonio était d'une beauté romaine. Près de deux mètres taillés droit vers le ciel, et pourtant léger comme un oiseau. Il levait ses mains qui tenaient une énorme coupe de cristal et il buvait joyeusement, parlant de la qualité des papiers, des livres, car un livre en papier de Hollande venait de tomber à terre. La vieille fine embellissait la conversation. Maeterlinck était conquis, charmé même. Je me sentais sauvée. Revigorée.

— J'écris un livre en ce moment, rien que des expériences personnelles, disait Tonio. Je ne suis pas écrivain de métier. Je ne peux pas parler de ce que je n'ai pas vécu. Je dois engager tout mon être pour pouvoir m'exprimer et, je dirais même, pour m'accorder le droit de penser.

8

Inquiétude à Paris

Vol de nuit fini, nous partîmes avec le manuscrit complet à Paris, 10, rue de Castellane, dans le petit appartement que m'avait laissé mon premier mari. Il était trop étroit pour deux, mais on s'aimait à la folie. C'était un étrange endroit. L'entrée était pleine de livres, le salon tendu de vieilles tapisseries, Verlaine et Oscar Wilde y avaient séjourné dans les mauvais jours. Une femme, « Notre-Dame aux yeux verts », comme on l'avait surnommée, avait tenté de se suicider. Son portrait était resté accroché au mur. Un homme s'était jeté par la fenêtre du deuxième étage, assez commode pour ce genre de sport, mais il n'eut que les jambes cassées. Une autre femme s'était donné un coup de revolver dans ces lieux, et le sang n'avait jamais pu être complètement enlevé du tapis. Elle non plus n'était pas morte. Seul le Maître Gómez Carrillo mourut là, dans mes bras.

C'était en fait sa petite garçonnière, son habitation de secours pour les jours gris de pluie. Il avait aussi une jolie maison de campagne à Nelle-la-Vallée, à une heure seulement de Paris.

Je ramenais donc mon grand oiseau de nouveau mari dans cet appartement, un peu dépitée de ne pas pouvoir lui offrir une plus belle maison à Paris. Mais il le trouva parfait, il aimait les petites pièces pour travailler et m'assurait que si, moi, je ne désirais pas d'autre endroit, nous ne changerions jamais d'adresse.

Gide nous avait offert une préface pour *Vol de nuit*. Malgré son hostilité tenace envers moi, je m'efforçais d'être extrêmement agréable et polie avec lui. Tant pis s'il ne m'aimait pas et s'il préférait la compagnie des hommes et des vieilles femmes.

Tonio était ravi de la préface, moi aussi. L'admiration de Gide, de Crémieux, de Valéry, me semblait méritée. Quand on suit un travail jour après jour, page après page, et que le fruit est enfin mûr pour que les autres le savourent, on a le droit de penser que c'est un cadeau merveilleux que l'on fait à autrui. L'accueil réservé au manuscrit de mon mari me paraissait donc tout naturel. C'était un morceau de notre vie. Nous connaissions *Vol de nuit* par cœur, alors que les autres, les amis, les parents, les admirateurs, ne le connaissaient pas encore.

Leurs félicitations, leurs exclamations enthousiastes, feintes ou réelles, commencèrent à nous fatiguer. Mais quand c'étaient de jolies femmes de Paris qu'une grande admiration faisait « déborder », mon mari en rougissait presque, et en même temps il raffolait de ces moments. Alors mon cœur commença à rougir de jalousie. Mon sang espagnol se mit à bouillir.

Un matin, il me dit en se réveillant :

— Vous savez de quoi j'ai rêvé cette nuit ? Non ? Eh bien, j'ai rêvé que Dieu m'avait rencontré sur un chemin, et j'ai su qu'il était Dieu à cause d'une étrange chandelle qu'il portait à la main. Il est idiot, mon rêve, mais c'est comme cela. Et j'ai couru derrière lui pour lui demander quelque chose sur les hommes, seule la chandelle brillait, et j'ai eu peur.

Tout cela se passait dans la période de passion que la NRF eut pour mon mari. Il arrivait à la maison avec des mouchoirs pleins de rouge à lèvres, je ne voulais pas être jalouse, mais je devenais triste. On me disait :

— Nous avons rencontré Tonio en voiture avec deux femmes.

Il me répondait :

— Oui, des secrétaires de la NRF qui m'ont offert un porto chez elles sur le chemin de la maison.

Paris m'inquiétait, je ne pensais plus qu'aux jolies femmes qui le harcelaient.

Ah ! C'est un métier, un sacerdoce d'être la compagne d'un grand créateur ! On n'apprend ce métier qu'après des années d'exercice..., car il s'apprend. J'étais sotte. Je croyais que moi aussi, j'avais droit à de l'admiration pour son ouvrage. Je croyais que c'était à nous deux...

Quelle erreur ! Rien en fait n'est plus personnel à un artiste que sa création : même si on lui donne sa jeunesse, son argent, son amour, son courage, rien ne vous appartient !

C'est un enfantillage de dire : « Ah ! Moi, j'ai aidé mon mari. » D'abord on ne sait jamais si ce n'est pas le contraire. Peut-être avec une autre femme, l'écrivain aurait-il produit davantage, été meilleur. Sans doute aurait-il pu écrire autre chose. Certainement une femme aide un homme à vivre, toujours, mais elle peut aussi rendre son travail difficile. Chaque femme dans le public, après une heure de conférence qu'il donnait, ne rêvait que d'être l'amie, la seule admiratrice compréhensive et fidèle de son auteur favori. Etre l'égérie du pilote de *Vol de nuit*, du grand écrivain !

Et puis, à ce moment-là, il faut sortir sa tête d'épouse, et lui dire : « Mon mari, il est tard, rentrons à la maison. »

Tout est fini : Quelle femme ! Quelle chipie ! Quel manque de tact ! Au moment où elle, l'admiratrice invitée ou présentée par hasard, allait être en tête à tête avec son pilote, l'épouse légitime apparaît ! Cela, croyez-moi, est impardonnable !

Il aurait fallu avec lui être de pierre, ne jamais avoir sommeil, ne jamais lui adresser la parole. Peu à peu je finis par comprendre qu'il valait mieux le laisser aller seul, puisque j'avais confiance en lui.

Comme les enfants, pensais-je, confions-nous au sort. Il y a un Dieu pour les enfants et les épouses !

Mais Tonio s'ennuyait souvent au cours de ses soirées en célibataire, alors il me demandait de lui téléphoner, où qu'il allât.

— Appelez-moi, je vous en supplie. Je hais tellement les bavardages, ces conférences, ces dîners. J'ai déjà tout raconté... Croyez-moi, ma femme, j'aime mieux perdre mon temps que ma salive. Peu importe si la maîtresse de maison se fâche parce que vous me demandez de rentrer tout de suite. Vous savez que je suis bien élevé, si vous ne m'appelez pas, je ne peux pas rentrer !

J'avais pris l'habitude d'aller au cinéma quand il partait et d'aller ensuite le chercher chez ses amis. Ah ! je me croyais très maligne. Il se fatiguait de tellement sortir. Il était invité contre son propre gré. Il se sentait obligé sans savoir pourquoi...

Il était très farouche et solitaire. Mais il aimait aussi la compagnie. Le téléphone qui sonnait lui faisait peur. Des amis lui parlaient des heures entières. Puis il voulait reprendre les conversations entamées la veille jusqu'à trois heures du matin, et il parlait encore au téléphone à deux heures de l'après-midi ! Nous déjeunions avec le téléphone sur la table ! Devant lui, je me sentais très démunie et je perdais tout sens pratique. Une petite fille.

9

Au Maroc

L'Aéropostale Argentine fut dissoute. Tonio perdit son poste de directeur à Buenos Aires. Vous êtes chômeur, mon amour ! Reposez-vous !
— Non, Consuelo, il faut payer le loyer, les boissons, les sorties.
Il était assailli d'amis qu'il invitait au restaurant. Ce qu'il aimait, c'était payer pour tous. Il était accablé dès lors qu'il n'avait plus d'argent. A Buenos Aires, il gagnait 20 000 francs par mois. Un gros salaire. Et maintenant, il se retrouvait sans le sou, à Paris. Il me dit lentement :
— Je veux prendre un travail chez Renault, avec un salaire fixe, c'est plus sûr. J'irai au bureau tous les jours. C'est une bonne place, je crois. Ce sont des amis qui me l'ont trouvée.
J'étais affligée de le voir se soumettre si docilement à la prison d'un bureau...
— Je commencerai le mois prochain. Si vous le voulez, chérie !
— Non, Tonio, je ne veux pas que vous preniez ce travail. Votre route est dans les étoiles.
— Oui, vous avez raison, Consuelo, elle est dans les étoiles. Vous seule comprenez tout...
Cette phrase sur les étoiles que je lui avais dite sans

autre commentaire fit son petit chemin. Il changea vite d'idée sur son futur emploi chez Renault, c'était comme si je l'avais stimulé, lui avais redonné espoir.

Il recommença à rêver tout seul et à chanter son « chant de guerre », comme je l'appelais à Buenos Aires, car il chantait dès qu'il se mettait en route soit en voiture, soit en avion :

« Un poteau lugubre et sombre devant moi toujours se tient

Et je vois la route d'ombre dont nul homme ne revient. »

Depuis, j'entendais toujours ces mots chaque fois que je prenais la route...

Un beau jour, il m'annonça qu'il devait partir pour Toulouse rencontrer Didier Daurat.

— Je veux reprendre du travail comme simple pilote de ligne, lui dit-il. Vite, un « taxi » ! (On appelle en effet un avion un « taxi » en argot de pilote.) Je m'ennuie à Paris. J'irai n'importe où, je volerai où vous m'enverrez. Ma femme viendra avec moi. Je suis prêt. Demain, si vous voulez, j'attends vos ordres.

Il respectait beaucoup Didier Daurat. Dans son livre *Vol de nuit*, c'est lui qui apparaît sous les traits de Rivière.

Rentré à Paris, il commença à ouvrir ses placards, à renifler ses cuirs de vol, manteau, serre-tête, courroies, ses lampes de sûreté, ses boussoles. Il étala avec amour ces objets sur les tapis.

Le téléphone sonnait souvent. Ses amis de Paris voulaient l'inviter mais il déclinait leurs invitations.

— Je suis occupé, leur disait-il, je reprends du travail comme pilote de ligne. Je me suis engraissé suffisamment dans les cafés et les brasseries de Paris. Au revoir, je n'ai plus une minute, je fais mes valises. Ma femme va vous raconter.

Cela voulait dire qu'il n'était plus joignable du tout pour ses amis bourgeois.

Il étirait son manteau de cuir rigide, endurci par le manque d'usage, son vieux camarade de vol... De ses poches, il sortait de petits morceaux de papier. Un jour, en les lisant, il se mit à rire, à rire très fort.

— Mais pourquoi ris-tu si fort ? Qu'y a-t-il de si drôle ? Pourquoi ris-tu comme un fou ?

— Ah, je ne peux pas vous le raconter, c'est idiot.

Mais il riait de plus en plus fort.

— Je t'en prie, dis-le-moi.

— Eh bien, c'est à propos d'un bruit et de mon radio, autrefois, en survolant la Patagonie !

— Mais je ne vois rien de drôle là-dedans.

— Parce que j'ai eu peur du bruit, je n'ai pas compris.

— Quoi ?

— Oui, j'ai eu peur jusqu'à ce que le radio m'ait passé une note sur ce bruit. Lis toi-même sa note, je viens de la retrouver, tiens, la voilà.

Je pris le bout de papier et lus : « Ce bruit ne vient pas de l'avion. Ne craignez rien. C'est un pet. Je suis très malade, monsieur. »

Je ris très fort à mon tour. Il me prit dans ses bras et je lui dis :

— Chéri, je suis heureuse. Je ne peux pas vous imaginer autrement que dans le ciel. Ai-je tort ?

— Pourquoi pleurez-vous ?

— Je ne sais pas... Je n'ai jamais aimé votre vie à Paris. Les étoiles près de vous me font moins peur que les Parisiens.

Il m'a couchée au beau milieu de ses affaires, par terre, et m'a chatouillée vivement :

— Aïe, aïe, Tonio, arrêtez, vous me faites mal, vraiment.

— Où ?

— Ici, dans le ventre...

— Ah, c'est l'appendice. On vous l'enlèvera ce soir même. Le docteur Martell, je l'estime beaucoup... allons à la clinique. Demain, il sera loin, votre appendice. Nous ne l'emmènerons pas au Maroc !

Tout était d'une simplicité enfantine. J'avais l'impression de ne rien craindre auprès de lui.

Monsieur Daurat cependant avait déjà rappelé Tonio par téléphone pour donner ses ordres. Il ferait le « taxi » Toulouse-Casablanca, pour le moment.

Dès qu'un pilote s'engageait, il ne savait pas où il coucherait la nuit suivante. Si la nuit était bonne, il arriverait quelque part dans le monde, Barcelone, Casablanca, Port-Etienne, Cap-Juby, Buenos Aires. Ou bien les lignes d'Orient, Paris-Saigon...

Tout se passa comme Tonio l'avait prédit. Je consultai son médecin, on m'opéra. Je passai quelques jours à Saint-Maurice-de-Rémens pour ma convalescence après l'opération. Sa mère me soigna tendrement. Puis elle m'envoya à Toulouse rejoindre son fils à l'hôtel Lafayette.

J'eus dans cette ville le plaisir de rencontrer Daurat, de le voir de près. C'était un homme très grave ; ce qui m'impressionnait, c'était sa volonté de fer.

Toulouse pour moi était une ville morte. Elle n'existait pas. Je me livrais tout entière à l'amitié des pilotes qui, chaque jour, risquaient leur vie, et qui n'étaient pas conscients des dangers qu'ils encouraient, ni de l'importance de leur tâche qui donnait un exemple d'héroïsme aux autres hommes. Pour eux, c'était seulement un métier, et je les en admirais davantage.

Ces pilotes avaient traversé le vent, les nuits, et les louanges les ennuyaient. Ils voulaient boire de la bière, jouer aux dés, au poker d'as. J'étais une bonne élève, au poker d'as ; de temps à autre, je demandais timidement le nom des autres pilotes. A la fin de la soirée, je risquais une petite demande de renseignement sur mon mari. Auprès d'eux, j'apprenais à être réservée, à m'endurcir. Depuis une semaine à Toulouse, j'étais seule, mon mari dans le ciel. J'habitais dans sa chambre et attendais de ses nouvelles.

— Ah oui, Saint-Ex, on lui a fait monter un « taxi » jusqu'à Dakar. Il remplacera un pilote.

— Pourquoi ? demandai-je.

— Parce qu'il s'est tué. Regardez, madame de Saint-Ex, je vous ai sorti trois fois trois piques.

— Ah oui, vous croyez ça ?

Et mon cœur sautait à la corde. Battait la chamade. Où était mon ange ?

Le lendemain, à mon réveil, mon mari enfin apparut dans la chambre pour vider les tiroirs des meubles. Nous partions à Casablanca. Escale en Espagne. On vivait toujours dans cette bohème, dans cette urgence.

— Peut-être voudras-tu te baigner à Almeria, dit-il, c'est l'été là-bas.

— Oh oui, Tonio chéri, oui !

— Ah, regarde, la valise est pleine. Tu ne peux pas emporter tout cela. Choisis deux robes, c'est suffisant. Les chemises de nuit sont inutiles. Il fait trop chaud au Maroc.

Quelques heures après, nous étions à Alicante. Nous allâmes à la plage. Il nageait vite et je voulais le rattraper mais ma cicatrice à l'appendice m'empêchait de lui montrer mes talents d'ondine. J'avais encore mal.

Nous étions aujourd'hui ici, demain ailleurs. J'avais l'impression d'être une fugitive. Son destin même, il ne le connaissait pas, moi non plus... Mais je ne regrettais pas son emploi perdu chez Renault.

Au milieu de la nuit, il me serra très tendrement, comme on serre un petit animal domestique et, en s'excusant, il me dit :

— Je ne sais pas encore être votre mari. Je vous demande pardon. Je me perds dans vos rubans. Je suis surpris d'avoir près de moi une petite fille comme vous.

Il me souleva tout endormie dans ses bras d'Hercule.

— Quarante kilos, je pèse trois fois votre poids. Petit nain chéri, vous arriverez demain dans un beau pays. Vous l'aimerez si vraiment vous m'aimez. Un camarade nous a déjà loué un bel appartement au palais du Glaoui... Tu seras souvent seule, tu auras le temps de t'amuser, de te promener et peut-être de penser à moi.

J'avais cette nuit-là très peu dormi. J'imaginais le palais du Glaoui entouré des sables du désert. Je suivais déjà son destin.

Je découvris enfin le fameux palais. L'escalier était en marbre. Les pièces très grandes et les meubles presque inexistants. Sobriété des Arabes. De grands tapis par terre et sur les murs. Des plateaux de cuivre en guise de tables dans toutes les chambres, des divans, des lits très bas. Des mosaïques bleues et blanches. Les femmes des autres aviateurs me conduisirent au marché, me mirent au courant des usages de cette ville provinciale de Casa où le soleil est éternel.

Le café du Roi de la Bière, à l'heure de l'apéritif, nous réunissait avec les pilotes. Les pokers d'as... les Pernod... les œufs en gelée... les histoires piquantes. J'en appris une telle collection que je pourrais en faire un livre.

Mais la vie nous donnait beaucoup plus que les histoires que l'on me racontait...

Je passais mon temps à lire des livres chez Madame Allard, la libraire, à rêver sur ma vie, à me promener dans la ville arabe. Le pilote Guerrero passa un jour tandis que je bavardais avec la libraire :

— Ah, bonsoir, madame de Saint-Ex, voulez-vous que l'on dîne ce soir ensemble ? Tenez, c'est de la part de votre mari. Il vous envoie quelques langoustes fraîches de Port-Etienne qu'il m'a chargé de vous remettre.

— Ah oui, Guerrero, venez chez moi, on fera la cuisine, Madame Allard viendra aussi.

Guerrero m'expliqua :

— Je fais la même ligne que votre mari. Par hasard, j'ai eu mal à la jambe, alors je suis resté me reposer à Cisneros. J'ai trouvé Saint-Ex très soucieux. « Mon vieux, me suis-je dit, pour un jeune marié, tu as l'air papal. » On ne cause pas. Tout à coup Saint-Ex s'écrie : « C'est magnifique, les œufs en gelée, tu ne crois pas, Guerrero ? — Quoi, les œufs en gelée ? Explique-toi... — Voilà, je me suis fâché avec ma femme pour la première fois à cause des œufs en gelée. Nous étions au restaurant, au Roi de la Bière. Moi, après une nuit de vol, j'arrive claqué et elle veut quand même me faire dîner au Roi de la Bière. Je n'avais pas dit grand-chose à la maison, quoi, tu sais, je n'ouvrais pas le bec... Au café, le garçon me demande ce que je prends, ma femme me guette, inquiète. J'ai répondu : "Des œufs en gelée." Ils étaient devant nous... Je n'avais pas pensé à un menu. "Tu es malade ? Tu t'ennuies ?" me demande-t-elle.

« Je ne réponds pas.

« On m'apporte deux œufs en gelée.

"Et après, monsieur, la suite, s'il vous plaît ? — Deux œufs en gelée."

« Ma femme se taisait. J'avais envie de rire. Mais pour la deuxième fois, on m'a apporté des œufs en gelée. Et pour le dessert, même histoire.

« Je ne voulais pas parler. Pas penser. Manger six œufs en gelée ou autre chose, c'était pareil pour moi. Mais cela a énervé Consuelo. Elle était assise sur la banquette et, au milieu des clients, elle s'est levée de son siège et elle a crié : "Voilà, tes œufs en gelée... Je les aime aussi, les œufs en gelée..."

« Elle a pris tous les œufs qui étaient sur la table, et elle les a écrasés entre ses doigts devant tout le monde, elle en a fait de la purée et puis elle s'est enfuie en pleurant.

« Je ne pouvais pas garder mon sérieux. Je riais. Je trouvais si comiques la tête du garçon, celle de la caissière quand ils ont vu Consuelo s'attaquer aux œufs en gelée.

Après quelques minutes, je suis parti à mon tour. Cette scène est oubliée. Va le lui dire. Va lui dire que je ne suis pas fâché. Que je rentre demain pour mon anniversaire et que je lui envoie ces langoustes pour lui faire plaisir, et surtout qu'elle ne prenne pas les pattes pour des œufs en gelée. »

La vie des pilotes était simple, bien réglée, comme celle des hommes d'action. Mon mari faisait le courrier de Casablanca à Port-Etienne. Quelques années auparavant, un seul pilote assurait le courrier de Casa jusqu'à Dakar, mais Monsieur Daurat avait obtenu du gouvernement quelques améliorations. Les pilotes avaient changé, les avions s'étaient en partie modernisés.

Le séjour à Port-Etienne n'était pas amusant : quelques hommes, à peine une douzaine, y compris les manœuvres arabes, esclaves des Maures. Mon mari me disait souvent :

— Je vous amènerai un jour voir Madame la Capitaine. Elle est française. Elle a un jardin dans ce pays où rien de vert ne pousse. L'eau douce lui arrive par bateau de Bordeaux et la terre, des Canaries. Dans une petite caisse de bois, elle fait pousser trois laitues et deux tomates. Elle se lave les cheveux à l'eau douce de Bordeaux, puis elle arrose son jardin avec la même eau. Pour abriter ses plantations des sables du désert, elle fait descendre les caisses au fond d'un puits... Quand nous sommes de passage en escale, elle nous invite à dîner... toujours des conserves, mais elle fait monter du puits son jardin et l'expose sur la table. Ses trois malheureuses tomates, ses deux laitues... C'est touchant !

A son retour, Saint-Ex me racontait :

— Vous pouvez comprendre qu'après un tel séjour dans les sables je revienne à la maison un peu sauvage. Là-bas, je pense sans décor, je suis un grand ours, comme vous m'appelez. Cela facilite la vie... Je suis ours, me dis-je, et je rentre dans mon silence. Puis je deviens comme un autre homme, j'ai une autre peau, j'ai besoin de repos, de calme, de paix... Alors vous me faites seule la conversation, vous me donnez des détails sur les lettres que nous recevons de France, sur nos amis de Casablanca, vous me parlez de votre vie, de la vie en général. Je vous admire, vous n'oubliez rien, vous me renseignez sur cette terre. Le docteur de Casa a fait ceci, le colonel a dit cela... Les derniers événements lus dans les journaux. Mais quand je vous vois, épuisée, parce que je suis un ours qui dévore vos paroles, vos tendresses, je voudrais danser pour vous toute seule, même en ours, pour vous distraire, pour vous dire que je suis votre ours, à vous, pour la vie.

» Sachez qu'il nous arrive de drôles d'histoires pendant les escales. L'autre jour, une association chrétienne de protection des femmes, près de Dakar, nous a envoyé des petites filles de quinze ans pour tenir compagnie aux pilotes, la nuit de leur repos !

» Vous savez qu'on vend ces pauvres créatures au marché comme des esclaves. L'association a imposé son tarif. Nous devons payer ces filles vierges quatre francs français pour la soirée. Pour elles, c'est une grosse somme, dans leur trou perdu du désert. Souvent nous leur demandons de balayer la baraque, de nous laver un verre, de nettoyer une lampe à pétrole. Un jour, Mermoz, rentrant assez tard d'un café de Dakar, trouve à sa porte une petite fille d'environ quatorze ans. Il avait bu, il lui dit de partir. Mais la petite fille s'afflige, pleure, seul moyen de montrer son désespoir car elle ne parle pas français. Alors Mermoz lui dit : « Entre, tu peux dormir avec moi. » Il commence à la déshabiller, à lui enlever son burnous, mais la petite pleure de plus belle. Il lui donne ses quatre francs, ne voulant pas augmenter le tarif à cause des autres copains. Il lui remet son burnous. Les larmes ne cessent pas. Il lui enlève de nouveau le burnous et lui donne une seconde poignée d'argent. « Au diable le tarif des civils, tu es gentille, tu vas dormir. » Mais la petite fille, quasi nue dans la nuit, ne veut pas partir, et continue de sangloter. Il ne sait plus quoi faire. Il lui fait cadeau de sa montre-bracelet qui l'émerveille, de son eau de Cologne. Pendant un moment, elle se calme, puis replonge dans son désespoir. Mermoz devient furieux. Il lui crie : « J'en ai assez, pars, je veux dormir, va chez toi. » La petite fille reste debout, l'air égaré, immobile, comme quelqu'un qui n'a pas fini sa course. Ses yeux profonds sont remplis d'une lumière angoissante. La bouche entrouverte, elle ne pouvait rien dire dans la langue de cet homme blanc, qui vole, qui vient du ciel. Des bruits sortaient de sa gorge, doucement, comme si elle se parlait à elle-même. Devant son immense chagrin, le pilote s'apitoie, il lui retire à nouveau les tissus blancs qui la couvrent, la regarde attentivement. Elle n'était pas comme les autres bédouines qui, avec soumission, se présentent les yeux baissés... devant le mal... Le pilote la trouve belle, plus belle encore avec son air étrange. Il essaie de calmer son regard de bête traquée. « C'est comme ça que plusieurs de mes camarades ont épousé des filles arabes », se dit-il. Au lever du jour, il pousse la fille hors du lit. « Va-t'en. » Elle sent l'ordre dans les muscles du pilote. Elle quitte le lit. Elle comprend qu'elle doit partir. Mais elle s'assoit encore par terre, pour lui montrer qu'elle ne partira pas de là. Pour Mermoz, c'est plus qu'il n'en peut supporter. « Ah oui, tu voudrais me suivre comme une esclave, un chien... » Et il dit le mot en arabe... Elle hurle, indignée. Un bruit d'avion gronde sur le terrain. Mermoz la regarde, puis ferme les yeux. Peut-être, pense-t-il, si je feins de dormir partira-t-elle. Il doit piloter encore de longues heures. Il doit dormir. S'il s'endort en plein vol, ce sera à cause de la fille têtue. Elle est la plus forte. Le pilote soupire. Ils s'épient tous les deux. Il rit nerveusement, la fille aussi. La porte de la baraque s'ouvre et le pilote qui venait d'atterrir entre. « Bonjour, vieux ! — C'est toi, Tonio ? — Ah, oui. — Je n'ai pas dormi de la nuit, regarde, dit-il, en lui montrant la petite Arabe assise par terre. Je suis crevé, elle ne veut pas partir. Je lui ai déjà tout donné, mon argent, même mon canif ! » La petite Arabe se lève très vite. « Peut-être comprends-tu l'arabe, monsieur ? dit-elle. Tu sais, je suis la blanchisseuse, je ne peux pas partir sans les draps sales. Pour le reste, je suis contente, il est généreux, ton ami ! » Tonio traduit les désirs de la petite Arabe. Mermoz pousse un juron et la charge de tout le linge sale. Elle est enfin heureuse et part.

Mermoz prétendait que cette histoire était arrivée à Tonio et ce dernier assurait que c'était Mermoz qui l'avait vécue.

Moi j'aimais entendre Tonio me raconter de si curieuses anecdotes. Je n'ai que le regret de les raconter maladroitement, je n'ai aucun moyen de reproduire son rire, sa voix, car il était ensorcelant quand il racontait ces histoires de désert.

Le palais du Glaoui n'avait en fait de palais que le nom. En réalité, c'était un grand immeuble composé d'appartements luxueux, maison de rapport du Glaoui. L'architecture et la décoration étaient de goût moderne arabe, influencé par notre civilisation française.

Quel travail ce fut pour donner un cachet personnel à ces chambres carrées avec leur lumière dure qui ne pardonnait rien ! J'ai compris la sagesse des seigneurs arabes : à la lumière du jour, la seule chose à opposer, c'est la lumière même, l'espace. On couvre les mosaïques de tapis blancs, les murs de tissages arabes qui donnent une lumière chaude, et on oppose de grands cuivres dorés en guise de plateaux. Il faut se les procurer aussi grands que possible. On les achète au poids, certains sont en métal argenté, et il est rare d'en trouver en or. Tonio aimait un grand plateau sombre, grisâtre, presque noir, aux dessins usés. Plus on le regardait, moins l'on comprenait les motifs gravés. On tentait de les lire, et c'était devenu un passe-temps, une obsession.

Mes premières semaines dans cet appartement m'ont instruite sur la manière d'harmoniser un décor. Mon mari, comme tous les hommes, n'aimait pas le déménagement des meubles. En sa présence, on ne pouvait pas même changer une table, il trouvait cela inutile. J'en souffrais. Après avoir étudié et compris les angles des fenêtres, repéré la place des boutons électriques pour obtenir le maximum de confort pour lire et pour écrire, je fis mon plan.

Un jour Tonio devait partir à 3 heures du terrain, cette fois, avais-je décidé, je ne le conduirais pas, cela me prenait deux heures entières. Je prétextai un mal de tête, une lettre à écrire à mes parents. Mais Tonio connaissait trop bien la nature humaine. Quelque chose en moi me disait qu'il avait des soupçons. D'abord il n'a pas accepté que je refuse de l'accompagner. Je ne pouvais pas lui dire avec désinvolture : « Je n'aime pas te dire au revoir au terrain. » D'ailleurs j'aurais menti. Chaque fois qu'il partait, je tremblais. Une fois, j'eus très peur pour lui parce qu'on venait d'enterrer un pilote qui s'était écrasé. Tonio avait fait un tour de piste, juste pour me regarder de plus près et pour me faire un signe de main... A peine avait-il commis cette imprudence que son radio lui annonçait la sanction par télégramme. Il fallut obéir et nous avons payé très cher son petit tour d'avion au-dessus de ma tête.

Je suis donc allée au terrain pour ne pas le contrarier, bien silencieuse, bien sage, mais bien renfermée en moi-même. Il était très aimable.

— Au revoir, chéri, lui dis-je, n'oublie pas que j'ai mis dans ton panier à provisions des légumes fragiles, des tomates. Elles sont bien enveloppées, mais il faudra les sortir en arrivant, sinon avec la chaleur elles vont cuire. La salade, les concombres, les radis, dès que tu arrives, il faut les mettre dans l'eau. Vous en aurez pour toute la semaine, même avec vos camarades. Ils seront contents d'avoir autre chose que des conserves.

J'étais la seule épouse qui faisait des achats et des emballages étranges dans des bidons d'essence vides... Le lait frais, il ne l'aimait pas, mais je remplissais plusieurs Thermos avec de la crème glacée. De la viande fraîche dans des morceaux de glace, des Thermos de soupe de poulet, le tout marqué avec des étiquettes. Mon mari était heureux en distribuant ses provisions. Lui, il mangeait du pain et du fromage. Ces préparations me prenaient du temps. Pour moi, c'était ça la vie : je lui fournissais l'énergie qu'il dépenserait dans ses nuits de vol. Et le café, il fallait qu'il soit très fort. Je bourrais ses poches de chocolat, de pastilles à la menthe. Il protestait toujours : « Mais, chérie, je n'ai besoin de rien, croyez-moi. » Seulement, au retour, il m'apportait des cadeaux des autres pilotes qui avaient bu mes soupes et mangé mes légumes. Lesquels se préoccupaient de la nourriture de Tonio : « Autrement, disaient-ils, Madame de Saint-Ex cessera d'envoyer des vivres qui améliorent un peu nos repas... »

Ce jour-là, donc, où je ne voulais pas l'accompagner au terrain, Tonio m'épiait du coin de l'œil. Je voulus le quitter avant que l'avion ne parte :

— Chéri, je suis un peu lasse, trop de bruit et d'odeurs d'essence, il fait chaud, je voudrais prendre un bain frais... J'irai chez le coiffeur. Puis je ferai une visite à Madame C.

— Ah, je vous en prie, quand vous faites quelque chose que vous voulez cacher, ne me donnez pas tant de prétextes, un seul suffit, sinon, je deviens suspicieux...

Je suis rentrée chez moi. Tranquille. Il était parti. J'étais à mon affaire. Je travaillai toute la journée. Quand la nuit m'a surprise, je n'avais pas terminé. Je renvoyai mon Ahmed, mes fatmas, et, dans la grande salle de bains, je me suis couchée sur mon divan de massage. J'étais brisée de fatigue.

Au milieu de la nuit, des pas sur la mosaïque... des pas souples, des pas de voleur... J'avais très peur... Quelle

imprudente avais-je été de renvoyer tous mes gens. Seule
ma cuisinière dormait en face de la cuisine. Les pas
allaient, venaient, je ne respirais pas. En réalité quelqu'un
était bien chez moi comme chez lui... Le visiteur alluma.
Je tremblais. Mes bijoux... J'arrache mes bagues de mes
doigts et je me glisse dans le panier à linge. Le voleur
n'irait pas voir là. J'étais effrayée, pas un revolver dans
cette pièce. Le voleur, enhardi de ne voir personne, continuait sa promenade dans les pièces vides. Car j'avais tout
mis dans une chambre de domestique pour laver les murs
et remettre des tentures nouvelles, changer les meubles de
place... C'était ça mon plan... Enfin, le voleur, une lampe
électrique à la main, entre dans la salle de bains, tranquillement, et se sert de mes toilettes. J'ai pu entrevoir sa tête
depuis mon panier... C'était mon mari... Alors je bouge, et
le linge du panier avec lequel je m'étais couverte grandit
comme un volcan. Tonio eut vraiment peur. J'ai crié : « Au
secours, aidez-moi, j'étouffe. »

Il restait immobile, terrifié, après avoir trouvé les
chambres vides, de m'entendre crier, de me voir me
débattre avec des chemises qui me serraient le cou. Enfin
je suis sortie du panier par mes propres moyens. Il croyait
voir deux personnes dans les mouvements de ses chemises... Il était pâle, haletant. J'étais très fâchée.

— Tu me fais peur la nuit et tu ne peux même pas
m'aider à sortir de ma cachette, j'aurais pu étouffer là-
dedans... Je croyais qu'un voleur était là... J'ai mis mes
bagues dans le panier. Ma petite montre est certainement
cassée. Tu es méchant.

— Ecoute, ma folle, ma petite fille, tu ne vois pas que
j'étouffe plus que toi. Je suis revenu chez moi. J'ai fait
demi-tour. J'ai pensé : « Consuelo ne m'aime plus. Et elle
a raison. Elle est toujours seule. Quand je suis là, je réflé-
chis, j'écris. Je ne suis pas un bon compagnon. Mais il vaut
mieux tout dire, tout savoir, tout arranger, je ne veux pas
lui faire de mal. Elle doit être avec celui qu'elle aime. Je

ne peux plus la laisser ainsi », et je ne suis pas parti. J'ai prié Guerrero, qui était en vacances mais qui se trouvait par hasard sur le terrain, de conduire le « taxi » pour moi et j'ai passé ma journée à rôder en ville. Je voulais t'écrire plutôt que de venir. Mais j'ai réfléchi : « Je n'ai rien vu chez elle de lointain, de distant. » Et j'ai prié. Et je me suis décidé : « Bon, j'irai tout lui dire. » Voilà pourquoi je suis là. Quand je n'ai vu aucun meuble, ni dans notre chambre à coucher, ni dans le salon, ni nulle part, j'ai eu très peur. Tu étais vraiment partie, même avec les meubles et définitivement. Demain, je pensais m'enfuir en Chine. Je cherchais une lettre, quelque trace, rien. Et toi, dans le panier ! Mais que fais-tu là ?

— Ah, Tonio, tu dis que tu n'es pas jaloux ? Imbécile !

— Mais, réponds-moi, où sont les meubles ?

— Grand idiot, tu n'as pas vu à l'entrée les seaux de peinture ? Demain les peintres doivent venir, je voulais t'offrir une surprise, et tu m'as fait peur...

Je ne me remettais pas de ma frayeur, je pleurais, je cherchais mes bagues, mon bracelet... Tonio prit un matelas et se coucha par terre tout habillé en serrant une de mes chevilles pour toute consolation à mes larmes et à son amour.

Plus tard, la plus belle phrase que j'aie jamais entendue sur mes larmes, sur cette nuit, sur mon bracelet, sur ma montre cassée dans le panier disait que je ne pleurais pas mon bracelet perdu, mais que je pleurais déjà la mort qui me séparerait de toutes choses, moi, « petite fille chère et périssable »...

10

Femme de pilote

Je ne pouvais plus dormir. L'angoisse des nuits de vol, deux fois par semaine, me tenait éveillée. Quand Tonio passait près de moi quelques jours entre deux courriers, j'étais attentive à lui plaire, à le soigner. Il n'est pas comme les autres, me disais-je. Si enfant, si ange tombé de son ciel... Moi, je ne pouvais, comme les autres femmes, me promener, sortir, aller à des fêtes... Le courrier seul m'importait. C'était mon désespoir...

Un jour, il partit vers 3 heures de l'après-midi. Si tout se passait bien, il toucherait ses trois escales, Cisneros, Port-Etienne, Cap-Juby. Je demandai au radio de me renseigner sur le courrier de mon mari. D'autres pilotes lui réclamaient des renseignements. Il fallait les guider dans le ciel. Et toujours Madame de Saint-Ex téléphonait : « Est-ce que mon mari a touché sa première escale ? » Oui, non, rien de plus.

Il me fallait attendre une heure entière avant d'oser poser de nouveau la même question. « Vous êtes trop nerveuse, madame. Allez vous baigner, il fait beau. Je m'occupe du vol de votre mari. Les autres femmes de pilotes ne sont pas aussi anxieuses. »

Le lendemain, je recommençais à téléphoner. « Votre mari bien arrivé » ou : « Votre mari en panne. Cherchons à le dépanner ». Et c'était tout. J'avais fait des pieds et des mains pour habiter tout près du bureau de la radio et si je ne téléphonais pas, je venais au bureau et je passais ma tête en souriant, en faisant des signes avec des mouchoirs aux autres pilotes qui se trouvaient là. Ils étaient nerveux, ils n'aimaient pas voir des femmes autour du bureau, mais moi, c'était différent, j'étais leur voisine. Je leur demandais de monter chez moi. J'avais de l'eau fraîche, des anchois reçus de Paris, des amandes dorées, et je leur promettais que mes amies les plus jolies de Casablanca nous rejoindraient pour l'apéritif. Je ramassais toujours un ou deux pilotes. Je les servais comme des dieux, c'étaient mes anges messagers. Ils allaient, ils venaient et enfin, sans que je leur demande rien, ils me disaient : « Ne vous inquiétez pas, votre mari a sauté une escale. Le vent, la brume l'ont poussé à l'intérieur du désert ou bien sur la mer. Il pense arriver bientôt à Cisneros. » Et les heures passaient. Ils me quittaient avec une bonne dose de Pernod dans le gosier. « Alors, madame de Saint-Ex, venez au restaurant chez l'Arabe, oui... à tout à l'heure. »

Là-bas, dans la nuit, je saurais si Cisneros avait été atteint. Parfois, plus un mot, de la tendresse seulement, de la gentillesse. Les pilotes devenaient mes frères.

« Mais, madame de Saint-Ex, ne vous faites pas tant de soucis. Ce soir nous allons faire la tournée des grands-ducs. »

Seigneur, ce n'est pas amusant, les bars, les femmes, les odeurs de tabac et de kif que dégageaient ces endroits plus ou moins fréquentables. Si à minuit on ne me reconduisait pas chez moi, alors je savais que mon ange était en danger. Un jour le bon et sympathique Guerrero me « conduisit à la campagne ». Les autres pilotes, eux, voulaient dormir. « Aller à la campagne », dans notre langage, signifiait : aller voir le radio.

Ah, les femmes des pilotes ! Ce n'était pas facile ni pour eux ni pour elles. On nous plaignait et on nous aimait.

Nos maris avaient besoin de gagner contre la nuit, de toucher l'escale parce que nous attendions. Le reste, la fatigue, les heures de lutte contre la météo imprévisible, la brume, les ordres si bêtes des chefs de Paris qui enlevaient quelques litres d'essence pour alléger le moteur, rien n'avait d'importance. « Si on pouvait se poser un quart d'heure plus tard, on serait sauvé », écrivait un pilote avant de tomber en mer et de se noyer. Mais il fallait suivre les ordres du terrain. Ils montaient dans leur machine comme des robots qui vont faire la guerre. La guerre contre la nuit.

Leur retour était simple. On ne parlait de rien, on était en vie. On repartirait dans cinq jours. Maintenant, on allait boire et manger. Mais Tonio, lui, voulait lire, Tonio voulait écrire. Alors, il fallait que je me fasse toute petite, que j'habite ses poches. Je faisais des dessins, des dessins qui ne ressemblaient à rien. Si cela l'énervait, je brodais. Et les coussins brodés s'entassaient sur le divan. Il aimait que je sois dans la même pièce que lui quand il écrivait et, quand il n'avait plus d'idées, il me demandait d'écouter, et il me relisait une, deux, trois fois ses pages et attendait mes réponses...

— Alors, à quoi penses-tu ? Cela ne t'évoque rien ? Pas intéressant ? Je vais les déchirer. C'est idiot, elles ne veulent rien dire !

Et moi j'inventais Dieu sait quoi, je piochais dans mes histoires et je parlais une heure sur une page qu'il venait d'écrire.

Une fois cette épreuve passée, il me regardait, très heureux.

— J'ai sommeil, allons nous coucher...

Ou bien il décidait :

— Je voudrais me promener à grands pas. Mets tes souliers de marche, allons au bord de la mer. Allons manger des huîtres. Allons jouer des airs sur le piano mécanique de L'Oiseau bleu, la petite guinguette au bord de la mer !

Cette guinguette avait mauvaise réputation, mais c'était le seul endroit agréable, sans chichis, on y entrait comme chez soi, on mettait des sous dans le piano et en avant la musique... On nous donnait à manger et à boire, jamais la même serveuse. Celle qui était libre connaissait les pilotes qui venaient avec leurs « dames », les autres tenaient compagnie aux marins. C'était devenu le rendez-vous mondain de Casablanca, si on peut dire ! Car nous étions à peine une vingtaine de familles qui sachent lire et écrire correctement, qui eussent été baptisées et mariées... Il y avait deux ou trois couples du même milieu que nous. Bien qu'ils aient été dans les affaires, nous partagions avec eux quelques sujets de conversation ! Nous étions bien ensemble.

Quand Tonio partait avec son courrier, j'étais bonne pour l'hôpital, l'inquiétude ne me laissait pas dormir. Je recommençais la même danse auprès des radios... les mêmes pas... les mêmes angoisses..

Un jour deux pilotes dirent devant moi : « Je viens du bureau de la radio. Rien ne va plus. Antoine s'est écrasé... On vient d'envoyer un autre avion chercher son corps et le courrier si on peut le sauver. »

Les oreilles me sonnaient. Comme à Séville pendant la Semaine sainte, j'ai fait le signe de croix, et me suis élancée telle une gazelle folle vers le bureau. Je ne pouvais plus respirer dans la grande chaleur de midi. Je venais de traverser la ville en courant au lieu de prendre un taxi. Mais il fallait que mes jambes volent, je n'avais pas réfléchi. Je tombai dans l'entrée du bureau sur une femme qui pleurait à grands cris : mon amie, Madame Antoine. C'était donc le pilote Jacques Antoine qui s'était écrasé et non mon mari Antoine de Saint-Exupéry. Je riais comme une folle : « Ah ! Madame Antoine, comme je suis bête, c'est votre mari qui s'est écrasé... » Et je riais, je riais. Le docteur est venu et nous avons toutes les deux dormi une journée sous l'effet de la morphine...

Pinot devait se marier. Pinot était notre ami. Il aimait notre compagnie. Il avait décidé de quitter les sables parce qu'il s'était fiancé. Sa mère avait tout préparé en France, trousseau, maison et tout le saint-frusquin. Tonio lui dit :

— On va réunir les copains dans mon grand appartement, on enterrera ta vie de pilote et de garçon.

Pinot avait accepté. Tonio m'avait donné la moitié de son mois pour payer le champagne de la fête.

Pinot quittait pour toujours Dakar. Pour son dernier courrier, un autre pilote le remplacerait. Mais Pinot insista :

— Ecoute, laisse-moi piloter une dernière fois.

Le pilote lui céda les commandes. Il fit un mauvais décollage, le moteur eut des ratés, il s'écrasa sur le terrain... Adieu, famille, fiancée, fête préparée pour lui...

Tonio était mélancolique devant notre banquet. Avec sa générosité coutumière, il s'était ruiné pour célébrer l'ami qui partait pour toujours de la ligne...

Nous n'étions pourtant pas plus riches que les autres pilotes. Bien au contraire. Avec 4 000 francs par mois, plus d'autres ressources, nous devions vivre à deux. Il fallait payer le loyer de la rue de Castellane, à Paris, et l'appartement du Glaoui, considéré comme luxe et folie par les autres pilotes qui habitaient dans de petites chambres avec leur femme. Sans jamais faire de réception... Mais Tonio avait besoin d'espace, il aimait les beaux parquets, les murs pas trop près du nez, et pas d'encombrement sous ses pas... Car il suffisait qu'il touche une chose pour la casser... Même un piano, sur lequel il s'appuya un jour chez des amis, s'est effondré. Il n'avait pas la notion de son poids. Ni de sa hauteur. Souvent il se cognait contre les portes des voitures ou des maisons. Il oubliait sa taille d'arbre. Ce garçon qui survolait les sables, les mers, ne savait pas utiliser une allumette sans se faire mal. Les allumettes suédoises étaient pour moi une grande souffrance. Il les frottait très fort, n'importe où, pour allumer ses cigarettes (car il perdait les briquets ou brûlait les mèches). En frottant une allumette contre une vitre, il s'est une fois coupé le pouce très profondément. J'ai pleuré, il riait... Je ne pouvais me consoler du petit morceau de doigt et d'ongle qui manquerait désormais à sa belle main... Il se croyait invincible, car il employait toutes ses forces physiques et morales. Mais il s'énervait si l'on était injuste envers lui ou les autres. Un jour, dans un bistrot, un homme nous insulta à cause de mon petit chien pékinois, que j'aimais tendrement : Youti faisait partie de notre vie. Tonio avait entendu, pendant qu'il buvait son Pernod, les injures de l'individu. Quand l'homme se tut, il saisit la chaise où il était assis et, à bras portant, la posa, avec le bonhomme dessus, au beau milieu de la rue... L'homme est resté quelques secondes interloqué, sur sa chaise, les gens du café riaient, nous partîmes en pouffant...

Youti était une source d'ennuis dans nos voyages, nous l'oubliions souvent tant il était petit. Plusieurs fois déjà, en vol, il m'était arrivé de crier :

— Tonio, nous avons laissé Youti au restaurant.

Il faisait demi-tour et allait le rechercher. Une fois, il dut aller chez un Arabe qui l'avait déjà adopté et baptisé... Toute l'affaire lui avait pris près d'une heure, mais, triomphant, il m'avait ramené Youti !

Dès que je ne le surveillais plus, Youti partait faire ses courses. A Casablanca, il s'enfuit une fois de l'appartement. Pendant des heures, je cherchai mon chien bien-aimé, en pleurant comme un bébé. Quand Tonio revint de son courrier, il me dit :

— Chérie, pourquoi n'êtes-vous pas venue m'attendre au terrain ?

Je sanglotais.

— Youti m'a quittée, on a laissé la porte de service ouverte et il s'est enfui. Depuis trois heures, les domestiques le cherchent en vain dans la ville.

— Bon, ne pleurez pas. Donnez-moi plutôt un baiser et je vous rapporterai votre Youti.

Il se baigna en vitesse puis partit à sa recherche. On parle encore à Casa des astuces dont il a usé pour le retrouver.

— Il nous a coûté presque 300 francs, me dit-il d'un air pensif, mais je ne peux pas vous voir pleurer. Le voilà, votre toutou.

Les promenades dans la ville étaient notre plus grand luxe. Nous n'achetions rien. Nous mangions assis par terre avec les Arabes des viandes assaisonnées d'herbes rôties, du mouton frais. Tonio parlait avec des légionnaires, des hommes qui avaient perdu leur fortune à Paris et qui venaient refaire là leur vie. Et c'était possible. Un ami intime changea au marché son manteau pour un cheval, le cheval pour des chèvres, les chèvres pour des moutons, les moutons pour des esclaves. Il a fini par avoir un troupeau à lui, des chevaux. Des troupeaux qui lui rapportaient plus qu'une ferme. Il a épousé la fille d'un caïd. Il a eu des enfants et un harem... Il possédait sa maison, ses terres...

Dans nos promenades, parmi les sorciers qui apprivoisaient les serpents et dans les rues chaudes, j'attrapai un jour un étrange microbe. Ce microbe commença à me ronger le pied. Un petit trou d'un centimètre qui ne sentait pas bon et qui pourrissait. Mon chien l'attrapa après moi. Il pleurait encore plus que sa maîtresse. Je ne pouvais plus porter de chaussures. J'avais le pied enveloppé de bandages. Les docteurs firent une vraie conférence à mon sujet, à laquelle Tonio assista. Il sortit changé de cette réunion. Il me dit :

— Je ne partirai pas demain avec mon courrier.

— Pourquoi, Tonio ?

— Parce que je voudrais vous soigner, m'occuper de vous. Vous ne guérirez pas si vous êtes toute seule de longues nuits. Je ne veux plus voler.

— Alors, Tonio, comment vivrons-nous ?

— Oh, pour manger, on trouvera toujours. Je sais conduire un camion.

— Mais non, Tonio, je préfère que tu pilotes. Je veux que tu partes demain avec ton courrier. Les légumes sont déjà achetés, emballés, j'ai fait toutes les soupes, tout est prêt. Ramène ce gâteau à Madame la Capitaine...

— A tes ordres, ma femme. Et à mon retour nous nous embarquerons pour les îles.

Je croyais que c'était une plaisanterie.

Mon chien pleurait tout le temps. Je lui chantais des chansons. Ma fatma et mon Ahmed nous conduisirent chez un sorcier vétérinaire et je lui donnai 50 francs pour une pommade qui sentait très bon. Mon chien guérit en trois jours, le trou qui était resté un mois céda et la chair repoussa, plus de pus. J'étais ravie mais mon pied ne suivait pas la même guérison. Il sentait de plus en plus mauvais. Un deuxième trou dans le mollet apparut. Je tremblais. Je priais Dieu de me guérir. J'étais devenue mélancolique. Je restais à la maison. Pour me distraire, je relisais quelques pages que mon mari venait d'écrire, restées en désordre sur la table. En rangeant ses papiers, je vis un mot écrit plus grand que les autres : Lèpre. Je relus : oui... lèpre. C'était une lettre à Dieu, toute simple, dans laquelle il suppliait le Seigneur de ne pas m'abandonner, parce que le docteur ne voulait plus que je me mêle au monde. Lui, écrivait-il, il partirait avec moi pour les îles des lépreux !

Je compris pourquoi mes amies ne me rendaient plus si souvent visite. J'avais peur. Youti m'embrassa. Je pleurais.

Nous étions venus dans ce pays pour travailler, pleins d'espoir, pleins d'énergie. Je ne me plaignais jamais de rien. Je n'avais pas de quoi m'acheter une robe, un parfum. Cela m'était égal, les fleurs sentaient bon, et avec mes robes blanches d'été j'étais aussi élégante que mes amies de Casa qui portaient les derniers modèles de Paris. Mon mari m'aimait. Pouvais-je ruiner sa vie à cause de ma lèpre ? Peut-être la lui avais-je déjà donnée ? Je devais m'enfuir avec un Arabe qui m'accepterait avec mon pied, comme ça. En tout cas je pouvais aller mendier à Fez, mais si je donnais ma maladie à tout le monde ? Non, je devais partir aux îles toute seule, attendre de savoir si Tonio était contaminé.

Je regardais mon trou comme on regarde son cercueil. C'était l'heure de soigner Youti, j'ai fait ses pansements. Je me suis enduite de la même pommade, ça ne pouvait pas de toute manière aller plus mal. Pendant la nuit, j'étouffai. J'étais violette. J'avais de la fièvre. Je me remis de la pommade, puis je pris un bain chaud, laissant mon pied dehors. Le jour m'a trouvé là. Mon corps était couvert de taches roses. Le lendemain, même traitement. Mais mon trou était propre. Les démangeaisons avaient disparu. Le jour où Tonio arriva de son courrier, j'étais au terrain en souliers de marche, sans bâton... Et avec Youti. Il a vu le chien guéri, il a compris.

— Tu as mis les médicaments de Youti ?

— Oui, c'est fini, mais j'ai mal partout.

Mon mari m'a prise dans ses bras et m'a portée du terrain jusqu'à la voiture.

— Où est le sorcier qui a soigné Youti ?

— Près de Bousber.

Nous l'avons trouvé chez les filles. Elles nous offrirent du thé. L'Arabe était très tranquille.

— Ce que ta femme et ton chien ont eu, on va le guérir. Il faut baigner avec du lait le corps de ta femme. Et après ce sera fini.

Tonio prit avec moi des bains de lait bouillant. Le médicament étant un peu cher, nous mélangions un peu de lait de chèvre au lait de vache. Mais j'étais guérie.

Tonio me disait :

— Je serais parti avec vous aux îles... ma femme. Vous êtes ma raison de vivre. Je vous aime comme la vie...

11

Le Prix Femina

Vol de nuit parut enfin en librairie à Paris. Nous nous inquiétions du sort du livre. Chaque jour, j'achetais les grands journaux : *Comœdia, Le Figaro, Les Nouvelles littéraires.* Je découpais les articles élogieux et je les collais sur un cahier. Quelquefois en double, car cela m'amusait d'avoir tant de photos de Tonio. Lui, à son retour, riait de voir les mêmes photos, les mêmes articles. Puis *Vol de nuit* obtint le Prix Femina. Tout en étant favori du Prix Goncourt. *Gringoire* avait reproduit une caricature très drôle où l'on voyait un aviateur avec deux ailes violé par les dames du Prix.

Elles avaient changé leur date de réunion. En général elles décernaient leur prix après les Goncourt, mais cette année-là elles s'étaient réunies avant eux. Tonio et moi étions si heureux de cette distinction.

Mais son éditeur le rappela à Paris. Tonio commençait à trouver cette histoire un peu fâcheuse pour sa liberté. Par ailleurs, il ne pouvait pas obtenir chaque mois des congés auprès de sa compagnie d'aviation. Il avait décidé sans me le dire de ne plus piloter. Il m'annonça brusquement notre départ. Et j'ai suivi...

Nous étions cette fois installés à Paris pour de bon. L'appartement de la rue de Castellane était bien trop petit.

Mais les locations à cette époque étaient introuvables, les prix invraisemblables. Il fallait soudoyer des concierges, acheter des pas de porte. Courir tout Paris pour finalement ne rien trouver...

Par chance, près de chez André Gide, nous tombâmes sur un joli appartement libre. Il était cependant très convoité. Mais mon mari étant « le Monsieur du Prix Femina », le propriétaire nous accorda la préférence. La rue était agréable, l'appartement donnait sur des jardins. Mais il fallait attendre quelques mois avant de l'occuper.

Tonio était débordé, affairé par les rendez-vous, les visites aux dames du Prix, les photographies, les invitations, les admirateurs et les admiratrices. Le succès grandissait de jour en jour. Dans sa famille, des cousines lointaines, qui ne s'étaient jamais aperçues de leur lien de parenté avec lui, réclamaient l'écrivain à succès. Elles vinrent même lui souhaiter son anniversaire, chose qu'elles n'avaient jamais faite auparavant ! Les admiratrices importunes arrivaient de tous les côtés. Je ne pouvais plus retenir tant de noms, nous manquions la moitié de nos rendez-vous. Tonio n'écrivait plus, la vie se passait chez les autres. Nous n'avions plus un déjeuner pour nous tout seuls.

Enfin une de ses cousines nous entraîna dans son château, à six heures de Paris. Enfin de la verdure, la paix, de grandes chambres froides avec de petites vieilles au coin du feu, j'en étais ravie.

Mais le séjour s'est terminé trop vite et le retour à Paris fut de nouveau un cauchemar. Mon mari était constamment au téléphone, même dans son bain. Mes nerfs n'en pouvaient plus. Le soir, il fallait aller à Deauville, à Honfleur ou à Bagatelle. C'étaient des allées et venues sans aucun sens. On parlait de faire dans la foulée un film de *Courrier Sud* en France et de *Vol de nuit* en Amérique. Les éditeurs, les journalistes, les agents étaient assis sur son lit. Nous n'avions plus une minute en tête à tête. A 3 heures du matin, quand le téléphone se calmait enfin, Tonio s'endormait comme un mort et, de bonne heure, le téléphone recommençait sa litanie. Il n'avait aucune secrétaire, seulement lui et moi qui faisions au mieux. Après le calme des villas blanches du Maroc et mes angoisses de ses vols de nuit, je devenais quasi hystérique. Lui aussi me demandait souvent : « Que faire ? »

Il ne pouvait pas marcher dix mètres dans la rue sans rencontrer des messieurs intelligents qui passaient leur temps au café, comme Léon-Paul Fargue et bien d'autres... Alors on continuait à boire et à parler. C'était un enfer. Plus de foyer, plus de temps consacré à méditer, nous vivions comme dans une vitrine... pour le public.

Mais Tonio aimait trop le ciel. Il savait comment les nuages changeaient, comment les vents pouvaient trahir... Il se voyait à l'apogée mais il savait qu'on l'attendait, qu'on le guettait, et qu'on espère toujours la chute vertigineuse du vainqueur du moment...

C'est pourquoi il décida un jour de fuir Paris. Mais c'était plus difficile qu'autrefois. Rivière, le grand Rivière qui n'était autre que Didier Daurat, le directeur de l'Aéropostale, était menacé du pire : de la prison... de fausses preuves, de fausses déclarations. On l'accusait d'avoir volé du courrier. Il avait été renvoyé de sa place de chef de l'Aéropostale de Toulouse. On le traitait de faussaire. Chaumier aussi était accusé. Daurat, Chaumié [1], deux personnes d'une honnêteté à toute épreuve. Les journaux étaient remplis de leurs procès. Mon mari tenait bon, ayant gardé toute sa confiance envers les deux accusés. Il avait raison. Le faussaire fut découvert comme dans les livres de Sherlock Holmes, et Daurat et Chaumié furent acquittés. Mais la Compagnie allait changer de mains. Elle appartenait dorénavant à l'Etat et il fallait des conditions spéciales et draconiennes pour être de nouveau admis à voler. Tonio n'insista pas. Un constructeur d'avions lui

---

1. Emmanuel Chaumié était directeur de l'aviation civile au ministère de l'Air.

demanda de venir à Saint-Laurent-de-La Salanque près de Toulouse pour mettre au point un prototype d'avion. Tonio accepta. Il m'annonça qu'il avait repris du travail, du travail un peu difficile. Le même prototype avait déjà noyé plusieurs équipes. Le constructeur avait transformé un peu le moteur et voulait soumettre l'avion à de nouvelles épreuves avec de nouveaux pilotes. Tonio partit pour Saint-Laurent. Il me donna comme adresse l'hôtel Lafayette à Toulouse et me supplia de rester à Paris. Nous étions en hiver, mais l'appartement n'était chauffé que par des cheminées. J'étais trop faible. Il m'installa donc dans une chambre d'un charmant hôtel de la rive gauche, l'hôtel du Pont-Royal.

J'avais de l'asthme. Je ne connaissais pas bien cette maladie. Le Maroc m'avait donné son dernier cadeau : du sable dans les poumons. J'étouffais, je croyais mourir. Mon mari avait disparu de Toulouse depuis une semaine. J'étais folle. Sans nouvelles. J'ai demandé à ma sœur d'Amérique centrale de venir à mon secours et, quinze jours plus tard, elle débarqua au Havre. Mon mari était au téléphone. Toujours avec une voix endormie, et absent... Car la nuit, il écrivait ou faisait ce qui lui plaisait et le jour il travaillait à Toulouse. Il volait très peu sur son avion qui était sans arrêt en panne...

— Petite sœur ?
— Oui.
Je tremblais.
— Couche-toi.
— Petite sœur, tu m'aimes ?
— Oui, je t'aime. Couche-toi. Le docteur dit que tu dois dormir.
— Petite sœur, je voudrais parler avec mon mari.
— Si tu es sage, je te le passerai au téléphone.
La voix lointaine de mon mari se fit entendre :
— Oui, Consuelo, je sais, vous êtes malade. Votre sœur vous soigne. Je suis tranquille.

— Petite sœur, depuis combien de temps suis-je malade ? Trois, quatre semaines ? Oh, petite sœur, pourquoi mon mari ne vient-il pas me voir ?

— Parce qu'il travaille.

— Petite sœur, je n'ai pas de lettres de mon mari. Il y a longtemps qu'il est parti. Petite sœur, je sais : il n'a plus rien à me dire.

— Ne pense pas comme cela. J'ai envie de me fâcher avec toi. Tu es malade. Tu ne dois penser à rien, à rien...

— Petite sœur, je suis guérie. Depuis quatre jours je n'ai plus d'asthme. Pourquoi me gardes-tu couchée, les volets fermés ?

— C'est le docteur qui te l'ordonne.

— Petite sœur, demande-lui si je peux me lever.

Le lendemain, j'allai chez lui.

— Ah, madame, je n'invite pas tous mes patients à venir chez moi. Mais vous êtes si seule. J'ai prié un ami très intelligent à dîner. Promettez-moi de ne pas refuser.

— Je me sens malheureuse, docteur. Je m'ennuie.

— Ces choses-là arrivent dans les plus heureux ménages, des distances, des malentendus. C'est la fatigue à deux.

Le soir, chez le docteur, son ami était là.

— Je te présente Madame de Saint-Exupéry, ma patiente, femme de l'écrivain et pilote si célèbre. Elle se croit très malade, pour ne pas dire plus aimée de son mari. Je lui ai permis de se lever. Elle a commencé des leçons de pilotage. Elle veut s'enfuir dans le ciel...

Après dîner son ami André, poète, me reconduisit à mon hôtel. Le triste hall brillait de tous ses lustres. Je l'ai prié de venir un moment au bar américain. Il était ravi. Nous parlâmes longtemps. Nous étions, avant de nous rencontrer, très tristes, on se retrouva à la fin de la soirée consolés et très gais.

André assista à mes leçons de pilotage. Il trouvait cela ridicule. Il me donnait des poèmes à lire, des contes magnifiques. J'étais guérie. Je voulais vivre, jouer, lire plus encore de poèmes, plus encore de contes, toujours plus merveilleux. Auprès de lui, j'avais trouvé la magie. Je rêvais. Je trouvai la force de revenir, grâce à lui, rue de Castellane.

Un soir, de nouveau chez moi, après dîner, il m'a raconté son dernier amour. Une femme mariée. Jamais plus il ne voulait aimer une femme mariée, me jurait-il. J'étais désespérée. Je savais de quoi il s'agissait. Il me disait qu'il m'aimait, que je devais aller voir mon mari à Saint-Laurent, n'importe où... et lui dire adieu, que j'en aimais un autre. Ce jour-là, il me croyait libre.

J'étais jeune. Le caractère merveilleux d'André faisait la loi dans mon cœur. Je suis partie pour Toulouse en troisième classe. Mon mari n'est pas venu à la gare comme je l'espérais. Je suis allée à son hôtel. Il m'a priée de le laisser dormir jusqu'à 1 heure ! J'ai attendu dans sa chambre qui sentait fortement la fumée et le renfermé. Le cuir des vêtements d'aviateur. Je frissonnais à la pensée du récit que je devais lui faire à son réveil. Je répétais dans ma tête les mots d'André. Je voulais aller jusqu'au bout de ma mission. Mais voilà que notre ami pilote, Dubordier, entra dans la chambre.

— Veux-tu venir déjeuner ?

— Non, emmène ma femme. C'est dimanche. Je n'aime pas accompagner ma femme au restaurant le dimanche. Tu me sauves mon sommeil, merci. Elle doit repartir, conduis-la au train, moi je vais à Saint-Laurent dans une heure. Consuelo, au revoir. Ma femme, embrassez-moi, et embrassez votre petite sœur pour moi.

— Mais, Tonio, je ne suis pas venue ici pour cela. Je veux te parler.

— J'entends. Tu veux probablement de l'argent. Prends tout ce que tu veux, chérie. Moi je vis avec des cafés au lait et des croissants.

Je rentrai à Paris.

— Ah, André, je n'ai rien pu lui dire.

— Pourquoi ?

— Il dormait.

— Tu ne m'aimes pas, mais ne me le dis pas encore, je le croirais. Alors écris-lui.

— Ah oui, ça je peux.

Et la lettre est partie. Quand Tonio la reçut, il prit aussitôt un avion et se retrouva près de moi.

— Oui, oui, je partirai avec André.

— J'en mourrai si tu pars. Je t'en prie, reste avec moi. Tu es ma femme.

— Mais j'aime André, Tonio. Je regrette de te faire de la peine. Tu ne me donnais aucune nouvelle de Saint-Laurent. J'ai cru que je n'étais qu'un objet pour toi. Un objet qu'on gare à l'hôtel. André, lui, m'aime. Il m'attend.

— Eh bien, dis-lui de venir te chercher.

— Oui, je le lui demanderai.

Je téléphonai. Quelques minutes plus tard, André était chez moi. Il arriva avec des amis. Alors nous avons parlé, nous avons bu. Tonio les a reçus torse nu, il paraissait très fort avec son torse tout poilu, et il était aussi très souriant. Il leur a servi des Pernod sur un plateau d'argent. Nous bûmes et je suis restée pour la vie avec mon mari.

Nous n'avons jamais plus parlé de cette histoire.

Le lendemain nous nous envolâmes vers le Midi où il devait faire voler son grand monstre d'avion qui ne voulait pas nager. Nous arrivâmes à Saint-Raphaël pendant que ma petite sœur, ayant fini son rôle d'infirmière, naviguait, de retour vers son volcan de San Salvador.

— Tonio, j'ai peur de ton avion qui ne veut pas nager.

— Moi pas. Chaque jour, je fais quelques minutes de plus au-dessus de l'eau. Il grogne, il craque. Tu vois, mon bras gonflé, presque bleu-noir, eh bien, c'est que j'ai dû retenir la porte qui s'ouvrait. Il a besoin d'un certain nombre d'heures de vol, ensuite ce sera l'affaire du constructeur.

— Mais cette comédie du petit bateau qui guette tes vols, du scaphandrier, de l'infirmier, la machine à respirer et toi dans l'air, ça me rend folle. Ah, tu sais, je voudrais te voir cordonnier au coin d'une rue.

— Mais aujourd'hui, je sais bien des choses. Je n'ai plus peur de partir loin de toi. Tu m'aimes comme ton père, tu me soignes plus qu'une épouse de ton âge ne saurait le faire. Maman d'un homme chauve. Regarde : je suis vraiment chauve. Chérie, aujourd'hui, je vais finir l'essai de notre hydravion-monstre-en-pension. Viens le voir, dis-lui de bien se conduire.

— Oui, Tonio, et après où irons-nous ?

— Voler ailleurs, là où on me donnera du travail. J'aime mieux la tempête de la nuit que les conversations des cafés de Paris, et je ne peux me sauver qu'avec mes avions. Il ne faut pas que tu les détestes, dès que je ferai ce raid auquel je pense, si je gagne le prix, je t'achèterai un petit avion Simoun. De quelle couleur le veux-tu ? Tu mettras un bar à l'intérieur, des coussins de couleur, des fleurs, et nous irons loin autour du monde.

— Ah oui, Tonio, j'aime rêver, mais sur terre. Dans l'air, j'ai le cœur tout meurtri parce que je pense aux longs vols où tu es seul. Si un jour tu te faisais très mal, et que je ne puisse pas venir te secourir, je deviendrais folle.

— On peut toujours secourir ceux qu'on aime, juste en les aimant bien fort, de tout son être.

— Oui, je le sais, Tonio.

— Ecoute, c'est l'heure, je te demande pardon. Je dois être en vol dans dix minutes. Demain je toucherai la prime de vol... Pour nous, c'est une chance, nous serons riches, riches... Pense à ce que tu m'offriras comme cadeau, car j'aurai dompté le monstre.

C'était la crise en Amérique. La Côte d'Azur était abandonnée, délaissée par ses fidèles visiteurs. Les hôtels restaient malgré tout ouverts. Le personnel devant être nourri et payé, ainsi la clientèle française en profiterait peut-être ! Mais les grands palaces étaient vides. Mon mari m'avait installée à l'hôtel Continental. Toute sa famille habitait sur la Côte, et, pour le prix d'une chambre, nous avions un étage avec tout le service, des feux de cheminée dans les salons. Quel luxe ! Les amis de mon mari, pilotes militaires, se réunissaient chez nous, le soir, à l'heure du cocktail, et nous chantions de vieilles chansons françaises.

Pendant l'absence de Tonio, je contemplais les chambres vides, leur luxe inouï. Mon chien faisait des courses dans les suites. Quelle paix ! Quel calme !

Tout à coup j'entendis un bruit intense qui se répandit dans la ville. Un bruit sec. Chacun courut à sa fenêtre. Moi de même. Je ne voyais rien que la mer qui se déplaçait en l'air tel un nuage et retombait très vite comme si elle recevait des boulets de canon. Pendant que je regardais la surface de l'eau, mon chien s'était sauvé. Je courus le chercher. Le brigand avait trouvé un autre pékinois. J'emportai Youti avec colère. Et de ma fenêtre, sur la mer, lentement j'ai compris, pendant que le jour tombait sur l'eau glaciale, que le nuage d'eau qui avait alarmé la population de Saint-Raphaël était le monstre d'hydravion de mon mari. Son avion avait percuté la mer à une telle vitesse que l'eau s'était soulevée de plusieurs mètres pour retomber avec un bruit terrible, réveillant ainsi toute la ville. Et la nuit venue, la mer était de nouveau lisse comme la mer Morte... Je ne bougeais plus de ma fenêtre. Je ne sais pas combien de temps je suis restée là, immobile. On sonna à ma porte si faiblement que mon chien n'aboya pas. C'était étrange. J'hésitai à me déranger et laissai frapper plus fort. Après quelques instants, j'allai ouvrir. On portait mon mari sur un brancard, comme un blessé. On l'étendit sur le lit. On lui avait déjà administré plein de médicaments.

Respiration articifielle, oxygène, etc. On me laissa seule avec lui.

— Ah, Tonio, tu es tombé en mer. Tu es glacé. Ton pantalon est trempé, il mouille tout le lit. Mon petit, je suis là, je veux te frictionner.

Ma hâte était si grande que je pris la première bouteille venue... C'était de l'ammoniaque pur avec laquelle je blondissais mon chien...

Ah, ça va chauffer ta poitrine, comme tu as froid !

Sa poitrine velue absorbait l'ammoniaque jusqu'à m'étouffer. C'était mieux que l'eau de Cologne. L'ammoniaque entrait dans les poumons de Tonio qui était déjà de l'autre côté, faisait réagir les bronches. Tonio reprenait sa respiration, il remuait, l'eau lui sortait par le nez.

Prise de peur, je hurlais.

— Au secours, mon mari se meurt, on me laisse seule !

Mais Tonio revenait à lui par miracle. Je le tirai dans la salle de bains, par la tête, comme une grande poupée, lui cognant le crâne qui saignait dans la baignoire. Un chasseur vint m'aider. Nous le plongeâmes dans de l'eau bouillante. Je le faisais cuire. Il cria :

— Aïe, c'est trop chaud. Vous voulez me faire mourir !

— Mais, mon chéri, c'est très bon pour toi.

— Je suis tout habillé.

— Oui, et alors ?

— Aide-moi à retirer mon pantalon, je suis tout raide.

— Voilà. Tu es tombé dans l'eau.

— Ah, je me souviens, laisse-moi te raconter. Mon hydravion n'a pas voulu se poser sur la mer... J'ai froid...

— Mais, chéri, tu es dans l'eau bouillante.

Le capitaine Marville est monté me voir avec le chasseur, puis les journalistes. Le téléphone se remit à sonner frénétiquement, on réclama des interviews... Quelques heures plus tard, nous fîmes une fête dans les quartiers militaires de l'Aviation. Nous dansions sur les tables. Nous riions. Mais Tonio, depuis ce jour, ne voulut plus dormir la nuit. Il collait son nez contre la fenêtre, je me tenais en chemise derrière lui, je le tirais par la main vers le lit. Il se relevait. J'allais le chercher de nouveau. Cela dura un mois... deux peut-être.

Il avait été comme mort. Il avait traversé la mort. Il la connaissait maintenant.

12

Description de sa mort par lui-même

C'est facile de mourir, me dit-il. De mourir noyé. Laissez-moi vous raconter. Il faut vite se faire à l'idée qu'on ne peut plus respirer d'oxygène. Il faut respirer de l'eau par les poumons. Vous ne devez pas tousser, l'eau ne doit pas vous entrer par le nez. Vous êtes, comme moi je l'étais, soulagé de respirer la première bouffée d'eau. C'est frais, tout va bien ensuite. Je me rendais compte que j'étais rentré dans l'eau avec mon avion. L'eau était déjà à l'intérieur de la carlingue. Si je ne sortais tout de suite, je mourrais là, noyé. Si j'arrivais à trouver une porte ouverte et à remonter à la surface, j'échapperais à la mort. Je n'étais pas loin de la côte, même fatigué, je pourrais nager. Le bateau de sauvetage me verrait. Je tâtonnais, j'allongeais la main vers la droite, puis vers la gauche. Quel effort! J'ai senti un grand vide. Ma main ne touchait rien. Je n'avais aucune notion de la situation dans le noir. Mon avion était tombé à l'envers, j'étais la tête en bas et les pieds en l'air. Je pensais au dindon que vous m'aviez acheté la veille chez des paysans et que j'avais transporté en voiture jusqu'au Mirador. Vous vouliez réveillonner à Noël chez nous. Le dindon m'attendait, il ne fallait pas que je me noie. Je voulais passer par l'ouverture que ma main sentait, mais mon pied était pris dans quelque chose de métallique, c'était comme un bracelet autour de ma cheville. J'avais bien un couteau, mais d'ici que je coupe ma jambe ou le métal, j'aurais suffoqué. Je me résignai à mourir, mais je voulais une position plus confortable. J'ignorais que j'avais la tête en bas. Je me disais : « Je veux mourir allongé, voyons ! » Je retirai brusquement mes jambes, je décidai d'avaler ma deuxième bouffée d'eau une fois dans la bonne position. Je forçai mes jambes. La jambe prise se libéra. Avec un effort surhumain, je me suis jeté dans le trou que ma main sentait. C'était la porte qui communiquait avec la cabine des passagers. Je nageais, étouffant, et j'ai senti que je faisais un immense effort rotatoire. Le corps réagissait, ma tête se mettait dans le bon sens. J'ai pu me mettre debout, et ma tête a heurté le plafond. Je saignais. Mais il restait une poche d'air en haut... Je respirai une bonne fois. A ce moment, je me suis rendu compte de ma situation.

L'avion prototype dans lequel j'étais avait une partie supérieure comme une voiture décapotable. C'est là que se trouvaient l'ingénieur, le mécanicien qui surveillaient le dernier vol de l'avion. Dans la chute, les hommes avaient été projetés, libres, dans la mer. Le petit bateau de secours qui « nursait » mes vols les avait vus tomber et vint immédiatement à leur secours. Le mécanicien connaissait très bien ce prototype d'avion qui avait déjà noyé plusieurs équipages, dont le dernier près de Marseille. Il avait péri dans l'impossibilité de sortir de l'avion. L'appareil était près de la côte mais, dans la chute, la partie métallique s'était déformée, les portes s'étaient coincées et, si près du bord, les hommes avaient péri pour n'avoir pas pu ouvrir les portes.

Aussitôt après son sauvetage, le mécanicien avait plongé de toute sa force et de toute sa bravoure au fond de la mer. Peut-être son habitude de travailler sur les vols périlleux du prototype, peut-être le hasard, ou simplement Dieu, que sais-je : dès son premier plongeon il est tombé sur l'aile de l'avion submergé. Il s'est arraché la main en essayant d'ouvrir la porte. L'air lui manquait. Il est remonté à la surface. C'est tout ce qu'il a pu faire. Les autres se sont précipités vers lui pour le secourir. Moi, j'avais entendu un vague bruit dans le fond de la mer. Par la porte qu'il avait entrouverte, une vague lumière verdâtre pénétrait dans la cabine des passagers où je me trouvais, j'essayais de penser, l'eau m'arrivait déjà à la bouche, je tentai de gagner quelques secondes en mettant le nez contre le plafond pour prendre ainsi le dernier oxygène qui restait dans l'avion. Le sang qui sortait de ma blessure à la tête me rafraîchissait un peu le palais. J'ai compris que l'unique chance de me sauver était de me lancer vers cette lumière verte, qui ne pouvait être autre chose que le fond de la mer, la mer libre.

Je pus me retrouver ainsi en dehors de ma prison d'acier et remonter à la surface. J'ai rassemblé toutes mes dernières forces, vérifié mes genoux et mes pieds qui étaient endoloris, serré et desserré mes mains, après un grand bâillement contre le plafond de l'avion, ce qui m'a fait sourire. C'était comme un baiser d'adieu à cet engin qui avait voulu me noyer. Je me suis élancé vers la lumière verte, et vite trouvé l'eau limpide de la Méditerranée. Je suis remonté à la surface, mes mains ont été vues par le bateau de sauvetage et j'ai été pêché comme un poisson de haute mer. Evanoui, raide, comme mort. L'infirmier, le scaphandrier, le mécanicien m'ont donné les premiers secours. Ils avaient oublié la machine à respiration. Mon cœur ne marchait plus... C'était un peu trop tard. C'est ainsi qu'on m'a conduit chez vous, à l'hôtel, où la friction à l'ammoniaque que vous m'avez administrée a réveillé mes bronches endormies.

La vie, petite femme, oh, Consuelo, c'est à vous que je la dois.

13

Le *Maxime-Gorki*

Ma belle-mère, Marie de Saint-Exupéry, nous conduisit un jour dans le château de son enfance, dans ce parc que Tonio a si bien décrit dans *Courrier Sud*. C'était un vieux château de province avec de grands salons aux parquets brillants comme seuls les Français savent les entretenir. Faits de petites marqueteries de bois, ils étaient devenus, avec la caresse des pas et de la fameuse cire française, aussi lisses qu'un immense plateau. La bibliothèque de Saint-Maurice, avec ses feutres rouges, ses meubles seigneuriaux, semblait sortir d'un conte de fées. Quant à l'escalier, il paraissait si long que je disais qu'il allait au ciel. L'ombre des arbres, avec la lumière de cette région, rendait les couchers de soleil magiques.

Tous les voisins vinrent nous voir, nous embrasser et nous souhaiter encore plein de bonheurs merveilleux.

Il fallait cependant que Tonio pense à son métier de pilote. Les vacances s'étaient achevées sous les hautes frondaisons de Saint-Maurice et, un matin, nous dûmes rentrer à Paris dans notre nouvel appartement, rue de Chanaleilles. Il était très lumineux. Les chambres bien proportionnées. Les peintures sur les murs étaient vertes. D'un vert de forêt au commencement du printemps. J'avais posé des rideaux de tulle vert pâle aux fenêtres, un par un car nous étions assez pauvres alors. Mais nous étions ensemble, heureux. Tonio se reposait, se promenait dans l'appartement des heures entières sans rien faire. Me regardant, me parlant... Je faisais la maîtresse de maison, sérieuse, appliquée.

Faire naître l'intimité dans trois petites chambres en rez-de-chaussée avec des meubles simples et un téléphone qui sonnait continuellement réclamait beaucoup d'énergie, d'imagination et tout le courage d'une jeune épouse dévouée et amoureuse.

Après une semaine de travail, je me sentis très fatiguée. Notre bonne revint. Mais elle volait, Tonio l'avait surprise. Un homme, un Arabe, la remplaça. Il adorait Tonio. La vie était facile ainsi. Tonio était content du grand domestique arabe comme un enfant. Cela nous rappelait notre vie au Maroc. Nous donnions des fêtes, le domestique préparait de grands couscous servis par terre, on recevait jusqu'à vingt personnes. Nous lisions, nous chantions.

Mais l'argent nous manquait vraiment. Tonio travaillait bien à un sujet de film, mais cela ne rapportait rien.

— Consuelo, me disait-il, vous savez bien que je ne veux pas rester entre quatre murs à attendre que le bon Dieu m'apporte des poignées d'or.

— Cela peut arriver, Tonio. Votre livre se vend très bien. Vos scénarios sont entre les mains de bons agents. Vous verrez, ils viendront ici vous chercher avec des poignées d'or.

— Je me fatigue à ne rien faire. C'est bien gentil de me jouer chaque jour un disque sur le gramophone à mon réveil, j'aime Bach, c'est vrai, mais je commence à m'ennuyer. Cela dit, j'aimerais être compositeur, comme lui, dire les choses sans les mots, dans cette langue secrète qui est donnée seulement aux élus, aux dévoués, aux poètes. Je me demande souvent s'il y a différentes races d'hommes entre les hommes.

— Oui, Tonio, je crois que nous sommes tous très différents, les uns et les autres. A moi, par exemple, il me suffit d'une fleur, d'une nappe blanche, et du bruit de vos pas. J'aime les entendre comme la musique de votre Bach. Ils me parlent, ils m'expliquent la vie. Vous êtes ma clé de *sol*, ma clé de *fa*. C'est par vous que je suis arrivée plus vite à Dieu.

— Et pour moi, vous êtes mon enfant, même quand je suis loin, même un jour. Quand je m'envolerai pour toujours, je vous tiendrai par la main. Mais il ne faut pas que vous fassiez l'enfant chétif qui pleure et regarde son gardien avec des cris et des larmes. Je dois partir, partir, partir...

Un jour, une dame se présenta à la maison. Elle lui proposa d'être son agent, lui disant qu'elle lui apprendrait à écrire des scénarios. Il me demanda de le laisser sortir avec elle. Sans moi, donc, il apprendrait. Je ne comprenais pas. Mais j'avais confiance en mon mari. Ils sortaient tout le temps ensemble, au café et ailleurs, à parler de longues heures. Tonio n'écrivait pas pour autant. Je m'affligeais, seule, entre mes murs verts.

Un de nos amis lui demanda des articles pour *Marianne*. Il ne savait pas écrire pour les journaux. Il refusa. Mais il fallait payer notre loyer, nous avions déjà deux mois de retard. Alors Tonio sortit de ses papiers un conte, « Prince d'Argentine ». Son texte eut du succès, on le lui paya. Il donna un autre conte. De mon côté, peu à peu, en me faisant toute petite, simple et tendre, j'arrivai à le faire asseoir à sa table pour écrire son scénario. Vite, il se prit au jeu, il aima ses personnages. Ses admirateurs, quand ils venaient jusqu'à notre porte, le fâchaient. Il voyageait, il volait, il mourait avec ses personnages, et les jours étaient lumineux pour notre ménage. Hélas, je savais bien que cela ne pouvait pas durer longtemps.

On lui proposa un reportage à Moscou. L'idée l'enchanta.

— Je pars, Consuelo, je pars demain pour Moscou. J'ai besoin de voir les hommes, les peuples dans leur évolution. Je me sens châtré quand je suis attaché à la maison par vos rubans.

Mes pauvres rubans ! Il me demanda celui que j'avais dans les cheveux pour l'emporter dans son portefeuille. Son visage était déjà lointain, en bois, en acier. Il était déjà à Moscou, partageant les difficultés du plan quinquennal qui s'y développait. De temps à autre, il grognait quelques phrases.

— Je sais que les Russes ont de très bons avions, qu'ils font des recherches très poussées. Qu'ils sont très forts.

— Oui, ils sont forts, les Russes, Tonio. Ils oublient leurs chansons, ils oublient l'amour. On m'a dit qu'il n'y a plus de familles. Qu'on met les enfants dès leur naissance dans des pouponnières.

— Peut-être est-ce vrai pour le moment. Ils ont besoin de toutes leurs forces, ils se préparent pour une grande lutte, ils n'ont plus le temps de chanter ni d'aimer. Mais un jour, ils reprendront leurs musiques, leurs chants, leurs femmes, leurs vies d'hommes. Je regrette de ne pas vous emmener. Je vous raconterai tout. Le téléphone entre Paris et la Russie marche très bien, et c'est bon marché. Je vous raconterai tous les soirs ce que j'aurai vu. Faites-moi ma valise.

Avant de partir, Tonio m'avait donné de l'argent. Je n'étais pas triste, cependant, de son absence. J'installerais au mieux la maison. Je lui préparerais des surprises.

Je décidai d'aller suivre des cours de sculpture à l'Académie Ranson. Maillol m'encourageait. Cette Académie était pour moi ma Russie. Un jour, au coucher de soleil, buvant un verre de Pernod avec les camarades de l'atelier, j'entendis les cris d'un vendeur de journaux : « Accident mortel. Le *Maxime-Gorki*, l'avion russe géant, s'écrase. Tous les passagers sont morts. » Saint-Ex devait voler sur le *Maxime-Gorki*. C'était prévu dans le reportage. Je ne voyais

plus que les titres des journaux, que l'on hurlait sur différents tons, mélangeant toutes les histoires pour attirer le
client.

En réalité, mon mari avait bien volé la veille dans l'avion
géant. C'était encore un miracle de sa destinée, car il
devait effectuer son vol le jour de l'accident. A cette
époque, les Russes gardaient bien tous leurs aéroports. Ils
se préparaient déjà à cette guerre féroce contre les Allemands. Mais ils avaient trouvé en Tonio un amoureux de
l'aviation et le chef de l'aéroport n'avait pas pu attendre
le lendemain pour lui montrer l'immense joujou qu'ils
avaient inventé. Grâce à lui, il avait volé seul avec l'équipage du *Maxime-Gorki* un jour avant la catastrophe. Je
tenais le journal sur mes genoux. C'était un de mes camarades qui me lisait l'article. Peu à peu je devinais sur son
visage que mon mari ne se trouvait pas à bord de l'avion
au moment de l'accident.

Je rentrai rue de Chanaleilles, où je restai rivée à mon
téléphone pour entendre la voix de mon baladin. Elle est
venue à l'heure, comme chaque soir. Et ainsi j'ai pu m'endormir, rêvant toujours aux nouveaux horizons qu'il
découvrait.

Au matin, la concierge me réveilla. De sa voix aigre, elle
me demanda de m'habiller immédiatement. Mon appartement était saisi. Les meubles et tout mon petit avoir que
je chérissais seraient vendus sur place avec cette musique
criarde que fait toujours une vente aux enchères. J'ai pu
obtenir quelques heures de délai, que les meubles ne
soient pas mis en tas dans la rue, et de rester à la maison
pour attendre l'heure à laquelle mon mari téléphonerait.

Son appel arriva à l'heure attendue. Quand je lui racontai les événements de cette journée, il rit en me demandant pardon de ne pas m'avoir prévenue.

— J'ai une lettre dans ma poche qui vous expliquera
toute l'histoire, ajouta-t-il. Nos meubles de toute manière
n'ont pas de valeur. Le fisc se contentera de cette saisie et

cela nous évitera de payer les impôts immenses sur les sommes gagnées pendant plusieurs années à Buenos Aires.

Il ajouta :

— Après cela, je recommencerai à zéro et nous ferons bien attention de payer tous les ans nos impôts. Je vous prie de prendre un petit appartement à l'hôtel du Pont-Royal où je viendrai vous rejoindre bientôt.

A l'hôtel, notre vie était forcément plus publique. Son reportage sur la Russie, qui avait paru dans un quotidien parisien, avait encore élargi notre cercle d'admirateurs et de flatteurs... Notre petite vie intime s'effilochait.

14

En route vers l'Orient

— Consuelo, Consuelo, je m'ennuie, je m'ennuie à mourir. Je ne peux pas rester assis dans un fauteuil toute la journée, ni aux terrasses des cafés. J'ai des jambes et il faut que je marche, que je marche...

— Je sais, Tonio, que les villes vous donnent la nausée. Vous aimez vos semblables à travers leurs activités. Vous ne comprenez pas ce que nous appelons la douceur de vivre, ni ces moments exquis à partager seulement le bon et le mauvais temps. Malheureusement pour moi, pour vous aussi, quelquefois, vous êtes de ceux à qui il faut constamment la lutte, la conquête. Partez, partez donc.

Je sentais bien que Tonio souffrait pour tous les hommes car il voulait les rendre meilleurs. Il était de ceux qui choisissent leur destin, mais il devait payer très cher sa liberté animale. Il le savait.

Il n'y avait plus de longs dîners, plus de soirées dansantes, plus d'oubli de soi dans des fêtes, pas une seconde ne lui était accordée, car quelque chose de presque divin, peut-être, avait fait de lui une sorte de graine destinée à semer une meilleure race d'hommes sur la terre. Il fallait l'aider dans ses efforts, dans ses luttes, dans le pénible accouchement de lui-même, de ses livres, parmi tous les soucis de la vie quotidienne qui le harcelaient, et au milieu de tous ceux qui ne devinaient pas encore que quelque chose en son cœur parlait avec Dieu.

A cette époque j'étais encore très jeune et je ne comprenais pas bien ces choses-là. J'épiais mon mari comme on guette la croissance d'un grand arbre, sans jamais avoir conscience de sa transformation. Je le touchais comme on touche un arbre dans son jardin et à l'ombre duquel j'aurais aimé plus tard m'endormir de mon dernier sommeil.

J'étais cependant habituée aux miracles de mon arbre. Son détachement des biens matériels m'était presque devenu naturel. Nous attendions pourtant toujours la découverte d'un monde meilleur qu'il ne nous semblait pas impossible d'atteindre.

Chaque soir, dans nos modestes chambres de l'hôtel du Pont-Royal, il dépliait et repliait ses cartes de géographie. Il me parlait de Bagdad, de villes étranges, pas encore découvertes, et des Indiens blancs dont on suppose l'existence quelque part sur le parcours de l'Amazone.

— Consuelo, ne croyez-vous pas que dans l'eau, dans l'océan, il y a des chemins et des allées et venues d'êtres qui pensent comme nous, mais qui simplement ne respirent pas comme nous, dont probablement les proportions sont élastiques, je veux dire, qu'ils grandissent et rétrécissent en une minute ?

— Certainement, Tonio, disais-je, emballée à l'idée de laisser s'envoler mon imagination, je crois que les baleines, les poissons géants que nous voyons sont peut-être simplement des cailloux dans l'océan ou des vers de terre. Je crois que ces personnages que vous imaginez se meuvent plus facilement dans l'eau que nous sur la terre. Peut-être, en ce moment, une femme comme moi, couverte d'yeux partout, douée de plus de sensibilité que moi, pense-t-elle exactement ce que nous venons de nous dire. Peut-être songe-t-elle : « Sur la terre, l'existence des êtres qui pensent doit être difficile. C'est tellement vert, il y a tant d'herbes, de pierres, de minéraux, de choses si dures !

Les arbres sont si grands qu'ils ne peuvent laisser de place aux êtres vivants pour naître et vivre ! »

— Petite Consuelo, écoutez-moi, je veux partir, j'irai de Paris à Saigon, très vite, et je vous trouverai là-bas une petite maison pour que vous veniez me raconter des histoires.

— Saigon est bien loin de Paris, Tonio.

— Oui, ma femme, mais les avions sont sûrs, on vole très vite. J'ai très envie d'aller en Chine.

— Parce que vous aimez les femmes chinoises ?

— Oui, Consuelo, j'aime les femmes petites, silencieuses. Là-bas, je vous entourerai comme une reine d'une dizaine de ces petites personnes pour que vous ne soyez jamais seule, pour que vous jouiez avec elles.

Au mois de janvier 1936, un soir, j'étais en train de faire du café noir très fort pour en remplir des Thermos. Cela l'empêcherait de dormir pendant le long raid Paris-Saigon.

— Quelques oranges seraient peut-être utiles. Vous me promettez, Tonio, de ne pas voler au-dessus de l'eau, même au-dessus de quelque chose qui y ressemble ? Je suis bête de vous raconter mes superstitions, mais je crois bien que l'eau ne vous aime pas.

— Peut-être m'aime-t-elle, au contraire, rappelez-vous que la Méditerranée m'a laissé nager comme un poisson. Vous êtes injuste avec l'eau, injuste. Ne mettez pas d'oranges, j'ai beaucoup plus besoin d'essence dans mon avion. Je ne prendrai même pas de pardessus.

— Ah, Tonio, je voudrais déjà être au printemps, à Saigon, dans une maison pleine de fleurs !

— Alors, vous pourrez me faire manger toutes les oranges que vous voudrez, et les petites femmes chinoises les cueilleront comme en France les jeunes filles cueillent les cerises.

Lucas, un ami aviateur, et le mécanicien entrèrent alors

d'autorité, parlant d'une voix grave, de cette voix d'homme qui a veillé toute une nuit pour préparer le plus soigneusement possible la route que le pilote devra suivre pendant plusieurs jours et plusieurs nuits. Ils se croyaient tous deux responsables de leur frère aîné qui, comme un oiseau chantait *Le Temps des cerises*, m'embrassait, et demandait encore un morceau de chocolat comme s'il quittait la maison pour aller en banlieue.

Nous traversâmes Paris en riant et en chantant. Je lui disais que je ne voulais pas passer tout le printemps à Saigon ou en Chine. Il faudrait me ramener bien vite à Agay où j'avais rendez-vous avec sa mère et ses sœurs. Je n'étais pas sûre qu'en Orient la mer soit aussi douce pour nager.

Les reporters de *L'Intransigeant*, de *Paris-Soir* et des autres quotidiens surveillaient chaque geste, chaque mot sur la piste d'envol. Mon mari était un vrai géant et j'avais du mal à rester près de lui. Les journalistes remplirent leur devoir, firent des photos au moment où nous nous embrassâmes et où il fit adieu de la main. Il y eut le ronronnement du moteur et puis plus rien.

L'attente commença. Je ne chantais plus, je ne riais plus, j'étais libérée de mes devoirs d'épouse, mon cœur de femme semblait inutile.

Paris dormait encore, je priai des amis de me laisser marcher un peu seule sur les Champs-Elysées. Je tournais autour de l'Arc de triomphe, et pour la première fois je m'approchai avec émotion de la flamme du Soldat inconnu. Je méditais, je priais même pour les hommes absents depuis la guerre. Je priais aussi pour moi, et je vis lentement la ville s'éveiller pour vaquer à sa vie de ville. Ce furent d'abord quelques passants, puis les derniers noctambules qui n'avaient pas encore regagné leur domicile, puis ceux qui peinent pour leur travail, dans les gares, aux Halles...

Il y avait aussi ces femmes d'un certain âge dont l'air ne

trompe pas, celles qui vont aider les autres et faire leur ménage. Le rythme de leurs pas, leurs regards se ressemblaient. A huit heures, les garçons de café commencèrent à ouvrir les terrasses. Je les guettais parce que j'avais envie d'une tasse de café au lait.

A quoi pouvais-je être utile ? Quel était vraiment mon rôle ? Quel était mon devoir immédiat ? Attendre, attendre, attendre encore...

Les visages des employés, qui venaient prendre un café avant d'aller à leurs bureaux, passaient devant moi et me distrayaient du souci de mon cœur, qui restait accroché à l'absence et au danger que pouvait courir Tonio.

Lui, il était déjà installé dans son ciel, en route vers l'Orient.

15

« C'est moi, Saint-Exupéry, je suis vivant »

Mon mari allait donc naviguer pendant plusieurs jours au-dessus des sables et des villes étranges qui grandissaient jadis dans mon imagination d'enfant, comme dans les déserts sans fin de la Bible.

Je pensais avec nostalgie à mes terres d'El Salvador. J'observais autrefois les sourciers foulant les terres sèches, cherchant l'eau comme un animal renifle le parfum de sa femelle. L'attente était grave, les pâturages, secs et les bêtes crevaient parce que l'eau manquait, parce qu'elle s'était enfuie à cause des tremblements de terre ; les paysans étaient inquiets, tandis que les sourciers tenaient en leurs mains tout l'espoir. La réponse de leur baguette était une question de vie ou de mort, pour tout le pays. La rivière était à sec, elle était allée se promener dans les entrailles de la terre ou bien ailleurs, que sais-je ! J'ai vu des troupeaux entiers se coucher par terre pour mourir, j'ai entendu dans un même rythme leurs mugissements de mort. Pourtant le ciel était pur, un soleil tropical baignait tout le pays, se moquant de l'homme et des bêtes. Ces jours-là de grande souffrance sous les tropiques, les propriétaires terriens se réunissaient au clair de lune, allumaient de grands feux rouges dans les patios, faisaient du café et chantaient des prières pour faire venir la pluie.

Souvent se produisait le miracle et cette eau bien-aimée, tant attendue, mettait des milliers de brebis debout. Parmi ces hommes qui chantaient, nul ne pouvait dire qui serait riche ou pauvre le lendemain. L'égalité était fixée par le destin. Dans une terre, il pouvait y avoir de la rosée cette nuit même et, dans une autre, la sécheresse, la soif, la mort.

Pour moi aussi, il s'agissait de prier, de chanter, d'attendre, d'attendre et d'espérer. Je tâchais de me rappeler la dignité des paysans de mon pays dans les régions de grande sécheresse...

J'étais sur une terre bien aride, sur une terre d'épreuves. Gagnerait-il ou non ?

Je me moquais des chiffres compliqués que me donnait l'ingénieur, je me moquais de tout, mais mon seul espoir résidait dans notre jeunesse, qui me paraissait éternelle, et dans notre amour si pur et qui forcément touchait Dieu. Mon espoir était dans ses mains d'homme qui savaient lancer tout son poids terrestre, toute son énergie, toute sa vitalité dans les courants d'air d'un ciel inconnu. Lui seul savait ainsi voler vers l'Orient merveilleux.

Je m'acheminai vers l'atelier d'un de mes amis peintres, Derain. Lui, il attendait l'aube et les premières couleurs du jour pour créer le miracle de la lumière sur les cheveux, les lèvres, les robes de ses modèles. Je me glissai chez lui sans bruit, car je connaissais bien ses habitudes. Je respirai l'odeur du café au lait qu'il était en train de se préparer sur un gros poêle à charbon pendant qu'une jeune fille toute nue avec des seins en fleur défaisait ses cheveux pour paraître encore plus nue. Je m'assis dans le vieux fauteuil rouge de l'atelier. Je crois que mon cœur ne faisait pas de bruit ce jour-là. Le maître allait, venait, soufflant sur sa grande tasse de café au lait, reniflant les petites lueurs du matin, touchant d'un doigt les longs cheveux de son modèle. Au milieu de cette petite promenade, il me découvrit enfin.

— Vous, Consuelo, si tôt ici ?

— Oui, mon mari est parti pour un raid. Je ne savais pas où aller de si bonne heure, alors je suis venue m'asseoir chez vous, si je ne vous dérange pas.

— Mais je voudrais vous peindre juste comme vous êtes, ne bougez pas.

— Oh non, c'est trop pour moi, vous savez que mon mari va voler des jours et des nuits, et, qui sait, peut-être toute la vie !

Il comprit la gravité de ma situation car il aimait son ami Antoine, et il demanda au modèle de me servir une tasse de café.

Il ne travailla pas de toute la journée. Nous parlâmes des pilotes, de leur simplicité, de l'habitude de risquer leur vie, de leur manque de mémoire à propos de leurs compagnons qui meurent. Pour eux, c'était naturel de rencontrer un vent-monstre, un vent-dragon, un vent-vainqueur. C'était si simple...

J'étais devenue pour Derain et pour son modèle quelque chose de plus vivant qu'une femme. Je contenais en moi toute la vie d'un autre, la religion d'un autre réunies en moi dans l'amour. Ils me consacrèrent leur journée. Vers le soir, nous eûmes les premières nouvelles de notre pilote : tout allait bien.

« Ciel pur. Vent nul. On avance » : tel était le télégramme que me faisait parvenir Tonio !

La deuxième journée d'attente fut vide de nouvelles. Pas d'espoir. Je veillais. Le téléphone restait muet et immobile près de mon oreiller. Vers le soir, des amis vinrent, ce silence devenait inquiétant. Plus de nouvelles. Chacun arborait son visage de catastrophe. Le silence grandissait autour de nous.

Le troisième jour, tous les journaux titrèrent : « Saint-Exupéry a disparu dans son raid Paris-Saigon ».

Désespoir. Douleur. Je me tordais d'angoisse et de souffrance. Je me doutais du malheur. Je ne voulais pas qu'il parte et pourtant tout en moi l'encourageait.

Et puis vint un message, immense, sauveur. « C'est moi, Saint-Exupéry, je suis vivant. »

Je partis aussitôt avec sa mère pour Marseille où il devait accoster, rapatrié de son épopée. On était toutes les deux sur le Vieux-Port, attendant le bateau. Sur le quai, les amis, les curieux se mêlaient aux journalistes qui venaient guetter son premier sourire, sa première émotion, pour leur première photo.

Le bateau avait plusieurs heures de retard. Nous n'avions plus rien à nous dire, une grande lassitude s'était emparée de nous tous, de nos bras, de tout notre corps. Et puis la sirène annonça que notre cher Tonio allait enfin nous être rendu !

Alors je me mis à crier :

— Non, ce n'est pas possible. Je ne le verrai plus jamais !

Je partis en courant comme une gazelle. Un de mes amis me rattrapa et de toute sa force me retint et me dit :

— Mais tu es folle !

— Oui, je suis folle d'attendre, j'ai peur, je ne veux plus rien, rien au monde. Il est vivant, il est vivant, voilà tout ce que je voulais savoir, alors moi, je peux partir maintenant, je peux partir là-bas, là où l'on n'attend plus, plus rien...

Une crise de larmes m'apaisa. Et bientôt mon mari me serrait dans ses bras :

— Mais tu as l'air d'un clown avec tes larmes qui coulent de tous les côtés ! Messieurs, photographiez mon épouse, ajouta-t-il en se tournant vers les journalistes, elle n'est pas belle à voir aujourd'hui, elle a sa grande tempête, alors laissez-moi avec elle. Moi seul peux la secourir.

Et il me dit à l'oreille :

— Allons à l'hôtel tous les deux. N'aie pas peur. Je suis avec toi. J'ai tellement d'histoires à te raconter. Est-ce vrai que tu as voulu te sauver quand le bateau est arrivé ? Est-ce vrai que tu voulais t'enfuir ? Est-ce vrai que tu voulais que j'aille de porte en porte demander où tu étais ? J'aurais marché toute la vie pour te retrouver comme j'ai marché, malgré la soif, pour te revenir. Alors pourquoi voulais-tu t'enfuir ?

— Est-ce vrai que j'ai un visage de clown ? lui demandai-je en me blottissant très fort contre lui.

— Oui, tu as un gros nez d'ananas, mais tout à l'heure tu seras belle, très belle. Tu dormiras dans mes bras, bien tranquille, et je t'emmènerai voir ce désert qui m'a épargné. Je ne te quitterai plus, plus jamais.

Ma belle-mère nous annonça qu'un magnifique dîner nous était offert par des amis, et qu'on devait s'habiller pour s'y rendre.

— C'est la guerre, ma petite maman, lui répondit Tonio, ma femme et moi nous y allons comme ça...

Il montrait en même temps ses grandes mains, ses vêtements de sport et ma tête décoiffée.

Ma belle-mère se résigna, mais elle n'était pas tout à fait rassurée.

Je ne sais pas comment nous arrivâmes jusqu'à Paris, puis jusqu'à une clinique de Divonne-les-Bains. Ce dont je me souviens, c'est d'un docteur qui me faisait baigner dans des eaux très chaudes qui calmaient mes nerfs.

Je retrouvai enfin mon sommeil, mon sourire et j'écrivis à mon mari de venir me chercher. J'étais guérie, je ne voulais plus m'enfuir, je voulais seulement être dans ses bras.

J'étais devenue non pas un fruit qui tombe de l'arbre, mais une graine qui voulait être semée, plantée pour l'éternité. Je voulais habiter le cœur de mon mari. Il était mon étoile, il était ma destinée, ma foi, ma fin. J'étais petite, mais j'avais en moi un immense pouvoir de vie. Toutes les étoiles de l'univers, je les avais réunies dans mes pupilles pour l'en baigner.

Un tel amour, c'était une grave maladie, une maladie dont on ne guérit jamais tout à fait.

Bientôt je fus injuste, jalouse, hargneuse, impossible à vivre. Je ne voulais pas céder, pas même un sourire, à toutes ces femmes qui s'inscrivaient tous les jours dans son carnet pour des cocktails, des déjeuners, des rendez-vous dans Paris. Il me manquait ce ciel pur que Dieu m'avait donné en faisant de moi sa femme. Je fus méchante, je ne pouvais pas supporter les jeunes filles faussement timides, les lycéennes qui demandaient une signature dans un livre, une photo, et je ne parle pas de ma conduite envers celles qui se risquaient plus loin dans notre intimité.

Je perdis malgré tout la bataille. Tonio avait besoin de terres plus douces, de choses plus tendres, de bagages plus légers qu'on peut déposer n'importe où...

16

En clinique

J'étais malheureuse, abominablement malheureuse. Je me confiais à tout le monde, à ma couturière, à mon docteur, à mon avocat, à ma meilleure amie, à tout Paris. Je croyais justement que le Tout-Paris s'apitoierait sur moi, qu'il me protégerait, me consolerait de mes chagrins d'amour. J'étais jeune et naïve. J'ai compris aujourd'hui ce que Napoléon voulait dire en affirmant : « En peine d'amour, la seule solution, c'est la fuite » !

J'en arrivai là. Un de mes amis me prêta la clé de sa garçonnière pour que je puisse aller y pleurer à mon aise. Je n'étais donc plus aimée. J'étais devenue cette femme-là : plus aimée. Il me restait encore une certaine énergie pour ne pas pleurer devant mes domestiques ou devant ceux qui se réjouissaient de mon désarroi. Je me réfugiais dans la garçonnière quand je n'en pouvais plus. Je pleurais tout mon saoul, dès mon arrivée, je me déshabillais calmement et je commençais à pleurer, jusqu'à ce que la pendule sonnât l'heure du retour chez moi, où je devais encore remplir mes fonctions de maîtresse de maison. Mon malheur m'avait fait oublier le repos. On signala à Tonio une clinique en Suisse où je pourrais faire une cure de sommeil. J'y fus bientôt conduite.

La clinique de Berne, c'était une sorte de bagne : une

chambre vide, un lit seulement, pas de table, des promenades nocturnes pour épuiser les malades. Quand je n'arrivais pas à me détendre, deux ogresses venaient en pleine nuit et, me tenant chacune fermement un bras, me faisaient arpenter les allées du parc. Je décidai à mon tour de les épuiser. J'avais appris à marcher dans le désert ! Quand elles furent elles-mêmes à bout de forces, elles me ramenèrent dans mon lit en me recommandant de les réveiller si je voulais encore faire un tour. Je m'allongeai sur le lit, le temps de me reposer un peu, et je leur criai que je voulais retourner me promener !

Je connaissais déjà les allées du parc par cœur. Je leur parlais des arbres et de tous les voyages que j'avais faits dans ma vie.

— Pourquoi ne pourrions-nous pas faire un tour en ville pour changer de décor ? leur proposai-je.

A 7 heures du matin, c'étaient elles qui s'appuyaient sur moi !

Le lendemain, on me donna une autre femme et un homme trapu, ces deux-là étaient infatigables. Au bout de trois semaines de ces travaux forcés, je ne parvenais toujours pas à dormir !

Un jour, mon mari arriva à l'heure du déjeuner. On le fit passer dans la salle à manger où chaque table portait un numéro. Je n'avais pas même la force de manger la pomme de terre qu'on m'avait accordée. Une voix familière et un peu brusque appela :

— Consuelo !

Depuis trois semaines, il m'avait oubliée, ou bien ses lettres ne m'avaient pas été remises.

Toutes mes rancunes affluèrent soudain à mon cœur. Sa main se posa sur mon épaule :

— On m'a dit : c'est le numéro 7. Excusez-moi, je ne vous ai pas reconnue.

— Qu'est-ce que tu veux ?

J'étais pâle et maigre. Il me prit dans ses bras.

— Viens tout de suite. Je t'emmène loin d'ici.

— On me tue. Je t'ai écrit plusieurs fois. Je t'ai supplié de venir immédiatement, et tu ne m'as pas répondu une seule fois !

Je pleurais dans ses bras. Les infirmières nous avaient poussés dans un petit salon :

— Dis-moi que tu te sens très bien, me chuchota-t-il à l'oreille. Je vais demander qu'on t'habille.

Mais déjà l'infirmière m'arrachait de ses bras, disant que c'était l'heure de la douche.

Je ne revis plus Tonio. Je n'écrivais plus. J'avais perdu tout espoir de sortir de cet enfer. Son passage avait été comme un rêve. Je n'étais même pas sûre qu'il fût venu. J'avais faim, très faim. L'odeur de la nourriture m'arrivait de très loin, de l'autre bâtiment, par la fenêtre. Je commençai à voler des morceaux de pain dans la chambre voisine occupée par un goitreux qui ne mangeait rien. Je rassemblai quelques forces et, grâce à un prêtre qui venait le samedi confesser les malades, je pus envoyer un long télégramme à une amie de Paris, qui décrivait ma situation.

Mon mari était très occupé par le milieu du cinéma. Il écrivait les dialogues de son film *Anne-Marie*. Mon amie eut du mal à se faire recevoir dans son groupe, qui séjournait alors dans une petite ville des environs de Paris.

Elle y arriva enfin et cria à Tonio :

— Consuelo est obligée de voler du pain pour rester en vie. Si vous êtes trop occupé pour aller la chercher, c'est moi qui irai.

Mon mari savait qu'aucune correspondance ne m'était permise. Il raconta l'histoire à ses compagnons :

— Quel magnifique sujet de film, dirent-ils. Mais votre femme est en train de mourir, Saint-Ex !

Tonio expliqua que le docteur l'avait rassuré, que j'étais en bonne voie, et prête à me soumettre à sa cure infaillible. Il ne fallait pas qu'il me gâte ni m'écrive !

Acteurs et metteur en scène protestèrent et le persuadè-
rent que, étant donné les angoisses que j'avais subies pendant sa disparition en Libye, il y avait de quoi me rendre
folle. On le poussa dans un train pour la Suisse et il débarqua de nouveau à la clinique.

La première chose qu'il me fit voir, ce furent deux billets pour Paris. Je ne comprenais pas, j'entendais mal, il
devait répéter ses phrases. Il pleurait comme un enfant.
Me demandait pardon. J'avais perdu quinze kilos et il dut
se servir d'une ficelle pour faire tenir ma jupe autour de
ma taille.

Nous restâmes trois jours dans un hôtel de Berne. Il me
faisait boire du lait, manger, me donnait des cacahuètes
auxquelles je touchais à peine.

Dans le train qui nous ramenait à Paris, il me reprocha
de ne pas lui avoir expliqué clairement le traitement dra-
conien de la clinique, et me jura qu'il n'en avait rien su.
Je n'étais pas assez bien pour envisager de rentrer à Paris
dans le tourbillon où il vivait. Je lui dis que désirais retourner en El Salvador jusqu'à ce que ma jupe tienne de nouveau autour de ma taille.

— Je te suivrai au bout du monde, me jurait-il.

Ce fut Thonon-les-Bains, tout simplement, parce qu'il
y connaissait un docteur qui pourrait me redonner des
forces !

Les amis de Paris, les femmes, les gens de cinéma trou-
vèrent cela inadmissible : il se faisait mon infirmière ! Je
lus un jour le brouillon d'une lettre où il disait à l'une de
ses égéries qu'elle était belle, mais qu'elle ne pensait pas
de la même façon. Qu'il ne passait pas ses journées au
pied du lit de sa femme, à la soigner comme une nounou.
Qu'il écrivait et, quand il avait fait une page, il la lui lisait,
ce qui lui donnait la force de prendre un repas avec lui,
et à lui le courage de travailler.

Il y avait, autour de Thonon, beaucoup de terrains où
l'on pouvait voir des feux follets. C'était la distraction

favorite de Tonio. Il allait constamment les observer. Il croyait au merveilleux, et passait des nuits entières en explorations, avec un pharmacien qui habitait notre hôtel, poursuivant ces flammes qui sortaient du ventre de la terre en vacillant. Je commençais à renaître et je retrouvais le désir de rire avec lui.

Quand il me jugea guérie, il me fit regagner Paris et l'hôtel Lutétia. Je ne pouvais pas lui dissimuler ma détresse en retrouvant cet hôtel et tous les souvenirs.

— Habiterons-nous toujours à l'hôtel ? lui demandais-je.

Il me pria de rester tranquille tout l'après-midi.

J'obéis sagement, commençant à respirer de nouveau les jours ensoleillés de l'amour. Je savais que c'était le début d'une nouvelle époque. La vie parisienne, les soieries des décorateurs, les fauteuils capitonnés, les coupes de champagne en baccarat, les parfums rares, les raffinements des salons n'étaient que loisirs de dégénérés. La mort était déjà en eux. Plus tard la vie me donna raison. Ces femmes qui organisaient des fumeries d'opium et tout ce *dolce farniente* étaient obscènes. Je savais que Tonio n'était pas comme ces gens-là. Je me rendais compte que je n'étais pas faite pour être la femme d'un écrivain à la mode. Partager avec d'autres nos rires et notre intimité me semblait toujours une catastrophe.

Je voulais être près de mon mari comme une sentinelle farouche, jalouse à l'extrême de tout ce qui pouvait lui enlever sa puissance, son invulnérabilité. Je savais intuitivement qu'il était fait pour mourir, mais je voulais qu'il périsse de sa propre fin, celle qui le mènerait à Dieu.

Je l'attendais donc, comme à l'habitude, mais cette fois-ci forte de nos retrouvailles. Vers 5 heures il rentra, un papier à la main :

— Voilà ton cadeau !

Je le pris et le lus : c'était la quittance d'un appartement de deux étages sous les toits, place Vauban. Je regardai le plan : deux terrasses, dix pièces. C'était trop pour moi ! Je pleurai, mais je voulais y habiter dans la nuit !

Il s'intéressait à chaque rideau, à chaque détail de la décoration. De quelle couleur voulais-je les murs ?

— De la couleur de l'eau dans une baignoire, lui répondis-je.

Il fit venir des amis peintres pour trouver la couleur exacte. Seul Marcel Duchamp en trouva le secret par un jour gris.

C'était notre première véritable installation depuis notre mariage. Les amis, qui attendaient depuis longtemps, se rattrapèrent. Il y avait table ouverte chaque jour. Ils disaient à Boris, le maître d'hôtel russe :

— Je ne suis pas invité, mais me voici. Je suis un ami de Madame.

Chaque femme disait :

— Je ne suis pas invitée, mais je connais très bien Monsieur.

Boris nourrissait la compagnie avec du bortsch.

Tonio avait ralenti son activité de pilote, mais son amour pour l'aviation ne faisait que croître. Généreux et imprudent par nature, il amenait chez lui tous ses amis des boulevards, des cafés, qui répétaient leurs visites plus souvent qu'il ne le désirait. Il rêvait sur la terrasse, devant la coupole des Invalides, tandis que l'Exposition internationale de Paris éclaboussait à profusion la nuit de bruits et de lumières.

Celles de notre intimité, elles, commençaient à décliner. Il y avait trop d'allées et venues à la maison. Je n'étais pas complètement remise de mon séjour à Berne. La nuit, j'errais dans les longs couloirs, rêvant quelquefois d'un petit village de la côte d'Afrique où je pourrais vivre tranquille avec Tonio, plongé dans ses manuscrits qui seraient la seule séparation entre nous deux.

Les soirées, pleines de guitares, étaient aussi pleines de

pièges. Les visages de Picasso, de Max Ernst, de Duchamp, des surréalistes, de tant d'écrivains, peintres ou cinéastes, ne suffisaient pas à me rassurer. Il me manquait l'intimité, le silence à deux. Tonio le comprenait, et il me proposa un voyage dans notre avion, un Simoun, autour de la Méditerranée.

Au Maroc, l'armée française, accompagnée de tambours, de clairons, de cavaliers bariolés montés sur des chevaux arabes défilait devant le cercueil de Lyautey. C'était notre première escale. Nous prîmes place parmi nos amis militaires drapés dans leurs capes noires, bleu clair, rouge vif, blanches et brodées, ornées de glands d'or. Ce luxe de draperies était comme une musique. Les indigènes, avec leurs capes amidonnées et immaculées, couvraient d'une neige blanche des kilomètres au soleil.

Un colonel qui, sous son uniforme splendide, ressemblait à un beau perroquet, vint embrasser familièrement mon mari sur les deux joues.

— Vous êtes mon prisonnier, votre jeune femme aussi, nous dit-il. Je sais que vous faites une tournée de conférences, il faut que je vous rencontre à ma façon et la seule façon, c'est de partir avec moi : je vais au Caire.

Après le déjeuner, mon mari décida subitement de me laisser là. Le voyage, prétexta-t-il, serait trop long, trop fatigant, j'avais à recevoir nos anciens amis de Casablanca, l'avion Casa-Athènes était confortable, etc. Bref, il me donnait rendez-vous à Athènes deux semaines plus tard. Ils s'envolèrent au milieu de la foule qui ne s'était pas encore dispersée, avant même que j'aie eu le temps de protester, et je restai seule au milieu des chameaux et des Arabes.

L'attente recommençait.

Je pris l'avion quinze jours plus tard comme convenu. Et j'arrivai à Athènes pour le couronnement du roi Georges. Le peuple était dans une grande excitation. Mon mari faisait sa conférence dans un théâtre. Je pris place au premier rang, après lui avoir promis d'enlever mon chapeau s'il parlait trop faiblement ou de l'enfoncer sur mes yeux si tout allait bien ! Tonio en effet avait une petite voix, timide et sourde, quand il parlait en public. Il commença donc tranquillement, posément, expliquant qu'il avait une extinction de voix, et qu'il ferait de son mieux pour raconter ses expériences d'aviateur. En fait, il parlait d'une voix claire comme un petit garçon qui répète sa leçon en toute sûreté. Moi qui l'avais toujours vu les mains tremblantes sur le plateau, de le découvrir soudain si à l'aise et si sûr de lui, je m'évanouis. On avait transformé mon Tonio !

Je revins à moi, à l'aide de sels, très confuse. Lui continuait sa conférence sans se troubler. Ce fut un succès complet.

Le lendemain, nous partîmes pour Rome. M. de Chambrun, l'ambassadeur, lui déconseilla, étant donné la situation diplomatique, de maintenir sa conférence. Nous fûmes enchantés d'échapper ainsi à la visite au Duce, et nous rentrâmes. Ce voyage dans le Simoun, qui n'avait été pour moi qu'à moitié amusant, avait cependant excité la jalousie des amies de Paris, qui se croyaient destinées à tenir auprès de Tonio le rôle de compagnes idéales pour lequel elles me trouvaient bien mal faite. S'en rendit-il compte ? Il voulut me mettre en valeur. Il racontait à nos amis de la place Vauban la tempête que nous avions essuyée sur l'Adriatique, entre Athènes et Rome. Il expliquait que j'avais mangé mon mouchoir, et qu'à Rome j'avais déguisé son mécanicien en l'obligeant à mettre un habit pour aller voir le pape.

Au bout de la table, à quelques mètres de mon mari, je continuais à présider des dîners d'invités que je ne connaissais pas. Chez moi, je me taisais, mais chez les autres, je devenais forcément désagréable. Tonio ramenait toujours vers minuit quelques dames très jolies, aux maris complaisants, et tout le monde s'installait chez nous jusqu'à l'aube. Les chansons, les tours de cartes, les histoires du bled, tout ce que racontait Tonio et que je connaissais par cœur, se renouvelaient chaque soir. Boris, vers 1 heure du matin, me demandait la permission de se retirer. Et je me retrouvais seule à veiller que tous eussent à boire et à manger...

Bientôt je dus renoncer à répondre aux innombrables coups de téléphone qui se succédaient dans la matinée, et il fallut prendre une secrétaire. Or, nous étions déjà à court d'argent à cause de l'avion, de l'appartement et de Tonio qui n'écrivait plus. Malgré tout, la secrétaire s'installa, déployant un dévouement fervent pour son patron... Elle avait une tête de parapluie, n'était plus très jeune, mais elle rendait mille services. Même ceux qu'on ne lui demandait pas. Elle était comme une cloche qui sonne toute seule. Elle s'ingéniait à me tenir à l'écart de tout. Elle avait décidé que je devais ignorer les appels téléphoniques pour mon mari. Il y avait des visites inattendues aux heures les plus étranges. La secrétaire disait :

— Monsieur a fixé ce rendez-vous.

Et je n'avais que le droit de me taire.

Tonio n'était jamais libre pour m'accompagner au cirque, que j'adorais, ou au cinéma. Je ne comprenais plus ce qui se passait chez moi. Je me demandais même si j'y étais encore admise... Pour les week-ends, il me priait d'accepter des invitations à l'extérieur, où je me rendais à contre-cœur, persuadée que place Vauban, pendant ce temps, on s'amusait très bien sans moi... Vainement je cherchais la cause de cette distance qui s'établissait, sans brouille ni raisons claires, entre lui et moi. De nouveau le sommeil me fuyait.

Mais, pour lui, ma patience était sans limites.

Tout le monde se plaignait de mon irritabilité.

— Comment pouvez-vous supporter une femme pareille ? s'étonnaient perfidement ses amis.

Au milieu de ces soirées de guitare et tours de cartes, il ne restait pour notre intimité que les soucis d'argent, car ces fêtes coûtaient cher : alcool, fleurs, services, etc., et les rires que je m'efforçais de tirer de je ne sais où, d'un pays que chacun porte en soi pour les minutes de l'agonie. Mon mari me demandait pourquoi j'étais pâle et ne m'amusais pas. Un poète de mes amis déclara un jour : « Les travaux forcés seraient plus doux que ce qu'endure votre femme. C'est la soixantième nuit que vous vous amusez. Vous la tuez ! Si vous voulez sa peau, dites-le. Cela vous plaît-il ? Ne la laisserez-vous pas enfin dormir ? »

Pendant quelques jours après cette scène, les guitares se transportèrent ailleurs, et Tonio resta à la maison. Il se plongea dans le travail le plus noir : ses comptes bancaires. Il ne nous restait rien. Il devint injuste et nerveux. Seul le chien trouvait grâce dans ses bras. De temps en temps, il venait m'épier dans ma chambre. Par bonheur, je m'étais remise à la sculpture.

— Vous êtes là, Consuelo ?

— Oui, Tonio, je suis encore là...

La secrétaire s'était cassé un doigt et nous avions un peu de paix. Tonio n'allait pas bien, mais je ne pouvais rien pour lui.

Il avait préparé son Simoun pour un vol Paris-Tombouctou : il avait à écrire un reportage pour *Paris-Soir*. On lui avait avancé le prix des articles, mais ses dettes avaient tout épongé. Il était irritable, parlait moins et marchait des kilomètres dans la maison. Il s'agitait comme un gros moulin. Il broyait du noir. Je me décidai enfin à lui parler ; l'air indifférent qu'il prit dès que j'entrai chez lui augurait mal de la suite...

— Tu es malheureux, dis-moi ce qui te tourmente. De tout mon cœur, je veux t'aider. Ce n'est pas la curiosité qui me pousse. Mais je te sens loin de moi. Fais-moi l'amitié de me confier tes soucis.

— Depuis quinze jours, je multiplie les démarches dans tout Paris pour trouver l'argent nécessaire à mon raid.

L'essence et les assurances atteignent déjà plus de 60 000 francs. J'ai à peine de quoi nourrir le ménage. Sans compter bien entendu le loyer, la secrétaire, les domestiques en retard...

Il ne m'avait jamais rien confié de ses affaires d'argent.

— Il me semble que *Paris-Soir* pourrait t'avancer cette somme, non ?

— On me l'a refusée.

— Et ton éditeur ?

— Refusé aussi. Il ne s'occupe pas de mes raids, mais de mes livres, c'est naturel.

— Me laisseras-tu essayer ?

— Fais ce que tu veux, conclut-il d'un ton bourru. Tout ce que je sais, c'est que je dois partir dans dix jours.

Je passai au salon. Et je demandai à ma chère amie Suzanne Werth de m'accompagner dans mes démarches. De chez Prouvost, le directeur de *Paris-Soir*, je sortis non seulement avec un refus mais angoissée. Prouvost s'était vivement plaint de ce que mon mari n'avait pas tenu ses engagements envers le journal.

Je me reposai une heure, rue d'Assas, chez Suzanne, et, puisant tout mon courage dans mon amour pour Tonio, je me rendis chez son éditeur. Il me reçut immédiatement avec une grande courtoisie, mais m'expliqua que les questions d'argent ne le concernaient pas. Il fallait voir son frère.

— Je sais, lui dis-je, que vous avez avancé à Tonio certaines sommes sur ses prochains livres. Je désire être loyale envers vous. Une firme de cinéma veut acheter 500 000 francs un scénario de Tonio intitulé *Igor*. Il en fera aussi un livre. Ce sera plutôt un roman. Vous savez bien qu'il ne veut plus entendre parler de cinéma, après ses deux films. Puisque votre frère s'occupe de cinéma, il pourra peut-être traiter cette affaire mieux que moi. Tonio m'a dit de conclure à n'importe quel prix parce qu'il a besoin de 60 000 francs immédiatement pour son raid. Que faire ?

Photo dédicacée à Consuelo :
« Pour ma femme chérie. Tendrement.
Antoine.»

Dessin de Consuelo.

Tous les documents : DR.

Couverture du premier numéro de *Parisina*.

Consuelo à trente ans.

En 1942/1943.

rtrait de Consuelo de Saint-Exupéry
par Emlen Etting.
(© *Midtown Galleries.*)

Consuelo. Fusain d'Edmond-Marie Dupuis
(1939).

Avec Youti, années trente.

23 avril 1931. Mariage au château d'Agay.

Le Comte
de Saint Exupéry

Veuve Clicquot

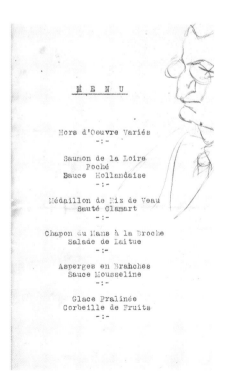

MENU

Hors d'Oeuvre Variés
-:-

Saumon de la Loire
Poché
Sauce Hollandaise
-:-

Médaillon de Riz de Veau
Sauté Clamart
-:-

Chapon du Mans à la Broche
Salade de Laitue
-:-

Asperges en Branches
Sauce Mousseline
-:-

Glace Pralinée
Corbeille de Fruits
-:-

Signalement:

Age : 29 ans
Taille : 1-83
Cheveux : ch. at.
Front : découvert
Sourcils : ch. at.
Yeux : bruns
Nez :
Bouche : moyen
Barbe :
Menton : rond
Visage : d.
Teint : mat
Signes particuliers : cicatrice
au coin droit de
la lèvre

8

PASSEPORT · RÉPUBLIQUE · FRANÇAISE · PASSEPORT

PASSEPORT · RÉPUBLIQUE · FRANÇAISE · PASSEPORT

Feuille réservée pour
l'apposition facultative de la photographie
du porteur

7

SIGNALEMENT

Taille : 1.68
Cheveux : ch.
Front :
Sourcils :
Yeux : mar
Nez : foncé
Bouche :
Barbe :
Menton :
Visage : ov.
Teint : mat
Signes particuliers :
Accompagné de (nombre) enfants

Nom	Prénom	Date de naissance

ANNULÉ

Photographie du titulaire et le cas
échéant, photographies des enfants qui
l'accompagnent :

ANNULÉ

Comtesse de Saint Exupéry

K - 86064

Première année
de mariage.

Dans la région de Nice. 1931.

Statue de Saint-Exupéry
par Consuelo.

Photo sur la table de nuit de Consuel

1968. Création de la rose " Saint-Exupéry".

— Que Tonio vienne me voir, il aura l'argent.

Je lui sautai au cou et l'embrassai. Je courus en faire autant avec Tonio. Mais je ne trouvai pas chez lui un accueil aussi chaleureux que celui auquel je m'attendais.

— Vous vous trompez, sans doute.

— Non, Suzanne pourra témoigner.

— C'est vrai ?

Il esquiva les remerciements pour aller toucher son chèque.

Depuis son accident de Libye, son foie le faisait souffrir. Il ne trouvait plus le sommeil. Une de mes amies, qui était ma confidente à ce moment-là, me fit cadeau d'un lit pour que je puisse dormir dans une autre pièce, à un autre étage. Le lit était beaucoup trop grand pour prendre place dans notre chambre. Elle me suggéra l'idée d'un téléphone particulier pour être moins dérangée.

Noël approchait. Je pensais qu'un séjour chez sa mère apporterait à mon mari un peu de calme. Sa sœur insistait pour que je l'amène à Agay fêter l'anniversaire du miracle qui l'avait sauvé du désert de Libye. Tonio m'ordonna de faire mes valises. C'était le 22 décembre. Le soir, il me conduisit au Train Bleu. Lui était retenu à Paris pour affaires et on réparait le Simoun. Il me rejoindrait le lendemain.

Je débarquai dans une maison où c'était lui qu'on attendait. J'y étais habituée mais, pour la première fois, je le supportais de mauvaise grâce. Je dis à sa mère et à sa sœur :

— A la place de Tonio, c'est moi. Il ne viendra pas...

Il l'avait promis, mais j'étais sûre qu'il ne viendrait pas. Sa manière de boire, de me parler...

— Je ne sais pas ce qui est arrivé. Il est changé, voilà tout. Je suis exténuée, je le regrette pour vous tous. Il m'a obligée à venir. Acceptez-moi, mais croyez-moi, je ne suis pas heureuse

— Mais non, Consuelo, il arrivera demain, vous verrez, allez vous reposer, me conseilla ma belle-mère.

Noël. Le château était en fête. Tous les enfants du village étaient invités à venir prendre leurs jouets. Tout le monde riait, chantait, les enfants étaient costumés en anges, les dindons farcis sentaient la châtaigne dorée, et on se réjouissait à l'approche de minuit. Toujours pas de Tonio. Le téléphone sonna quelques minutes avant l'heure solennelle. Il appelait sa mère. Il prononça à peine une phrase et désira me parler. Je refusai.

— Répondez-lui qu'il doit être ici à minuit, il l'a promis.

— Mais il demande votre aide, il vous réclame à Paris. Moi, si j'avais un mari comme lui, ajouta sa mère, je le suivrais jusqu'au bout du monde.

Elle avait gagné.

— C'est bien tard, concédai-je. Je ne peux pas retourner à Paris toute seule cette nuit.

Pour la première fois, je demandai qu'on m'accompagne.

— C'est entendu, nous partirons après minuit, conclut sa sœur.

A Saulieu, en Bourgogne, notre voiture entra en collision avec une autre. Par bonheur, je n'étais pas au volant.

Ma belle-sœur était à l'hôpital quand Tonio vint me chercher. Un beau Noël ! On craignait qu'elle ne restât défigurée. Nous la ramenâmes à Paris, je lui donnai ma chambre et m'installai dans le salon. Elle souriait à mon mari, elle avait des bandages autour de la tête. Les spécialistes cependant nous avaient rassurés. Il n'était plus question d'intervention chirurgicale. Avec du repos, cela s'arrangerait, avaient-ils promis. Et son visage redeviendrait normal. Je la soignai tendrement, je l'entourai de mes bibelots, de ma radio. Tonio passait de longues heures à son chevet. Chose étrange, elle me priait de la laisser seule quand elle recevait Tonio ou E. Tous les trois passaient des heures entières dans ma chambre. Quand j'entrais, le silence se faisait. Je venais demander à ma belle-sœur ce qu'elle voulait pour déjeuner, j'étais aimable, je leur disais en riant :

— Vous avez l'air de conspirer. De quoi s'agit-il ?

Ils prenaient un air absent. J'avais peur d'entrer dans ma propre chambre. Mais Didi allait mieux. Elle avait retrouvé le rire, la radio marchait. Je ne comprenais toujours pas ce qui se passait. Je veillais sur le sommeil de Tonio car il était à quelques jours de son raid Paris-Tombouctou. Cependant, les soirées avec ma belle-sœur se prolongeaient fort tard dans la nuit. Je me sentais entourée de pièges dans mon propre foyer. Tonio me semblait être un acteur qui n'avait jamais lu son rôle et qui se trouvait jeté sur la scène pour jouer une pièce interminable où chacun savait son texte, sauf lui, qui devait improviser...

Une nuit très tard, je demandai à Tonio de me rejoindre. Depuis le jour de Noël, il n'était pas venu une seule fois me voir. J'habitais à l'étage au-dessus. Je criai par l'escalier :

— Tonio, veux-tu m'apporter le thermomètre, je crois que j'ai de la fièvre.

Il arriva avec le jeu de cartes qu'il avait toujours sur lui, soit pour se concentrer, soit pour retarder ses réponses en cas de problème... Je lui serrai violemment les poignets, des larmes pleins les yeux :

— Finissons ce jeu, Tonio, rien, rien ne va plus. Tu le sais bien.

— Quoi ? répétait-il.

Sa voix, pourtant, exprimait le désir de savoir ce que je voulais dire.

— Tu ne m'aimes plus. Je te gêne. Je gêne ta sœur. Tu évites de me regarder. Même à table. En ce moment, le contact de mes mains sur les tiennes t'est désagréable. Mais je ne te lâche pas, tu vas m'écouter.

Le téléphone sonna chez lui. Tonio voulut se dégager.

— Tu n'iras pas. Tous les soirs, je t'entends parler au téléphone pendant des heures. Tu baisses la voix comme si tu avais peur d'être entendu quand je monte à la cuisine chercher un verre de lait contre mes insomnies.

A ce moment, mon téléphone sonna à son tour. Il devait être au moins 4 heures du matin. Je répondis. C'était E. qui me demandait je ne sais plus quoi et s'excusait de téléphoner à cette heure, mais elle savait, disait-elle, que Tonio ne dormait pas.

— Excuse-moi à mon tour, lui répliquai-je, je suis justement en train de parler avec lui !

Tonio était assis sur mon lit, immobile et silencieux.

— Puisque tu ne veux pas parler, continuai-je, c'est moi qui vais le faire. Comprenez-vous cela ? Qu'on me poursuive jusque dans mon lit parce que votre téléphone n'a pas répondu ? Oui, je suis jalouse ! Je n'ai d'ailleurs plus de raisons de l'être puisque vous ne m'aimez plus. Vous me haïssez en ce moment, Dieu seul sait pourquoi. Pourtant vous savez que rien de laid, rien de mal ne vous vient par moi. Serait-ce le contraire que vous aimez ? Vous ne m'avez jamais menti, même à présent où vous vous taisez comme un tombeau. Je voudrais tellement savoir ce que vous pensez ! J'ai le droit de savoir, de ne pas me sentir constamment menacée. Vous faites des tours de cartes pour me distraire de mon propos, mais votre visage devient triste. Je le connais bien. Je ne suis pas une sainte ou une guérisseuse. Sûrement, je ne puis rien pour vous, parce que vous m'avez dépossédée de mon pouvoir de vous guérir avec mon amour. Je crois aussi que vous ne pouvez plus rien pour me rassurer. Dormez. Oubliez ma voix si elle vous est désagréable. Mais n'oubliez pas ce que je vais vous dire : les drames les plus terribles sont ceux du mystère.

Son téléphone sonna de nouveau. Cette fois, je le priai de répondre.

Son éditeur donna une grande soirée en l'honneur de la guérison de Didi. Il y avait Morand, Pourtalès et beaucoup d'autres écrivains. Didi, ravie, ne quittait pas l'ombre de son frère qui, lui-même, ne quittait pas celle de E., dans toute sa beauté ce soir-là, quand elle ne montrait pas ses dents !

Vers 1 heure du matin, je reprochai à mon mari de ne pas m'avoir adressé la parole une seule fois.

Il me répondit :

— Je connais ma sœur depuis trente-cinq ans, et vous depuis sept seulement !

Je me sentis exclue de la planète. Je sortis de mon sac la clé de notre appartement et la lui remis.

— Voici la clé. Je ne veux pas rester avec un mari qui me renie.

J'avais parlé très fort. Les conversations s'étaient arrêtées. On pensait que j'étais une horrible femme. Une mégère. J'avais l'impression que ma vie était finie. La maîtresse de maison me donna mon manteau sans un mot. Je me sentais tomber dans le vide.

Je me réveillai dans un lit de l'hôpital de Vaugirard, dans la salle des gens trouvés sans papiers. On m'avait ramassée dans la nuit, sur le trottoir... Les cris de mes voisins de chambre me tirèrent du sommeil. Je levai la tête. Celui-ci avait été éventré d'un coup de poignard. Celle-là gesticulait, debout sur son lit, maintenue par deux infirmières qui s'efforçaient de la calmer pendant qu'un infirmier l'aspergeait d'eau froide. On la réduisit enfin au silence par une piqûre, puis ce fut mon tour.

— Merci, leur dis-je, je dors très bien.

J'avais appris depuis la clinique de Berne comment me conduire vis-à-vis des infirmières et de leurs traitements draconiens. Je fis semblant de dormir. Ma ruse réussit et elles passèrent à un autre lit. J'essayais de rassembler mes souvenirs.

Je me répétais : « Il y a dans Paris un homme qui est

mon mari, il viendra me chercher. » Je finis par m'endormir sur cette pensée. Mais je commençai très vite à trembler de fièvre. Le lendemain matin, le garçon de salle se présenta. Il toussait. De ma voix la plus angélique, je lui conseillai de prendre des pilules. « Elles sont trop chères », me répondit-il.

— Tenez, voici ma perle. A l'hôpital, je n'ai plus besoin de bagues.

J'enlevai ma bague et la lui tendis.

— Si je peux vous rendre un service, dites-le-moi, mais vite alors.

Pendant qu'il mordait la perle pour vérifier qu'elle n'était pas fausse, je soupirai :

— Ah ! C'est difficile, vous ne pourrez pas.

— Dites-le-moi toujours.

— Il faudrait me sortir de là. J'ai gardé ma robe sous ma chemise.

— Ah oui... Pouvez-vous marcher ?

— Oui, bien sûr, et même courir !

— Je laisserai une minute la porte ouverte au fond du jardin. Allez-y doucement, ne courez pas, si on vous voit, vous direz que vous êtes venue visiter une malade.

Ainsi je pus m'échapper et rentrer chez moi, place Vauban.

Humiliée, désespérée : en fait on avait décidé de m'enfermer !

Il me fut pénible de passer devant mes concierges, en robe du soir, les cheveux défaits et grelottant de froid car j'avais perdu mon manteau dans mon évanouissement de la nuit. Je sus plus tard qu'ils étaient au courant de tout, comme toujours à Paris, et même les premiers à l'être !

La police s'était rendue deux fois à l'appartement pour s'assurer que mon mari n'avait pas l'intention de venir chercher sa femme dans cette salle d'épaves. Mais elle n'avait pu ni le voir ni l'obtenir au téléphone. Il était donc difficile pour elle de statuer sur mon cas. La porte de

Tonio était restée fermée et seule la voix de ma belle-sœur avait répondu que son frère dormait et qu'on allait envoyer un ami voir la malade. La police dut faire appel à la concierge qui vint à l'hôpital, pendant mon sommeil, pour m'identifier...

Je rentrai dans ma chambre et y trouvai une femme endormie tout habillée.

Tonio partait à 4 heures par le train Paris-Toulouse. Pour la première fois, je n'avais pas pris le soin de faire ses valises. Ce souci m'empêcha de trouver le sommeil, et je me relevai afin d'accomplir ce petit devoir auquel je n'avais jamais dérogé.

17

Tremblement de terre

Nous déjeunâmes à trois, avec ma belle-sœur qui rayonnait de bonheur. Il ne fut pas question de ma nuit. Mon mari se mit au piano sans m'avoir adressé la parole depuis la veille. J'avais une mine affreuse et n'osais bouger de ma chaise. Il me fit signe de venir près du piano puis de m'asseoir sur la banquette à côté de lui. Il voulait s'excuser de n'être pas venu à l'hôpital la nuit dernière.

— J'ai chargé Gaston de te ramener ici, me dit-il, cela m'aurait été trop pénible d'y aller moi-même. Il a mis deux heures à te retrouver. Comme il n'avait pas de papier signé de moi, on n'a pas voulu le laisser t'emmener. Mais j'ai attendu dans l'angoisse, épuisé par cette scène, imaginant le pire. On m'a fait prendre des cachets et je me suis endormi.

Il continuait à pianoter d'une main, caressant de l'autre mes cheveux qui pendaient lamentablement devant mon visage.

— Tu n'es pas sage, petite fille, chantonnait-il sur le rythme de ses notes.

— Peut-être que tu ne l'es pas davantage !

— Crois-tu ?

— Je ne suis jamais malade quand tu es bien.

— Peut-être, répondit-il avec mélancolie.

Et il cessa de jouer.

— Je partirai à 4 heures pour Toulouse.

— Je vous parlerai dans le train.

Je l'embrassai et courus m'enfermer dans ma chambre.

« En voiture, en voiture... » Des poignées de mains précipitées. Il monta rapidement dans le train, avant moi... Ma belle-sœur me prit par les épaules et m'annonça :

— C'est moi qui l'accompagne.

Le train démarrait. Il tendit la main vers Didi pour l'aider à monter...

Le soir, vers minuit, il m'appela au téléphone. Il me parla pendant plus d'une heure. Il me supplia de prendre le premier train pour le rejoindre, son départ pour Tombouctou étant remis de deux ou trois jours. Mais je n'en avais plus la force ni le courage.

Nous nous revîmes à Marseille. Je tremblais nerveusement à la seule idée de ce rendez-vous, je ne savais si c'était de peur ou d'amour. J'étais entourée de bons amis. Je n'avais reçu de lui aucun autre message que celui qui m'annonçait laconiquement son retour.

Depuis sa descente de l'avion jusqu'au dîner, tout fut facile, ce qui toutefois renvoyait la conversation à plus tard, et retardait la vraie rencontre.

A l'hôtel, devant ses deux valises fermées, il se tenait immobile, regardant le sol fixement. Je commençai à desserrer la courroie d'une des valises. Il sursauta comme quelqu'un qu'on réveille brusquement :

— Que veux-tu ?

— Un pyjama pour toi. Dans quelle valise est-il ?

Tous les deux nous fourragions dans les valises, dans ce pêle-mêle plutôt, jusqu'à ce que nous trouvions enfin une veste et un pantalon.

— Je sais, je sais, tu vas me dire que j'ai mélangé le linge sale et le linge propre... mais il est tard. Allons dormir.

Il avait besoin de se donner une contenance.

A Marseille, on ne chauffe pas les hôtels. Le soleil doit en principe régner fidèlement sur le Midi. Aucun Marseillais n'avouera qu'il a froid, même pendant les journées grises et glacées par le mistral, qui a donné aux gens d'ici cette voix grave et continuellement enrouée, due aux odeurs du port, au vent et à l'air salé de la mer.

Par la fenêtre, je regardais les quais toujours en effervescence. Plus la nuit devenait noire, plus augmentaient les allées et venues des grands commerçants de la traite des Blanches.

J'étais incapable de penser. J'avais tellement attendu le retour de mon mari, et voilà qu'il était devant moi, froid comme une statue de marbre, lointain comme les astres. Je n'éprouvais plus aucune souffrance. Je devais une fois encore attendre son retour, me disais-je, et je fis un effort pour ouvrir la bouche et lui demander :

— As-tu sommeil ?

— Oui, oui. Je suis très fatigué. Allons nous coucher.

J'ai courbé la tête et tout le corps. Je me suis plongée dans le désordre de ses valises pour essayer d'y mettre un peu d'ordre. A peine avais-je saisi une paire de chaussettes et quelques mouchoirs sales, qu'il me les arracha brusquement des mains en criant :

— Ne touche pas à mes affaires. Je te supplie de ne pas y toucher. Je suis majeur et j'ai le droit de mettre en ordre mes chemises moi-même !

Depuis toujours, j'avais soigneusement fait et défait ses valises. Moi seule connaissais l'ordre dans lequel devaient être rangés ses vêtements. J'eus froid dans le dos en voyant le changement subit de son attitude. Je le crus malade ou de mauvaise humeur. Peut-être avait-il des soucis d'argent. A moitié habillée, je me glissai dans le lit. Mon cœur était plus froid que ses bras et que les couvertures gelées par le mistral. Il ferma hermétiquement les fenêtres, éteignit les lumières et, doucement, s'assit sur le bord du lit. Il éprouvait lui aussi la crainte qui me remplissait déjà tout entière.

Notre voyage de retour en train se fit dans le même silence : ce fut entre nous la même discrétion, comme des étrangers obligés d'aller dans la même direction. La soirée, chez nous, se déroula comme la veille. Il tomba endormi ; quant à moi, mes nerfs de femme me tenaient éveillée. Avec des précautions de chatte, je commençai à parcourir tout notre grand appartement. J'allai dans la pièce la plus éloignée, là où il entendrait le moins le bruit de mon inquiétude, le bruit de mon insomnie. Je n'avais jamais connu son éloignement, son silence, son absence de paroles vis-à-vis de moi. Une de ses valises débordait d'un des placards bourrés de livres. Que faisait là cette valise bien fermée ? Je l'attaquai immédiatement comme j'aurais attaqué un ennemi. Je l'ouvris et la fouillai férocement. Il y avait encore le linge sale qu'il m'avait arraché la veille et parmi le linge une centaine de lettres parfumées. Le seul parfum du papier m'expliqua l'attitude de mon mari. J'ouvris la première lettre, c'était bien son écriture. Et je lus : « Chérie, chérie ». Mais cette lettre n'était pas pour moi. Qui était cette heureuse « chérie » ? Je ne pouvais plus lire. Mes larmes m'empêchaient de comprendre. Au milieu de mon désarroi, je déchiffrai une seule ligne : elle disait à peu près qu'il ne pouvait pas empêcher sa femme de venir à Londres. Elle était invitée et ce serait une cruauté inutile. Mais si demain, écrivait-il encore, ma rivale lui demandait de rester près d'elle sept ans en mer, il partirait sans même me dire au revoir.

Je n'en pouvais plus. Les autres lettres étaient de la « chérie » en question.

Que faire ? Je n'avais aucune expérience de ces situations. Il fallait bien commencer. J'allai le réveiller et lui montrai ses lettres.

— Ah ! Tu as fouillé dans mes affaires ?

Mes larmes coupèrent court à sa mauvaise humeur.

— Puisque tu sais, c'est mieux ainsi.

Il baissa la tête timidement, comme un fils devant sa mère.

— Que vas-tu faire ? me demanda-t-il.

— Moi ? Rien. Quelque chose vient de se casser en moi, toi-même tu ne pourras jamais le réparer.

Je me tenais le cœur, qui battait trop vite. Je me sentais idiote comme dans ces comédies lorsque l'adultère est découvert. Je me moquais de moi-même.

— Et toi ? Que vas-tu faire ? Je n'ai rien à te reprocher. Tu ne m'aimes plus, et c'est ton droit. Nous étions d'accord, c'est moi d'ailleurs qui l'ai proposé : « Quand un de nous deux cessera d'aimer l'autre, il faudra nous le dire, nous l'avouer. » L'amour est une chose fragile, on se perd quelquefois dans son immensité... Voilà, c'est moi qui suis perdue, mais si tu es heureux avec elle, je ne souhaite aucun mal à vous deux. Pars le plus vite possible, et définitivement, avec elle. Ne me revois plus jamais, va dans un pays nouveau. Le voyage nous fera oublier.

Je savais quel était son pays nouveau, je le lui avouai. Je continuais à parler sans respirer :

— Si ta passion, si ton amour pour elle sont vrais, tu ne dois pas la quitter. Je te promets de ne pas mourir, j'essaierai de vivre et je me rappellerai que moi, je t'ai permis de rencontrer ton vrai amour. Ainsi partiras-tu sept ans, en mer, sept mille ans même, sans me dire adieu.

Il était pâle et grave.

— Je t'admire, me répondit-il en m'attirant lentement vers lui. Je regrette que tu aies trouvé cette lettre, j'aurais dû te prévenir. J'avais peur de te faire souffrir, j'avais très peur. Je t'aime du fond de mon cœur, je t'aime comme ma sœur, comme ma fille, comme ma patrie, mais je ne peux pas m'éloigner d'elle. Je ne peux pas passer une seule journée sans la voir, sans l'entendre. Elle est comme une drogue pour moi. Elle me détruit, elle me fait du mal, elle nous sépare, mais je ne peux pas la quitter.

Je me suis recouchée, parce que mes jambes vacillaient.

J'avais mal, très mal. Nous pleurâmes tous les deux, des sanglots très forts, comme des enfants qui se brûlent à la même flamme sans l'espoir du miracle qui les sauvera.

Au petit matin, ce fut moi qui recommençai à parler.

— Je resterai ton amie, je rentrerai chez ma mère comme lorsque j'étais une petite fille, quand je m'écorchais les genoux, j'irai me faire consoler par mes rosiers, mes palmiers, mes grands volcans de San Salvador. Quand tu seras vieux, peut-être un jour viendras-tu me voir...

Il partit s'installer à l'hôtel car nous ne pouvions pas nous trouver face à face sans pleurer, sans tomber dans les bras l'un de l'autre, et perdre ainsi toutes nos journées à ces inutiles sanglots. Il avait néanmoins l'air heureux. Moi, j'étais au lit. Ma fidèle amie Suzanne me soignait et je m'enquis du prochain bateau qui pourrait me ramener à San Salvador.

Mon mari commença à m'envoyer des lettres tendres, de plus en plus amoureuses, et bientôt il m'écrivit pour me prier à genoux de ne pas partir. Il me demandait de l'attendre six mois, « six pauvres petits mois », disait-il...

Et il me jurait qu'après il me conduirait en Chine où nous serions heureux, tous les deux, seuls. Je crus à la Chine, à notre bonheur chinois et j'attendis, toujours souffrante, au fond de mon lit.

Un jour, il reparut avec ses bagages. Il était fatigué de la vie d'hôtel. Comme un enfant, comme un étudiant qui a fait un petit séjour dans de mauvais lieux, il s'écria, debout devant ses deux valises qu'il avait posées lui-même au pied de mon lit :

— Me voilà !

Il se tenait les bras le long du corps.

— Me voilà. Je ne peux plus vivre hors de notre maison. Je ne peux plus vivre sans toi. Je suis malade, j'ai besoin de toi, reprends-moi, sinon je meurs. Je ne peux plus manger au restaurant, tout me fait mal, je bois trop d'alcool, et je ne peux plus écrire une seule ligne. Si je ne travaille pas, qui va payer notre existence ?

Boris entra sans frapper, me croyant seule. Il apportait mon courrier. Il eut en voyant Tonio un sourire de joie. Il me jeta un léger coup d'œil et prit les valises comme il aurait ramassé des diamants dans la rue... Nous avons souri tous les trois. Boris disparut avec les valises, rangea leur contenu dans les placards et donna des ordres pour que l'étage de « Monsieur le comte » fût bien fleuri et confortable... Il avait enfin récupéré son maître. Même le chien dansait et, de joie, faisait des taches sur le tapis... Mon mari ne voulait pas que je le punisse car, disait-il, c'était en son honneur !

Hélas, tout reprit son cours habituel... La nuit, j'attendais de nouveau le retour de mon mari. Un jour, mon chien le guetta à la porte jusqu'à 7 heures du matin, il en eut une pneumonie (c'était un pékinois très fragile) et il mourut dans les vingt-quatre heures ! Je n'avais même plus mon chien comme compagnon...

Le sixième mois de cette épreuve s'achevait. Je fis mes bagages, mis de l'ordre dans la maison, et comme un soldat vaincu, mais fier d'avoir tout fait pour sauver son pays, je pris la fuite.

Mon mari comprit en voyant mes préparatifs. J'avais acheté des collections de robes pour mes sœurs et pour moi. Je partais donc. Je montai sur la terrasse. Les lueurs de l'Exposition coloniale doraient la coupole des Invalides.

— Tonio, je pars.

— Oui, me répondit-il, quand ?

— Je suis triste, mais il faut que je te quitte. Je pense qu'il y a eu un grand tremblement de terre dans notre vie, je dois remercier le ciel de m'avoir épargnée. J'irai rebâtir ailleurs.

— Oui, Consuelo, parfois c'est nécessaire d'agir ainsi. Moi aussi je partirai pour l'Amérique. Je ferai un nouveau raid, peut-être ne reviendrai-je jamais, car je n'ai pas envie de revenir. Je n'aime pas, je n'aime plus...

Sans discussion, et sans une parole de plus, je pris le bateau du Havre, à destination du Guatemala. Puerto Barrios, le seul port que l'Amérique centrale possède sur l'Atlantique.

La mer était grise, la mer du Havre en hiver. Je trouvai cependant ce spectacle magnifique. Les mouettes étaient grises, les drapeaux des bateaux gris, les grands cargos gris, les personnes qui rôdaient autour, grises encore. Mon manteau, gris, un manteau de petit-gris... Le moment de monter sur la passerelle, gris aussi...

L'horizon vers lequel mon bateau s'acheminait, lui aussi, était gris. Mes pensées, mon cœur seuls étaient ensoleillés, de cette lumière sacrée de l'Acceptation. Je renaissais, comme seuls les chrétiens doivent renaître à une autre vie, après avoir quitté cette terre malheureuse... Je ne méritais peut-être pas cette allégresse, cette consolation. Je me l'accordais cependant comme un cadeau, tant j'avais pleuré. Je priais le ciel d'être digne du soulagement que je ressentais à soulever la pierre tombale de mon mariage brisé. Je me promis d'être désormais heureuse, et de ne jamais plus regarder en arrière. C'était à Paris et non pas en El Salvador, terre qui bouge, que j'avais connu le plus grand tremblement de terre. Maintenant j'allais cueillir les fruits des tropiques, apprivoiser des papillons, chanter avec les rivières. Pour toujours, jusqu'à la fin...

Je voulus être belle pour mon premier soir sur le bateau. Je refusais de respirer l'air du passé, tout était neuf, comme pour de nouvelles fiançailles. Les femmes de chambre m'aidèrent à défaire mes valises. Je caressai ma belle robe du soir que je porterais cette première soirée où je me donnais le droit de retrouver la vie des femmes qui attendent un signe du ciel pour que tout renaisse.

Des rubans, des souliers de satin, des bijoux brillants,

des plumes dans les cheveux, des écharpes en dentelle sur mes boucles... j'avais tout prévu. Je m'habillai soigneusement, j'épousais mon nouveau destin. J'étais joyeuse, heureuse, heureuse... Le gong du dîner retentit dans les couloirs des cabines. Encore du parfum sur mes cheveux ! Je parfumai la femme de chambre qui m'avait aidée à m'habiller. Je détectai une certaine malice dans ses yeux...

Je marchais tranquillement, avec le plaisir et l'assurance que l'on éprouve lorsqu'on se sait bien habillée. De mon cœur à mes dentelles tout scintillait. Dans un mouvement de danse, je parcourus les salons puis les bars, et je ne rencontrai que l'équipage.

Un commissaire s'approcha de moi :

— Vous cherchez les autres passagers ?

— Peut-être est-ce trop tôt ? Le premier coup de gong vient seulement de sonner pour le dîner.

— Non, me répondit-il, avec la même malice que celle que j'avais lue dans le regard de ma femme de chambre. Vous êtes notre seule passagère.

Un coup de revolver ne m'aurait pas plus impressionnée. Je me mis à rire. Je croyais et ne croyais pas sa boutade. Me touchant le bras très familièrement, il continua :

— Permettez-moi, madame, de vous présenter le docteur du bateau, le capitaine, le deuxième commissaire...

Tous, alignés, me saluaient aimablement.

Le capitaine prit la parole :

— Vous êtes notre seul passager et la dernière femme qui aura voyagé sur ce bateau. Nous faisons notre ultime voyage comme navire de croisière. Depuis vingt ans, j'en suis le capitaine. Nous avons eu une grève qui a mal tourné. Le bateau a été puni : il sera transformé en cargo. On nous a laissés partir pour la dernière traversée et par un grand hasard, alors que nous venions d'obtenir la permission d'accepter des passagers, vous avez pris votre billet. C'est vous donc qui commanderez ce bateau. C'est le vôtre. Nous sommes votre équipage. Si vous ordonnez de changer de cap, je vous obéirai. Pour commencer, voulez-vous nous donner des ordres ?

— Je voudrais boire frais, boire avec vous tous à notre voyage, le dîner peut attendre.

— Le dîner attendra, dit le capitaine.

— Communiquez, ordonna le commissaire à son second.

« Passez les ordres », répéta quelqu'un d'autre et des coupes de champagne furent distribuées à tout « mon » équipage... Je ne savais pas s'il fallait rire ou pleurer. Après quelques coupes, le deuxième commissaire me confia :

— Nous avons à vrai dire un autre passager en troisième classe. C'est un genre de pirate. Il ne veut pas passer par le Nicaragua et il est mourant. Il a une idée fixe assez étrange. Il veut qu'on le jette à la mer avant d'accoster au Nicaragua... C'est son cauchemar. Mais tranquillisez-vous, vous serez déjà déposée à Puerto Barrios !

Le lendemain, nous transportâmes la salle à manger près de la piscine, un jardin d'hiver fut construit pour moi. Ma cabine était voisine de celle du capitaine. C'était un vieux loup de mer, avec de belles rides, un rire qui avait bravé continuellement les vagues et les étoiles, et une bonté de conte de fées.

Je croyais rêver. C'était trop beau. Bientôt nous aperçûmes une île très colorée. Je demandai au capitaine de mettre le cap vers elle. Il le fit. C'était l'île où les oiseaux se donnaient rendez-vous quand ils migraient. Si le capitaine m'avait proposé de rester là toute la vie, s'il avait jeté sur l'île l'ancre du bateau et celle de son cœur, j'aurais trouvé cela tout naturel...

Mais nous continuâmes sagement notre route vers le Guatemala. Cependant, je sentais que mon équipage devenait nerveux et angoissé à mesure que nous approchions de Puerto Barrios...

Le soir, le capitaine et moi avions pris de petites « habitudes ». Nous éloignions le reste de l'équipage et, pour la

énième fois, nous nous racontions notre enfance. Lui
comme moi ne voulions pas parler de notre vie d'adulte.
Nous étions de grandes personnes qui oubliaient la réalité, surtout sa laideur. Nous parlions sur un ton d'amitié.
Il me racontait les nouvelles du reste du monde qui arrivaient par la radio. Je remarquai qu'en approchant de
Curaçao il devenait plus tendre, mais dans ses vieilles
mains tannées par le soleil il y avait un mélange de
compassion plutôt que d'amour quand il me reconduisait
aux escaliers...

A Curaçao, je décidai de faire un petit tour toute seule
pour réfléchir à ma nouvelle existence. Tout me semblait
simplement merveilleux : voir des arbres, un nouveau ciel,
des hommes... Habillée de blanc, je me lançai, en souliers
de sport, sur les routes goudronnées de Curaçao. Mais,
bientôt, je fus rattrapée par mon équipage. Je me tournai
et criai :

— Je veux être seule, je veux faire quelques achats toute
seule. Je vous retrouverai ce soir à bord.

Les hommes s'éloignèrent mais pas à plus de dix
mètres. Je compris que j'étais suivie. C'était tout un travail
de les semer, tantôt ils étaient sept, tantôt dix, et tous marchaient derrière moi en feignant d'acheter des fruits, en
parlant avec les indigènes, donnant des coquillages aux
enfants ou se parant de colliers de coquillages et de fleurs.
On se sentait transformé en petit enfant des palmiers.
Cette île appartenant à la reine Wilhelmine, cette colonie
hollandaise, avait un goût de Hollande et de tulipes
fraîches.

Dans une banque je changeai un peu d'argent. Le premier commissaire bondit sur la porte, non pour me l'ouvrir, mais pour s'y précipiter lui-même. Je le crus fou, je
changeai quelques francs en monnaie du pays et je finis
par rentrer au bateau. Je me plaignis auprès du capitaine
de cette surveillance si peu discrète. Il riait et pleurait en
même temps :

— Vous êtes jeune et jolie, m'expliqua-t-il. Les gens de l'île risquaient de vous voler et de vous faire un enfant de Curaçao... Nous ne pouvons pas laisser notre passagère dans l'île...

J'ai cru le vieux, le brave capitaine. Ah ! Capitaine, si tu vis encore, je te remercie de tes rires et de tes larmes...

Mais Puerto Barrios approchait inexorablement chaque jour. Quand je demandai au commandant combien de milles nous avions faits dans la journée, il me répondait tristement :

— Je voudrais ne jamais arriver à Puerto Barrios !

Son front alors se ridait pour longtemps et je ne demandais plus rien. L'équipage, impeccablement vêtu de neige et d'or, m'expliquait les mystères de la mer des Caraïbes. Car nous n'avions plus rien à nous raconter. Chacun de nous allait vers son port final...

Les vieux marins ne navigueraient plus. Bientôt commencerait leur rêve de vie civile. Ils en avaient peur. Les enfants dans la chambre, l'épouse fidèle (ou infidèle) constamment dans leur sillage...

Comment supporter cette vie après tant d'années à imaginer, à attendre ce repos merveilleux et ce bonheur familial, ce paradis où il n'y aurait plus ni départs, ni arrivées ? C'était pourtant la vraie fin.

Les marins étaient transfigurés par le ciel voilé de la mer des Caraïbes. Ce ciel était d'une couleur différente de celle de la mer. On ne le voit pas immédiatement, le corps seul se sent éclairé, allongé, transformé par une lumière nouvelle. On glisse dans ce nouvel éclairage comme si on entrait dans un décor neuf. On appelle cela la Magie des Caraïbes. Les êtres changent, les violents deviennent doux, les faibles forts, et on respire comme si on venait de naître dans un nouvel amour, dans une nouvelle étreinte.

Il arrive même que les indigènes se mettent à chanter face à cette lumière, comme pour une action de grâces...

Quand je m'endormais à Paris, je rêvais de revoir mon soleil, cette lumière, mes volcans retentissants tels des canons, l'éternel été, j'avais longtemps imaginé me retrouver dans cette atmosphère qui était mon berceau, mon sang.

Doucement je m'allongeai sur le pont, et je parlai à mon vieux capitaine de la destinée des étoiles qui semblaient si fragiles puisque nos yeux ne pouvaient en pénétrer le mystère. C'étaient comme des abeilles géantes et, pour goûter leur miel, il n'y avait aucune autre recette que celle de s'allonger sur le pont à côté de ce vieux loup de mer et de respirer à pleins poumons la mer des Caraïbes qui reflétait au fond de ses eaux noires les astres impassibles.

Les jours étaient courts. Nous faisions des photos, on sentait qu'on allait bientôt quitter ces eaux chaleureuses, que bientôt nous allions nous séparer pour toujours, et nous voulions garder la trace de cette minute où nos regards se mélangeaient avec tant d'intensité, tant de pureté, comme les étoiles se mélangeaient dans les eaux de la mer.

— Vous m'oublierez, disait le capitaine, comme tous mes passagers m'ont oublié. Il doit en être ainsi. Moi, je les ai toutes aimées, celles qui sont demeurées près de moi pour une traversée, allongées sur le même transat, remplies du drame de leur vie, remplies de leurs craintes de mourir. Elles étaient toutes belles, toutes fragiles, comme les traversées de mon bateau, comme la vie des fleurs et des papillons qui ne vivent qu'un jour, comme le verre de champagne que vous tenez dans votre main et qui, bientôt, sera vide, mais qui survivra dans une lueur plus profonde de vos yeux. Et toujours le souvenir rivé à ce crâne-là (et il se touchait la tête), à ce crâne qui, même devenu un crâne de squelette, conservera le goût de ces traversées fragiles, de ces vies fugitives, de la mousse de champagne, du reflet de vos yeux. Tout cela ce sont des lumières, c'est la même lumière qui compte, c'est la lumière qui crée, c'est la lumière seule, c'est la pleine lumière.

Mon corps était lourd, bientôt j'allais me réveiller à Puerto Barrios, parmi les palmiers et ma famille, pour conquérir encore une fois le sol qui m'avait vue naître. Je n'avais pas peur, mais j'aurais bien voulu m'endormir sur le pont, et me réveiller doucement près de Dieu qui peut tout. Je tremblais quand même de crainte. Des sonneries retentirent, la sirène poussa un cri, venu de la cale, comme quelqu'un qui aurait surpris notre rêve d'humains, d'êtres périssables. Un deuxième coup de sirène, mille appels, des pas. Le commissaire demanda :

— Mon capitaine, puis-je venir sur votre pont ?

Moi, je voulais le supplier de ne laisser personne nous rejoindre cette nuit, mais lui, dressé comme une bête qui se réveille, écrasait dans sa main son verre de cristal. Il le serra lentement jusqu'à ce qu'il fût complètement en poussière et cria :

— Oui, venez !

Il s'était blessé, les morceaux de verre gisaient par terre. Il se traîna jusqu'à mon divan et, pour la première fois, me prit la main passionnément, inondant mes vêtements de sang. Puis il caressa mon front avec son autre main, cela dura une seconde, et il fut debout devant son matelot qui se tenait, silencieux, au garde-à-vous.

— Parlez.

— Nous avons un visiteur. Il est à deux milles du bateau et demande qu'on aille le chercher...

— Qui est-ce ?

— Le directeur de la Transatlantique. Il porte un message urgent pour la comtesse de Saint-Exupéry.

— Envoyez vite le chercher, réduisez la vitesse, jetez l'ancre dans cinq minutes.

Un message pour moi. De qui pouvait-il être, sinon de

celui que je voulais enterrer avec mon passé, de celui qui m'avait fait naître et mourir à Paris ? Je compris la tendre protection de mon vieux capitaine.

Je me sentais en danger, mais de quel danger s'agissait-il ?

Tout le bateau s'éveillait, travaillait pour cet homme qui, de son bateau, venait à notre rencontre.

— Il n'a pas pu attendre que vous soyez à Panama. Il n'a pas pu attendre que vous soyez libre, petite fille, je vous aime comme j'aime les étoiles, comme j'aime mes souvenirs. Quand vous serez loin et que vous aurez oublié, faites-moi la grâce de vous souvenir de cette nuit où j'aurais voulu être Dieu pour arrêter vos larmes... Mais les larmes, savez-vous, ne sont pas toujours des assassins, les larmes purifient aussi, les larmes, c'est peut-être le chemin de la grâce, celui par lequel les femmes deviennent des anges...

— Oh oui, je vous crois...

Une nouvelle bouteille de champagne rafraîchit la soif de cette attente. Devant nous, les petites lueurs de bateaux qui se chassaient mutuellement égayaient le paysage sur l'horizon tranquille de la mer des Caraïbes.

Comme pour m'amuser, j'essayais de sortir les mille petits morceaux de verre incrustés dans la main du capitaine. Cette main qui avait été si amicale pour moi. Quand j'eus fini de les enlever tous, il se dressa de toute sa taille, nous rentrâmes dans sa cabine, il y fit de la lumière, mit sur mes épaules une belle cape de commandant pour cacher les traces de sang tachant ma robe blanche, et il appela le radio. Au téléphone il demanda qu'on lui apporte un fichier. Le radio entra. Il tenait un plateau de cuivre qui ressemblait à de l'or tellement il était poli et contenait une douzaine de télégrammes.

— Tous pour vous. Ils sont arrivés pendant la traversée, je ne vous les ai pas donnés parce qu'ils vous auraient fait pleurer. J'ai voulu vous épargner les larmes.

En tremblant, je pris le premier :

AVION ÉCRASÉ AU GUATEMALA SAINT-EXUPÉRY EN DANGER DE MORT
DOIS PROCÉDER AMPUTATION DU BRAS DROIT VOTRE MÈRE VEILLE LE
MALADE VOUS ATTENDONS VOTRE DÉVOUÉ DOCTEUR HÔPITAL
GUATEMALA.

Puis je lus le suivant :

TON MARI GRIÈVEMENT BLESSÉ 32 FRACTURES DONT 11 MORTELLES
AI EMPÊCHÉ AMPUTATION JUSQU'À TON ARRIVÉE PRENDS AVION POUR
PANAMA POUR NOUS REJOINDRE AU PLUS VITE TE SERRE CONTRE
NOTRE CŒUR TA MÈRE ET TES SŒURS.

18

Chez moi

Les autres télégrammes venaient d'amis et de journaux à sensation qui font de gros tirages avec le malheur.

— Vous ne m'avez jamais parlé de votre mari, me dit le capitaine, de votre grand mari, de votre fameux mari. Le voilà en danger de mort, à vous attendre au Guatemala, là même où vous allez débarquer. Avouez que la vie est étrange !

Je ne savais plus pleurer. Je ne savais plus rien. Je continuais à regarder les étoiles, la mort dans l'âme. Le bateau s'était soudain arrêté. On entendait les efforts des courroies, des chaînes, des escaliers qu'on préparait pour faire monter à bord le directeur de la Transatlantique en Amérique centrale.

J'étais allongée, le capitaine marchait à grands pas dans sa cabine, le jour commençait à éclairer notre drame.

— Je m'appelle Luis, cria un homme de deux mètres de haut, à la voix tendre, tropicale. Je viens vous chercher pour vous ramener le plus vite possible auprès de votre mari. Le Président du Guatemala et moi, avec l'aide des services de la Transat, nous vous offrons ce voyage qui vous permettra de retrouver votre mari blessé.

C'était un homme pâle, encore jeune malgré ses cheveux blancs, son rire était de ceux qui font reconnaître un frère parmi des êtres qui souffrent. Je suis tombée dans ses bras en essayant de me lever pour le remercier. La toux du commandant m'a rappelé que je devais être quelque chose comme un brave-petit-soldat-sur-un-champ-de-bataille-où-il-faut-recevoir-les-coups-de-l'ennemi-avec-dignité !

— Merci, monsieur, je suis très touchée de l'amabilité de votre Compagnie, lui dis-je. Je suis heureuse de votre aide. Quand partons-nous ?

— La vedette nous attend. Dans une heure, nous pourrions être au port.

Le commandant avait actionné tous ses boutons de commande, et l'ensemble du personnel arrivait doucement dans la cabine.

— Un de nos directeurs de la Transatlantique est à bord. Qu'il nous fasse le plaisir de visiter notre bateau. Je vous le confie, messieurs, dit le capitaine rudement.

L'équipage se chargea du visiteur. Les deux infirmières qui n'avaient de malade que l'homme des troisièmes classes, étaient quasiment en robes du soir, et pour une fois c'étaient elles les belles passagères bercées par l'équipage, cette poignée de don Juan en vacances...

Je m'allongeai de nouveau. Le capitaine arpentait la cabine comme si de rien n'était. Nous écoutions au loin une musique langoureuse, enivrante, des chansons, la vie. Je m'endormis. Je ne sais combien de temps. En me réveillant, je vis les yeux de mon capitaine, qui me prit doucement la main.

— Dormez, dormez, à l'heure du dîner je viendrai vous réveiller. Il n'y a pas de place dans l'avion. Luis sera notre invité jusqu'à Puerto Barrios. Ce soir, dans la grande salle à manger, ce sera notre dernier dîner. Nous aurons même quelques passagers de Panama : des jeunes femmes membres d'une équipe d'athlétisme. Ce sera gai, ce soir, pour nos invités. Vous et moi, nous commanderons à nos cœurs de dormir dans l'attente. La douleur est pleine de mystère. Voulez-vous être ma compagne pour ce dîner ?

Je ne pouvais pas refuser l'offre de cet homme qui partageait si intensément mes peines et qui ne voulait pas me montrer la sienne.

Il m'embrassa la main. Une infirmière surveillait le sac de glace posé sur ma tête, le docteur me fit des piqûres, et une femme de chambre me prépara une robe du soir brodée de fleurs, blanche d'espérance...

Il faisait chaud. Les marins ne voulurent pas d'autre femme que moi à notre grande table habituelle. Ils m'avaient fait un trône avec des fleurs fraîches, des fleurs blanches, elles aussi, qu'ils avaient achetées à Panama, et qu'ils avaient réussi à conserver malgré le soleil. Ils avaient posé à ma place une petite inscription toute simple : « Une fée ». Comment recevoir ce cadeau ? Comment ne pas se sentir une fleur même si elle doit être meurtrie par la nuit ?

Nos regards étaient brillants et nous étions baignés d'admiration pour les orateurs. Ah ! que notre invité fut gâté ce soir-là ! Notre commissaire, le plus aimable causeur du Pacifique, le questionnait. Il raconta peu à peu toute sa vie. Devant nous, il se confessait, devant ces marins qui s'efforçaient d'adoucir l'amertume que provoquaient en moi les fleurs blanches de ce trône. Don Luis était fou de nous, ivre des messages qu'il portait, ivre de son rôle, ivre de la protection qu'il pouvait m'apporter.

— Vous voyez, mon commandant, disait-il avec une arrogance d'empereur, moi, je suis marié, marié, marié. J'ai eu trois filles. Un jour, j'ai voulu faire venir ma femme et mes enfants au Salvador. J'attendais l'arrivée des passagers. Ma femme n'était pas parmi eux. Cependant, la veille, j'avais reçu un radio me disant qu'elle était parmi les passagers. Elle ne pouvait pas s'être évaporée, surtout que je l'avais quittée à Paris pesant deux cents kilos ! La fuite pour elle n'était pas facile. J'attendis quelques minutes, perplexe, et c'est alors qu'on me demanda de venir au débarquement des bestiaux. Là, j'accueillis ma

femme en même temps que... quelques vaches et un cheval ! Deux de mes filles l'aidèrent à entrer dans la salle des
passagers. Elle avait encore grossi depuis deux ans que je
ne l'avais pas vue. Elle parlait d'une voix très douce. A
l'hôtel, pour la faire entrer dans une chambre, il fallut
enlever la porte. Depuis elle demeure là, dans cette
chambre, pour longtemps sans doute. Elle ne peut même
pas se tourner ni s'asseoir. C'est ma femme, monsieur, eh
oui !

Cet homme mince, agile, élégant nous émouvait, lui qui
était l'époux d'un monstre incapable de passer les portes.
Chacun des marins raconta son histoire, la plus triste possible. Ils essayaient de montrer que les hommes ont quelquefois des peines plus lourdes à porter que la mort d'un
être aimé.

Une fois à Puerto Barrios, je crus rêver. J'arrivais dans
mon pays natal, au pays des volcans, des chansons bien-
aimées. Le président de la République avait envoyé une
automobile escortée de deux motocyclistes de la présidence pour m'accompagner sur le parcours. Ainsi pouvais-
je rouler à plus grande vitesse. Mais je refusai cette allure
d'enfer. Je voulus descendre boire de l'eau de coco dans
une petite ferme où des indigènes étaient en train de casser des noix avec leurs dents et buvaient à même l'écorce.

J'emportai dans mes bras une noix toute fraîche pour
en boire le lait dans la confortable voiture présidentielle,
parmi les nuages de poussière de la route. On ne pouvait
pas laisser les fenêtres ouvertes parce qu'on mangeait de
la poussière et, même derrière les vitres, on ne voyait rien
qu'une fumée jaune. J'étouffais.

Nous arrivâmes, don Luis et moi, à l'hôpital militaire.
Une petite vieille bien courbée, bien maigre et bien gentille, avec des cheveux blancs, m'enlaça de toutes ses
forces et se mit à pleurer dans mes bras. Je n'avais pas eu
le temps de voir son visage, de la reconnaître : c'était ma
mère.

Cela dura longtemps. J'étais habituée à tant de chocs déjà que je crus que ses sanglots m'annonçaient la mort de Tonio. Mais non... Elle me conduisit lentement dans une chambre où un docteur en uniforme de commandant m'attendait.

— Madame, soyez la bienvenue à l'hôpital de Guatemala. Votre mari a été hospitalisé parmi nous. Il est à la chambre 77. Venez. Le danger, le grand danger est écarté, je crois, je veux dire le danger de mort. Il est très malade cependant. Il a beaucoup de blessures. Si vous l'autorisez, ce soir, nous l'amputerons de la main, peut-être jusqu'au coude, il le faut. Je sais que vous êtes une femme très courageuse, je suis sûr que vous serez de mon avis. Un homme avec un seul bras est préférable à un cadavre avec ses deux bras.

J'entrai dans la chambre, bien pauvre, mais propre. Un infirmier veillait le malade. J'eus peine à reconnaître la tête de Tonio, toute gonflée. Elle avait, sans exagérer, la valeur de cinq têtes. Le docteur m'affirma qu'ils avaient fait le nécessaire et que tout avait été remis en place. En effet, on voyait dans sa bouche des appareils pour raccommoder ses mâchoires, et ses lèvres n'étaient plus que des muqueuses qui pendaient au-delà du menton. Un œil se trouvait quasiment sur le front, et l'autre pendait vers la bouche, tout gonflé et violet. Il disparaissait sous le coton et les pansements trempés dans des désinfectants de toutes les couleurs. Des bouteilles, raccordées par des fils savants, distillaient continuellement des gouttes sur les poignets, les coudes, la tête, les oreilles. Je n'avais jamais rien vu de pareil dans ma vie.

Et cet homme était mon mari. De temps à autre, il ouvrait un œil, puisque l'autre était complètement immobilisé par les compresses. Quand la lumière l'effleurait, il se passait dans son cerveau quelque chose que les gens ne peuvent pas comprendre. Il émettait des rugissements, je devinais qu'il luttait pour sauver cette matière précieuse que la destinée s'amuse à pétrir, à faire saigner, à casser, à transformer. La lutte était dure dans le fond de sa conscience d'homme, s'il en avait encore une à ce moment.

Je ressentis bientôt dans mon être toutes ses blessures. Assise à côté de son lit, sur une chaise étroite, j'épiais cet œil qui parfois versait sa lueur sur mes vêtements ou sur mon visage. Ainsi s'écoulèrent plusieurs semaines.

Je commençai à le faire manger, comme un enfant à qui on donne sa première cuillère de lait, son premier morceau de pain trempé dans du miel. Sa tête commençait à dégonfler. Il était tout maigre. Jour après jour, il perdait du poids. Soutenu par la morphine, il racontait souvent des histoires tellement compliquées que je me demandais si ce n'était pas moi, la malade.

Le docteur m'autorisa à le transporter chez moi, puisqu'il n'y avait plus que cette blessure à la main qui ne cicatrisait pas. Cette main semblait ne pas vouloir s'accrocher à son bras. C'était notre grand souci.

Le jour de sa sortie de l'hôpital, nos amis crurent lui faire plaisir en nous attendant à l'hôtel Palace de Guatemala avec une marimba — un champagne-cocktail — et une centaine d'ouvriers. Mon mari me dit :

— Je vais juste passer à travers cette foule, couche-moi cette nuit à l'hôtel et demain tu me mettras dans l'avion qui part pour New York. Je me ferai faire une opération faciale pour arranger mes dents, pour remettre mon œil à sa place, car tu ne peux vivre avec un monstre qui a un œil sur la joue et l'autre sur le front. Ne t'afflige pas, tout ira bien.

— Mais je partirai avec toi.

— Non, nous nous sommes quittés, tu t'en souviens ?

— Oui, répondis-je, je me le rappelle. Je te conduirai à l'avion. Je vais tout de suite demander par téléphone si tu peux avoir une place sur le vol de demain.

C'était simple, en effet, mais je me demandais si le cœur

de l'homme existe bien et où il se trouve. Je venais de sauver Tonio de la mort, et lui me rappelait qu'il n'était plus mon compagnon... J'appelai à mon secours don Luis qui s'occupa de prendre la place d'avion et d'arranger tous les détails pratiques.

Mon corps tint encore debout jusqu'à 3 heures du matin. Je conduisis mon mari, faible comme un squelette qui s'envole, mais guidé par l'appel d'une force mystérieuse.

Je rentrai avec une fièvre dont les docteurs ne purent trouver l'origine. A mon tour, on me fit entrer en clinique, souffrant d'une infection étrange et d'une fièvre inconnue. Ma petite mère me redonna la vie, la guérison et la foi. Nous n'avons pas parlé de nos misères de femmes. Nous nous sommes simplement aidées. Puis, un jour, je sortis de la clinique et ma famille m'emporta vers ma maison natale.

Le téléphone de New York à Guatemala sonnait tous les jours. Mon mari s'inquiétait de moi, et demandait à ma mère de me mettre dans un bateau ou un avion le plus vite possible pour Paris, où il s'apprêtait à partir. Les ambassades m'envoyaient des messages tendres, des fleurs, des cadeaux de la part de Tonio. Mais je voulais revoir ma ville, y rester plus longtemps, m'y promener vraiment, retrouver mes amies d'enfance, mes rosiers au pied des volcans.

« Des oranges, des mangos, des tamales, des pupusas », tous ces cris m'accompagnèrent dans les petites gares où passait le train qui m'emportait vers Armenia San Salvador.

A la gare, la chaleur n'avait pas diminué. Je vis des enfants, des foules d'enfants qui chantaient l'hymne du pays, tous en rang pour m'accueillir. Les filles étaient alignées en face des garçons, la maîtresse d'école en face du maître. Tous les deux battaient la mesure comme des chefs d'orchestre pour diriger ces petites voix enfantines qui chantaient en l'honneur de leur compatriote, leur sœur aînée qui avait traversé mille obstacles depuis Paris pour venir les retrouver !

Le maire de mon village, don Alfredo, habillé de blanc, était encore jeune, de cette jeunesse paisible qu'on trouve dans les villes tranquilles. Depuis mon absence, beaucoup de choses s'étaient passées au village. Les filles avaient grandi, elles étaient mères ou bien veuves, certaines avaient divorcé, les riches étaient pauvres, les pauvres étaient riches, le vieux marché n'existait plus, les arbres avaient grandi en masse, des orangers garnissaient les rues. Le parc d'Armenia était envahi par des bambous et des tamales, et je marchais lentement, après un mois alitée à la clinique de Guatemala, entre la file des petits garçons à ma droite et la file des petites filles à ma gauche, je marchais dans ce soleil des tropiques, me croyant une Alice au Pays des Merveilles qui sort du fond d'une mer asséchée par un dieu méchant, livrée ainsi d'une façon si étrange à la tendresse de ces petites voix qui chantaient la joie de vivre en marchant pieds nus sur des dalles brûlantes de soleil.

Une fois à la maison, j'étais sûre de pouvoir aller me coucher sur la mosaïque de notre maison coloniale à l'ombre du madre cacao ou du manguier favori.

Mais l'arrivée ne se fit pas comme je l'avais imaginé. Il y avait encore un orchestre, trois marimbas, les portes grandes ouvertes à la population et tous voulaient me serrer la main.

Mes sœurs avaient décidé entre elles, sans me demander mon avis, que mon costume de sport n'était pas assez digne pour recevoir tous ces honneurs. Mes valises et mes malles furent ouvertes sur-le-champ. Elles m'obligèrent à mettre, à 3 heures de l'après-midi, la plus élégante de mes robes de bal... Une de mes sœurs me chaussa, l'autre me coiffa, la troisième para mes cheveux. Ma mère me donna un grand éventail, car à San Salvador on transpire toujours. J'étais chez moi.

Les seuls amis auxquels je serrai les mains avec bonheur furent les trois mendiants de la ville qui n'avaient pas changé de tête : el Viejo de la Colbason, el Mudo mañana, Nana Raca, Latilla Refugio !

Je ris en les voyant toujours mendiants. Je demandai à ma mère de les faire entrer à l'intérieur de la maison. Je savais qu'ils étaient mes vrais compagnons de guerre, de la guerre de la vie. El Viejo de la Colbason vint s'asseoir près de moi, tout souffrant des coups de martinet qu'on distribue aux mouches, aux chiens, aux mendiants.

La maison était remplie de fleurs, de palmes qui faisaient des arcs de triomphe comme si une reine étrangère venait d'arriver. Je compris que je ne pouvais pas recevoir tous ces cœurs qui recherchaient une amie reine ; je ne me sentais que la reine des grands malheurs. Comment avoir le droit de me plaindre, comment avoir le droit de confesser ma misère de femme ? Peu à peu, je me tus, peu à peu j'enfonçai mes sentiments dans l'oubli.

Le soir se déroula le défilé des Indiens d'Isalco qui travaillaient dans la propriété de ma mère. Chacun déposait une feuille, un fruit, un oiseau, un objet. C'était très beau, triste, émouvant. J'aimais tous ces rites. Mais je ne pouvais plus jouer avec...

L'*atamialada*, la fête des tamales, commença. El Viejo de la Colbason, seul, était mon intime. De temps à autre, il frottait ses cheveux autour de ma robe. Il était triste de ne pouvoir cirer mes chaussures, car il était le meilleur cireur du village. Il me dit :

— Nous avons une quatrième mendiante ici. Mais elle est d'une espèce plus rare que la nôtre. Elle n'aime pas parler comme nous, elle n'aime pas manger comme nous. Elle ne vit pas comme nous. Et les autres prétendent qu'elle est folle. On l'appelle la folle du village. Elle m'a assuré qu'elle viendrait vous voir toute seule.

Pendant que cette histoire m'était racontée, j'entendis les cris d'une femme qu'on battait impitoyablement. Je bousculai mon entourage et me précipitai vers le lieu de ces cris. C'était ma chambre. Dans le lit (il avait été préparé avec soin depuis des jours pour me recevoir), une femme qui paraissait avoir une trentaine d'années était couchée, ses cheveux coulaient à travers les broderies précieuses des draps de dentelle et des oreillers. Des domestiques essayaient de lui arracher un peignoir de lin brodé. On la fouettait comme on fouette un chien, elle se couvrait la tête, mais ne bougeait pas.

C'était la folle du village. Comme elle voulait me voir seule, elle s'était mise dans mon lit, tout simplement. Rassemblant mes dernières forces, je criai, et tentai d'arrêter les brutes qui la battaient. En vain. Ma mère me dit qu'elle était dangereuse, qu'elle avait crevé, la veille, les yeux d'une autre femme et qu'elle avait réussi à sortir quand même de prison. Je parvins à les mettre tous dehors et restai en tête à tête avec ma folle, belle et pure, qui, d'un seul mouvement, se mit debout pour m'ouvrir ses bras. Je crus que ma dernière minute allait sonner dans cette étreinte. Elle me caressa doucement les joues, les bras, les jambes. Elle me mit le peignoir de lin blanc qu'elle avait pris, et dignement ouvrit la porte pour s'en aller.

Je restai dans mon lit sans connaissance.

Un jour un consul vint me dire que je devais rentrer à Paris où mon mari me réclamait.

Une fois de plus, je passai devant ma concierge de la place Vauban. Je pouvais à peine marcher, après tous ces événements. J'arrivai enfin chez moi. Tonio était encore très maigre, très calme, très silencieux.

Boris, le maître d'hôtel, riait de son rire russe, de ce rire animal avec lequel il m'avait déjà accueillie plusieurs fois.

L'appartement était le même, rien n'avait changé. Si nos vies avaient été en danger, nos meubles étaient restés en paix, et la douceur de cet endroit clair et bleu comme le ciel avait été épargnée. Un repas de famille nous réunit, mon mari et moi, tendrement mais silencieusement. Plusieurs visites se succédèrent : des amis, des parents, ma belle-mère. Que me voulait-on ? Je ne pouvais plus rien leur donner de moi-même. J'étais au bout de mon chapelet de misères.

Un après-midi, en revenant de chez mon coiffeur où je m'étais attardée, je retrouvai la maison vide : tout avait été déménagé ! Il n'y avait plus que des journaux chiffonnés qui volaient dans le courant d'air parce que les fenêtres étaient ouvertes. Je croyais rêver. Où étaient nos meubles, nos affaires ? Je me souvins d'un film de Chaplin qui s'appelait *Le Cirque,* je crois, où on ne voyait que les traces de ceux qui étaient passés dans l'histoire. Je me tordais les mains, j'essayais de comprendre, je ne savais plus que faire.

Je descendis chez le concierge, mais je n'osai pas le questionner. Je sortis prendre l'air. Peut-être comprendrais-je ? Peut-être trouverais-je quelqu'un pour m'expliquer ? Mon mari était planté là, devant moi sur le trottoir, comme une statue. Il me prit par le bras et m'annonça :

— Oui, j'ai donné congé, c'était trop cher. Je n'ai plus d'argent pour payer le loyer.

— Mais où habiterons-nous ?

— Je te conduis à l'hôtel. J'ai retenu deux chambres.

De nouveau, c'était l'existence à l'hôtel. Au Lutétia, cette fois.

19

Je vais travailler

L'hôtel Lutétia, c'était, sur la rive gauche, l'asile des gens de la rive droite... Lieu d'échanges d'un côté à l'autre de la Seine.

Notre ménage, bâti sur les sables d'Afrique, n'allait pas bien sur le macadam trop lisse de Paris. Tout y était plat, gris et triste. Il fallait, pour garnir et embellir cette mélancolie des larmes, du champagne, des mensonges et des infidélités...

A l'hôtel donc, deux chambres, une pour Monsieur, une autre pour Madame, comme dans les romans anglais à la mode.

— Tu veux vraiment deux chambres ?

— Oui, ce sera plus commode, me dit Tonio. Je travaille la nuit, et cela te réveillerait. Je te connais.

— Eh bien, c'est comme tu veux...

A la réception, je demandai deux chambres, mais pas au même étage.

— Tu exagères.

— Non, non, tu me gêneras moins quand tu rentreras tard...

— Très bien, mais tu le regretteras.

— Oh, j'ai déjà regretté. Pendant une minute, juste une minute. Une seule. C'est quand je suis rentrée place Vauban pour la dernière fois, et que tous nos meubles, toutes nos affaires avaient été emportés. Tu ne m'as pas dit un seul mot. Oh oui ! C'est à cette minute-là que j'ai regretté, je voudrais que tu le saches. Mais toi aussi je crois que tu le regretteras un jour.

— C'était une question d'économie.

— D'économie ? Mais à l'hôtel, nous paierons deux fois notre loyer de la place Vauban, sans compter les repas. Enfin, tes comptes sont ceux du ciel, mystérieux. Peut-être est-ce meilleur marché, après tout ? Peut-être nous séparerons-nous plus doucement. Voilà l'économie. J'ai compris. Tu veux me quitter sans bruit. Tu es gentil. Merci.

On nous montra nos chambres. L'une au cinquième, l'autre au septième. Lui remercia mélancoliquement et grogna.

— Mais qui me donnera mes chemises, mes mouchoirs ?

— Je rentrerai chez toi quand tu y seras, et tu auras tes chemises propres et tes cravates.

— Tu es gentille... Tu sais que je suis tout cassé, que ma vésicule biliaire ne fonctionne pas. Qu'une opération est impossible parce qu'avec ma chute au Guatemala tout est mélangé dans mon corps. Mon cœur touche mon estomac, et j'ai toujours envie de vomir.

— Tu vomis ta vie, tu vomis tout, plutôt. Que te restera-t-il après ?

— Ah, les femmes ne veulent jamais comprendre les hommes !

— Les hommes, tous les hommes, non. Un homme, oui, toi. Je sais, il te faut être seul. Que tes journées soient entièrement libres, sans repas, sans femme, sans foyer... Tu veux aller et venir comme une ombre. Ai-je bien compris ?

— Oui...

— Alors, pourquoi m'avoir rappelée de Guatemala ? Pourquoi ? Pour me loger dans une chambre d'hôtel ? A attendre quoi ?

— Moi ?

— Tu es allé trop loin. Je ne pourrai jamais te suivre... Nous voilà à l'hôtel. Dans une semaine, ton estomac sera malade de la nourriture des restaurants, d'alcool, de désordres...

— Je suis déjà malade. Je vais aller à Vichy soigner mon foie.

— Partons ce soir, si tu veux.

— Non, je partirai seul. J'ai besoin de solitude. Après je te retrouverai à l'hôtel.

— Merci. A quoi veux-tu que je passe mon temps ?

— A nous chercher un autre appartement.

— Soit ! Allons dormir.

— Dans ta chambre, alors.

— Si tu veux.

— Mais si on me demande au téléphone, tu iras dans la salle de bains, tu me laisseras parler seul.

— Je ne t'ai jamais empêché de parler au téléphone... C'est triste, tes recommandations. Moi, je n'ai rien à dire à personne, rien à cacher... Bon, allons dormir.

Son E. continuait à le dominer, mais au fond pas telle-ment puisqu'il me demandait de l'aide, puisqu'il était si triste ! Dans la nuit même, je décidai de chercher un appartement.

Quelque chose d'amer, une pluie de cendres, de pierres, s'abattait sur notre foyer. Une femme, c'était tout... Mon cœur n'était plus à rire, il fallait en finir. A quoi bon les intermèdes dans les hôtels...

A minuit, j'avais oublié dans ses bras tous mes soucis... C'était ainsi, notre vie, dans ces chassés-croisés... D'amour et de séparations...

Je me mis à chercher un appartement pas très cher. Il y en avait certainement un dans Paris, avec une cuisine où je pourrais lui préparer des légumes, du riz, et une petite pièce où il rangerait ses livres. Un lieu où il serait toujours dans mes bras, n'importe où pourvu qu'il fût dans mes bras ! A moitié endormi, il me supplia encore de trouver un toit qui nous abriterait.

Je découvris, à l'Observatoire, un cinquième étage au-dessus des arbres, mais sans ascenseur, libre tout de suite. Je donnai des arrhes en attendant la visite de Tonio.

Nous y allâmes ensemble. Il fut au comble de la joie. Il me remercia des larmes dans les yeux. Moi, j'étais ravie.

Sa chambre avait un grand balcon d'où il pourrait regarder le parc. Le loyer était très peu cher. Nous étions jeunes et monter cinq étages n'était rien pour nous. Sur le balcon, j'aurais des oiseaux, des fleurs. La cuisine était grande, avec un gros fourneau à charbon qui chaufferait la moitié de l'appartement. Une salamandre dans son stu-dio, et c'était tout. Dans deux semaines, pour Noël, nous serions installés.

Il invita notre chère amie Suzanne à le visiter, et elle se montra aussi heureuse que moi. Nous payâmes les trois premiers mois et on nous remit les clés.

Le lendemain, il ne rentra pas à l'hôtel. Il m'avait laissé un message par téléphone pour m'informer qu'il serait quelques jours en voyage. J'étais si heureuse de mon appartement que je ne m'inquiétai pas. Mais, vers midi, son homme d'affaires me demanda de lui remettre les clés de mon appartement de l'Observatoire. Mon mari avait réfléchi : il n'était pas dans ses moyens de chauffer un appartement en ce moment, car le prix du charbon avait augmenté...

Dieu ! L'hôtel était dix fois plus cher ! Je discutai. Mais c'était un ordre. Je remis les clés en pleurant.

Trois jours plus tard, il arriva, pâle, hagard, troublé. Une de mes amies me dit l'avoir rencontré dans Paris : il avait donc menti encore une fois...

J'étais triste et désespérée.

— Consuelo, voulez-vous de nouveau trouver un petit appartement qui soit joli, pour vous toute seule ? Je vous jure que je vous le louerai pour de bon, et que je serai souvent chez vous.

Je compris qu'il ne voulait plus vivre avec moi. Il s'agissait de me décider à habiter seule.

— Oui, Tonio, je verrai mon agence.

Par bonheur, des amis louaient sur le quai des Grands-Augustins un appartement de deux étages, très bon marché et donnant sur la Seine.

Immédiatement Tonio me conduisit chez l'agent et paya une année de loyer. On me donna les clés. J'allai prier à l'église et il m'accompagna. Nous parcourûmes les quais en bouquinant. Je faisais attention à ne pas m'intéresser à quelque livre coûteux qu'il aurait voulu m'acheter, et je parlai des ombres sur l'eau. Le 1er janvier, disais-je, je serais installée quai des Grands-Augustins... Il trouvait l'étage supérieur agréable pour travailler. On n'y mettrait que des livres, on ferait une belle petite bibliothèque... Il me promit qu'il rentrerait. Je m'installai dans sa chambre, mais il ne rentra pas de toute la nuit.

Le lendemain matin non plus. Il me téléphona afin que je ne m'inquiète pas. Il avait eu une panne de voiture à la campagne et serait là pour dîner.

Le soir, tous les deux à la brasserie du Lutétia, nous dînâmes sans nous dire grand-chose. Une grande fatigue, un grand sommeil s'étaient emparés de nous.

— Allons dormir, ma femme. Je veux me reposer près de vous.

— Oui, Tonio.

Nous dormîmes comme frère et sœur, tendrement enlacés, jusqu'à midi. Il s'habilla lentement, me supplia de rester au lit, et m'annonça qu'il était obligé de partir pour Alger, où il séjournerait à l'hôtel Aletti... Il m'écrirait...

Il s'excusa de me laisser seule pour cette fin d'année, surtout avec mon déménagement. Je n'avais même pas la force de protester. J'avais les yeux à demi fermés quand il m'embrassa pour me dire au revoir.

Il était convenu avec mon propriétaire du quai des Grands-Augustins que, dès que les peintures seraient terminées, j'emménagerais. N'ayant pas autre chose à faire pour Noël, et cette condition étant remplie, je louai un camion. Les déménageurs me conseillèrent de faire le transport des meubles bien avant les fêtes. Le 26 novembre donc, le camion chargé de mes affaires arriva sur le quai. Le concierge nous reçut mal et nous prévint que nous ne pouvions monter les meubles. Je téléphonai au secrétaire du propriétaire qui se trouvait en vacances. Je dus garder le camion tout chargé sur le quai. Cela me coûta deux cents francs par jour... Enfin, le 2 janvier, le propriétaire, de retour, me fit savoir que mon mari avait payé un dédit pour ne pas garder l'appartement...

Je crus devenir folle. Mais le corps humain est beaucoup plus fort que nous ne le croyons et se moque, semble-t-il, du désespoir et des toiles d'araignées que le cœur tisse devant nos yeux pour aveugler notre destin. Le corps marche, marche toujours !

Mon mari était à Alger, et moi j'étais seule ; je supportais ma solitude en cette fin d'année. J'apprenais qu'il me fallait vivre au jour le jour...

Accompagnée de Suzanne, j'allai louer un atelier rue Froidevaux. J'y installai une table, trois chaises, un gros poêle à charbon et mon vieux piano. Et je quittai l'hôtel Lutétia où mon mari n'était jamais resté que quelques heures par semaine.

Des amis m'apprirent qu'il était de retour et qu'il avait loué une garçonnière à Auteuil où la belle E. passait ses après-midi avec lui. Il ne me restait plus que ma sculpture comme consolation.

Tonio trouva ma décision courageuse. Mon studio lui fut sympathique. J'écoutais ses compliments comme une morte compterait les coups de marteau qui clouent son cercueil...

Ainsi, nous étions séparés. La vue du cimetière Montparnasse me glaçait, mais je m'y habituai peu à peu. Mes concierges, père et fils, taillaient les pierres tombales. Le fils travaillait plus vite que son père et, tandis que le vieil homme frappait de longs coups lents et sourds, le petit marteau du fils battait la mesure à contretemps. J'écoutais du soir au matin ce bruit sur les pierres tombales ; elles scelleraient la vie d'un autre qui, comme moi, avait ri, aimé et souffert.

J'expliquai à Tonio ce bruit à contretemps. Il me faisait des visites presque quotidiennes mais très courtes. Je lui dis aussi mon angoisse :

— Tu t'y habitueras, l'être humain s'habitue à tout, m'assura-t-il.

— Oui, je me rappelle la façon dont on forme les esclaves dans le Rio d'Oro. Une fois que l'on a accepté l'humiliation de ne plus être soi-même, de ne plus être libre, alors on est heureux, n'est-ce pas ? Il en est de même pour moi. Tu m'habitues à vivre seule, au bord d'un cimetière, avec 1 000 francs par mois. Tu me donnes 250 francs par semaine, j'ai l'impression d'être ta bonne en vacances. Pourquoi ne peux-tu me fournir cette somme en une fois ?

— Je ne suis pas riche, Consuelo... Je gagne notre vie... Si je te donne 1 000 francs par mois, que feras-tu, ma petite fille ? Tu dépenseras tout d'un coup.

— Je travaillerai, comme les femmes pauvres... Peut-être serai-je plus heureuse ? Peut-être gagnerai-je plus de 1 000 francs par mois ?

J'étais pâle, je respirais mal. Je pleurais des nuits entières mais je ne voulais lui faire aucun reproche. Il ne m'aimait plus, c'était bien son droit. Personne ne peut faire grief à l'autre d'avoir cessé de l'aimer. Il m'aidait tout de même à vivre, dans les bons comme dans les mauvais jours : 1 000 francs par mois, cela payait le loyer et le charbon... Je me nourrissais de café crème et de brioches, et quelquefois seulement de pain et de saucisson...

Mais l'idée de devenir esclave avec 250 francs par semaine m'était insupportable.

— Merci, Tonio, lui dis-je un jour, je ne veux plus d'argent de vous. C'est la seule chose qui reste de commun entre vous et moi ?

— Oui, je le crains, fit-il tristement.

— Alors, à dater d'aujourd'hui, nous n'aurons plus rien en commun. Reprenez vos 250 francs, achetez une bouteille de champagne pour fêter ma liberté et, si vous le voulez bien, buvons-la ensemble.

— Mais, demain, avec quoi mangerez-vous ?

— Cela ne vous regarde pas puisque nous n'avons plus rien de commun. Mais, si vous êtes tellement curieux, je peux vous dire que je vais chercher du travail.

— Vous, travailler ? Mais vous êtes beaucoup trop fragile. Vous pesez à peine quarante kilos... Vous ne pouvez pas même porter une bouteille pleine...

— Donnez-moi ces 250 francs, dans cinq minutes je vous apporterai une bouteille de champagne et vous ne reviendrez plus ici me payer ma semaine comme à une employée...

— D'accord, mais ne sortez pas. On peut commander du champagne par téléphone.

— Oui, vous avez raison.

Un long moment passa jusqu'à l'arrivée du champagne.

— A votre liberté...

— A la vôtre...

— Demain, je suis sûr que vous me téléphonerez de vous apporter de l'argent. Il me faudra faire un grand effort car je suis très pauvre en ce moment... Je vous apporterai de nouveau votre semaine, comme vous dites. Je gagne 4 000 à 5 000 francs par mois et je dois payer le loyer, le téléphone, le restaurant, et donner 1 000 francs à ma mère et 1 000 francs à vous.

— Pour moi, c'est réglé à partir d'aujourd'hui.

— On verra...

Après cette scène, il m'embrassa tendrement sur la bouche comme autrefois, puis il partit. Il avait remis du charbon dans le poêle, il avait joué du piano, il avait fait ses éternels œufs brouillés dans la cuisine. Pour la première fois, il s'était senti chez lui et m'avait dit :

— Si vous voulez que je reste cette nuit, je reste. Vous êtes toujours ma femme.

— Non, non, ai-je crié. Moi, demain, je travaille. Je travaille.

— Vous êtes folle, vous ne voulez vraiment pas ?

— Non, je veux travailler. Je veux être libre. Assez de cet esclavage. Assez d'être votre épouse au mois.

J'aimais pourtant ce grand garçon qui était mon mari, et il m'aimait, je le savais. Mais il voulait être un mari libre et je me reprochais de le faire revenir à moi chaque fois que j'avais besoin de payer ma chambre, ma nourriture, mon téléphone. Nous nous embrassâmes longtemps, nos coupes de champagne à la main, nous nous jurâmes que nous nous aimerions pour l'éternité. Et il resta dans mon lit... Mais à 5 heures du matin, je me retrouvai seule, à moitié endormie. Il avait laissé un petit mot, et un joli dessin qui était son portrait : un clown avec une fleur dans la main, très embarrassé, un clown maladroit qui ne savait quoi faire de sa fleur... Plus tard, je sus que la fleur, c'était moi, une fleur bien orgueilleuse, comme il le dit dans *Le Petit Prince*.

Il me fut difficile de passer du rêve à la réalité. J'avais fêté mon indépendance, à moi de tenir parole... Je pus à peine faire ma toilette, m'habiller, me préparer un café. Je souris : c'était vraiment comme dans les meilleures scènes de romans à bon marché, style Paul Bourget... J'étais à la recherche de travail. Quel travail, au reste ?

J'allai m'asseoir à la terrasse du Sélect pour réfléchir. Il était urgent de trouver un plan. Il me restait tout juste 20 francs dans mon sac, à peine de quoi acheter un demi-pain et deux tomates...

J'étais donc attablée au Sélect, je lisais mon journal quand tout à coup une lumière jaillit dans mon esprit car, comme dans un rêve, des mots espagnols sonnèrent à mon oreille. La radio du café annonçait : « *Cigarillos La Morena, cómpralos señorita*[1] *!* » Je bondis de mon fauteuil. Le message m'était destiné. J'avais trouvé le travail dont j'avais besoin : des annonces en espagnol. Et sûrement je pourrais gagner ma vie comme ça. Je connaissais beaucoup de monde dans Paris. Crémieux donnait des conférences à Radio-Paris pour les pays de langue espagnole, il m'aiderait.

Sitôt dit, sitôt fait : le lendemain, j'étais installée devant un micro, parlant en espagnol. Je ne faisais pas seulement des annonces, mais des présentations de numéros de chant, de pièces de théâtre.

J'étais sauvée...

---

1. Mademoiselle, achetez les cigarettes La Morena.

20

L'amie des roses

La situation de Tonio s'était améliorée. Sa promotion au grade d'officier de la Légion d'honneur, son succès avec *Terre des Hommes* avaient fait de lui un écrivain reconnu et admiré. Nous n'avions pas repris la vie commune, sans pour autant nous séparer. C'était notre amour, la fatalité de notre amour. On devait s'habituer à vivre ainsi. Il me loua une grande maison à la campagne, le domaine de La Feuilleraie. Il se plaisait dans sa nouvelle vie, mi-célibataire mi-marié. Il habitait sa garçonnière et moi, la campagne. Il me disait :

— Tu es bien contente d'avoir cet endroit à la campagne. Tu es mieux que place Vauban, n'est-ce pas ?

Il avait fait des pieds et des mains pour m'obtenir du charbon. Avec *L'Intransigeant*, il gagna un peu d'argent : c'était, me disait-il, pour mon charbon qu'il avait écrit ces articles de journaux qu'il n'avait pas envie de rédiger.

— C'est pour vous installer le chauffage central et vous acheter tout le mobilier de jardin, bancs, banquettes, de différentes couleurs, jaune citron et bleus.

A La Feuilleraie, il venait régulièrement, même plus que je ne le voulais. Il arrivait et, quand il savait que j'avais des amis à déjeuner ou à dîner, il se rendait dans un petit bistrot du village, où il m'écrivait des lettres de dix, quinze pages. Des lettres d'amour comme je n'en ai jamais reçu de ma vie.

Le parc était merveilleux. Les lilas poussaient de partout. Mais je me sentais encore seule. La floraison du printemps après les grandes pluies, les vergers chargés de fruits, le parfum des lilas et le silence du parc lamartinien réclamaient des amoureux sur ses bancs couverts de mousse.

Une fidèle vieille fille m'accompagnait partout, tantôt comme cuisinière, tantôt comme la petite mère de mes larmes. J'avais aussi un ménage de vieux jardiniers, Monsieur et Madame Jules, mais je manquais de jeunesse. Je demandai à la fille de ma couturière de venir vivre à La Feuilleraie. Elle était russe, très jolie, et gagnait péniblement 50 francs par semaine à Paris, courbée toute la journée sur des robes magnifiques que d'autres porteraient. Je lui offris le même salaire pour s'installer dans mon parc, aimer les fleurs, ranger mes mouchoirs et choisir de jolies robes et des chapeaux. Elle s'appelait Véra, elle avait à peine vingt ans. Très vite, elle devint la jeune fille de La Feuilleraie... Elle aimait grimper aux arbres, faire des rempotages dans la serre, cultiver des fleurs étranges, de l'orchidée noire à la rose de Chine.

Véra commençait à m'aimer comme une sœur. Elle s'occupa avec dévouement de chèvres, de canards, de lapins, de bourriques et même de la grosse vache qui devait bientôt nous donner du lait. Elle attendait l'accouchement avec inquiétude. Elle avait nommé la vache Natacha.

Elle me posait des questions sur mon enfance, auxquelles je répondais évasivement car elle croyait que j'avais toujours vécu à La Feuilleraie. Je la laissais rêver. Elle s'habillait d'une façon étrange, tantôt en patineuse russe ou en Circassienne, tantôt en Indienne...

Un jour qu'elle avait bu un peu plus de champagne qu'à l'accoutumée, parce que c'était son anniversaire, elle crut bon d'insister :

— Mais pourquoi votre mari ne vient-il pas vous voir ? Et vous, n'allez-vous jamais lui rendre visite à Paris ?

C'était une grave question. Un problème que je ne pouvais pas même m'expliquer. Il était convenu entre mon mari et moi qu'il habiterait à Paris et moi ici. La réponse n'était pas gaie. Et j'exprimai peut-être sans réfléchir la vérité à Véra :

— Véra, je n'y ai pas pensé. Je pourrais lui rendre visite un jour...

— Allons chez lui, dit-elle violemment, je voudrais voir son appartement, je voudrais voir comment il vit, quels meubles il a, dans quel quartier il habite. Voir ses domestiques.

Nous fûmes interrompues par la subite apparition de Tonio, qui arrivait à moto avec un camarade. Il avait pris l'habitude de ces visites inattendues et répétées, car il connaissait la bonne humeur de ma cuisinière et le plaisir que nous avions, Véra et moi, à l'accueillir pour le déjeuner, même si nous étions déjà au dessert.

Notre table, ce jour-là, était couverte de myosotis. Véra avait tenu, pour sa fête, à ce que la table fût un parterre de fleurs bleues. Il y avait son nom, Véra, et le mien, formés avec des violettes mauve foncé, et un cœur au milieu duquel elle avait posé un petit avion en métal.

Tonio cria en nous voyant :

— Dieu, que vous êtes belles !

Son ami l'avait rejoint à la porte de la salle à manger et je ne sais pour quelle raison il l'empêcha de pénétrer dans l'intimité de notre déjeuner et lui donna brusquement congé :

— Je regrette, vieux, ma femme a fini de déjeuner, je te remercie pour la moto. Moi je reste l'après-midi ici.

Il avait l'air d'un seigneur arabe et dans ses yeux noirs brillait une lueur singulière qui nous faisait trembler.

Je ne lui demandai pas pourquoi il avait écarté son camarade. Peut-être voulait-il cette fête de myosotis pour lui tout seul. Il s'assit à table comme s'il avait la propriété de tout ce qui était parfumé autour de lui.

— Mes enfants, vous mangez des fleurs, dit-il, c'est bon les fleurs !

— C'est Véra qui a préparé cette merveilleuse table pour ses vingt ans. Nous sommes seules, et tu sais que je vais travailler ce soir. Tu es le bienvenu à son anniversaire. Véra me parlait justement de toi : elle se demandait comment était ton appartement à Paris.

Son visage se ferma. Il baissa les yeux et, de sa main droite, mit des violettes dans son assiette comme pour parfumer le riz qu'il mangeait. Jules arriva à propos avec son cadeau pour Véra. C'était une petite tortue ; sa femme et lui avaient passé plusieurs jours à peindre la carapace en argent. Le nom de Véra était inscrit sur le dos de la pauvre bête en minuscules lettres d'or. Il nous présenta la tortue dans un grand coquillage. Tonio jouait au sommelier et nous grisait de plus en plus. Nous voyions la taille d'arbre de mon géant de mari se déplacer à travers la salle à manger, faire la danse du conquérant...

— Vous êtes heureuse, ici, Consuelo. C'est merveilleux la lumière de cette pièce. Regardez par la fenêtre cette pelouse, ces couleurs, c'est comme un rêve, vous êtes toutes les deux ici des princesses de contes enchantés.

— Pourquoi n'habitez pas avec nous ? demanda Véra. Nous avons quantité de chambres, vous en trouverez sûrement une à votre goût. Chaque jour, vous aurez une fête de fleurs sur la table. Je vous le promets.

— Merci, Véra, allons boire le café dans le petit pavillon.

— Mais Madame Jules nous attend ici, dis-je. C'est elle qui offre le café et un gâteau surprise pour fêter Véra.

Nous traversâmes malgré tout les allées de lilas en fleur tout en nous jetant de petites branches sur les cheveux, en cueillant des cerises qui gonflaient nos joues car nous en mettions des poignées dans notre bouche.

Véra et Tonio restèrent accrochés au tronc d'un vieux cerisier. Ils se regardaient les yeux dans les yeux comme de jeunes animaux qui s'aiment subitement et veulent se le prouver dans la minute... Je les laissai s'échanger leurs regards pleins de désir, me disant bien sagement que, dans les harems, le sultan comble plusieurs femmes tour à tour. C'était le tour de Véra.

Devant le gâteau de Madame Jules, nous nous tenions sages comme au catéchisme. Tonio était gêné par le désir qu'éprouvait cette jeune fille à demi vêtue qui s'offrait littéralement à lui. Elle lui touchait la main timidement, comme on touche la tige d'une fleur rare. Madame Jules était surprise. La vieille jardinière savait ce que cela signifiait. Lui ne mangeait pas son gâteau et ne buvait pas son café. Moi, j'étais en peine pour la vieille femme, qui, à son tour, s'inquiétait pour moi et versait des larmes maternelles en me regardant.

Je parlais très fort :

— Mais, Tonio, pourquoi ne mangez-vous pas votre gâteau ? Buvez votre café chaud. Si Véra vous caresse la main, c'est bien, mais ne peinez pas Madame Jules ni moi. Soyez gai, je ne vous ai rien fait de mal. Goûtez ce gâteau, buvez ce café, il est très bon.

Les deux « enfants » se réveillèrent et Tonio murmura :

— Oui, pardon, ma femme.

Il repoussa la main de Véra et commença à manger le gâteau de la jardinière...

Véra était mélancolique depuis le jour de ses vingt ans, je la sentais amoureuse de Tonio. Lui avait espacé ses visites à La Feuilleraie. Véra était ma seule amie, ma seule compagne, et, pour lui, elle n'était qu'une enfant qui avait voulu s'amuser une heure. Il ne désira pas détruire cette paix et cet équilibre que si péniblement, j'étais arrivée à réaliser au milieu de la poésie de La Feuilleraie.

Les semaines passèrent. Un jour Tonio tomba malade. Fièvre, torpeur. Après plusieurs jours, le docteur s'inquiéta car la fièvre était montée à 41 degrés. Il me prévint que cela pouvait devenir dangereux, mortel même, le cœur de Tonio ayant été éprouvé par des accidents d'avion. Il ne pourrait pas lutter contre la fièvre si elle persistait.

Véra téléphonait tous les quarts d'heure pour avoir de ses nouvelles. Mon mari lui répondait brutalement :

— Je veux parler à ma femme.

— Pourquoi n'allons-nous pas le voir ? me proposa enfin Véra. Il est vraiment très malade.

Elle avait toujours autant envie de connaître son appartement. Il n'y a rien de plus curieux et de plus tenace qu'une jeune fille, amoureuse de surcroît. Mollement, je lui répondis :

— Oui, Véra, vous avez raison. Je devrais peut-être aller le soigner dans sa garçonnière.

— Nous le ramènerons à La Feuilleraie, nous le soignerons ici. C'est votre mari, après tout, vous avez le droit et l'obligation de le soigner.

Elle était jeune. Elle ne connaissait rien aux scènes de ménage, aux ruptures, aux pactes de silence quand les maris ne sont plus fidèles ni amoureux. Véra, avec son insouciance de jeune fille, avait préparé un énorme bouquet d'aubépines qui entrait à peine dans le coffre de la voiture et, ainsi fleuries, portant des fruits frais dans un panier, nous partîmes rendre visite à Tonio chez lui.

L'accoutrement de Véra était celui d'une paysanne russe. Elle pouvait à peine entrer dans l'ascenseur de la maison de Tonio à Auteuil. Je crus mourir en sonnant pour la première fois à la porte de mon mari. Véra éternuait à cause du parfum des roses sauvages dont elle était chargée. Une bonne vint nous ouvrir. Le grand bouquet entra le premier, et les branches d'aubépine la repoussèrent à l'intérieur d'une pièce, livrant ainsi l'accès d'un petit corridor où Véra s'élança.

— C'est ici, dit-elle, en poussant de son bouquet une porte entrouverte derrière laquelle on entendait des voix.

Une porte se referma violemment et je vis dépasser la jupe d'une femme habillée en vert qui s'était cachée dans la salle de bains. Mon mari était rouge de fièvre et hurlait de colère.

— Consuelo, ma femme, qui vous a demandé de venir ici ? Allez-vous-en, ce n'est pas votre place !

Le morceau de jupe verte s'agitait. Le tout était d'un tragi-comique tel que les clowns mêmes ne pourraient le traduire dans leurs pantomimes. Véra avait posé son grand bouquet à terre. Elle était pâle, hagarde, confuse de voir une femme cachée dans une salle de bains. Si je ne l'avais pas retenue, elle se serait cachée aussi. Tonio criait :

— Allez-vous-en, allez-vous-en. Je ne veux pas de visites.

Je pris doucement son pouls. Il se laissa faire en me disant :

— Je veux mourir, je n'aime pas les complications. Ma femme, partez, je vous en conjure...

Et il désignait le jupon vert qui s'agitait comme un drapeau.

— Je suis inquiète pour toi, rien d'autre ne compte. J'ai seulement pensé à ta santé, calme-toi, rassure-toi, nous allons partir. Je suis venue te soigner, parce que tu es bien malade. C'est la première fois que je viens chez toi, et je suis mise à la porte. Mais tu as tellement de fièvre, tu ne sais pas ce que tu fais...

— Je ne t'ai jamais reçue avec des cris pareils pour te chasser !

Nous pleurions tous les deux et Véra sanglotait en nous regardant.

— Vous êtes un monstre, cria-t-elle. Si vous saviez tout le mal que j'ai eu à faire ce gros bouquet. A vous le porter jusqu'ici. C'est moi qui ai conseillé à votre femme ce voyage.

Je la poussai dehors et Véra comprit, je crois, qu'il ne

suffit pas d'être jolie pour entrer et rester dans la vie d'un homme.

Le lendemain de cette mésaventure, mon mari m'appela. Il se plaignait des nuits d'insomnie mais, disait-il, ces fleurs et ces fruits de La Feuilleraie lui avaient apporté le printemps tout entier, sa fièvre s'améliorait et il me suppliait de prendre une tasse de thé au bord de son lit, sans Véra.

Notre entretien fut très court. Je ne voulais pas rester longtemps. J'avais peur de subir de nouveau la scène de la veille. Sa bonne me regardait de la tête aux pieds. Le thé était mauvais, mais je le bus pour me donner une contenance. Mon mari renversa la théière sur mes vêtements. Il voulut que je passe dans la salle de bains pour sécher ma robe, mais je refusai d'entrer dans la pièce où, la veille, s'était cachée une femme en jupe vert épinard !

Le dimanche, il me rendit visite avec son chien et, comme j'allais à mon travail tard dans la nuit, par n'importe quel temps, je lui demandai si nous partions ensemble.

— Si vous le permettez, je resterai à La Feuilleraie. Mais je voudrais être seul. J'ai besoin de calme, de réfléchir à nous deux. Emmenez votre gouvernante avec vous, je n'ai pas besoin d'être assisté...

A mon retour, il était couché dans mon lit, comme autrefois. J'étais surprise, mais je ne marquai aucun étonnement. Je lui racontai mon programme de radio, et je choisis, pour me rassurer, de coucher dans la chambre de Véra.

Le lendemain, mon mari déclara qu'il ne pouvait pas bouger du lit, qu'il lui était impossible de se lever, qu'il fallait qu'un homme, le jardinier par exemple, l'aide à se mettre debout. Véra me chuchota à l'oreille que si les domestiques savaient qu'il avait passé une nuit dans ma chambre, je n'aurais plus le droit de demander un divorce.

Car cette idée de divorce commençait à me trotter dans la tête. Tonio le savait et il m'avoua ensuite qu'il avait prévu exprès un témoin pour que le divorce éventuel ne puisse avoir lieu parce qu'il avait bel et bien couché dans mes appartements !

Après cette petite mise en scène, Tonio demanda à mon jardinier d'aller lui chercher un banc jaune dans le jardin pour le mettre en face de la fenêtre. Je ris car la chambre avait des fauteuils confortables. Mais il voulait absolument un banc de jardin. Jules et sa femme le transportèrent donc. Tonio leur annonça alors que cette chambre serait désormais la sienne et qu'il tenait à ce que personne ne s'assoie sur ce banc. Ce serait « le banc Antoine de Saint-Exupéry ».

Il passa sa journée dans le poulailler, se promena dans le potager, parla de tomates avec Jules. Il partit le soir, en emportant des œufs, des fruits et des fleurs.

A cette époque, il m'arrivait d'interviewer des hommes célèbres à la radio. Je commençai la série prévue par mon ami Léon-Paul Fargue. J'invitai ensuite... Antoine de Saint-Exupéry !

Il répondit à Radio-Paris qu'il acceptait pour un cachet de 3 000 francs. Il ajouta qu'il parlait mal espagnol. Mais qu'il dirait cependant quelques phrases dans cette langue.

On annonça mon invité. Je fis entrer mon mari une minute avant que la lumière rouge du studio ne s'allume. Il me reconnut et s'exclama à haute voix :

— Qu'est-ce que tu fais ici ?

— Silence, monsieur, dans une minute, le monde entier vous écoutera. Voilà votre questionnaire en deux langues. Je l'ai bien préparé. Lisez lentement, je pose les questions et vous répondez.

— Mais quoi ?

— Silence. Comment avez-vous appris l'espagnol ?

— A Buenos Aires, avec mes pilotes.

Il parlait sans s'arrêter, faisant à la fois les questions et les réponses. Je lui enlevai le micro au bout de quelques instants, m'exprimant à mon tour en espagnol : « Vous avez entendu le célèbre aviateur, votre ami, Antoine de Saint-Exupéry. Il est habillé en gris clair, et très ému de parler espagnol. Il s'excuse de son fort accent, mais c'est un contrat entre les Français et les Espagnols, un contrat inviolable. Les Espagnols rouleront toujours les *r*, et les Français ne pourront jamais prononcer le *j*. Monsieur de Saint-Exupéry va encore dire au revoir en espagnol ! »

Il était comme fou et me regarda, désemparé.

— Bonne nuit...

— Au suivant, maintenant...

Ma secrétaire poussa Tonio dehors par les épaules tandis qu'Agnès Capri commençait à chanter.

Tonio revint dans la nuit me chercher à mon bureau :

— Madame de Saint-Exupéry, s'il vous plaît, demanda-t-il à une secrétaire.

— Cette dame ne travaille pas chez nous.

— Mais si, elle parle en espagnol...

— Mais non, monsieur, la dame qui dirige les programmes espagnols s'appelle Madame Consuelo Carrillo.

— Merci. C'est la même. Où est-elle ?

— Elle va sortir bientôt. C'est le jour de sa fête et nous devons l'accompagner chez elle en banlieue. Vous savez peut-être que son mari est un grand aviateur, mais elle habite seule à la campagne. A Jarcy, une grande maison qui s'appelle La Feuilleraie. Et nous y allons tous ce soir.

— Mais où est-elle ?

— La voici. Madame Gómez, madame Gómez, une visite pour vous.

— Merci.

Et se tournant vers Tonio :

— Venez avec nous dans le camion. Nous serons une vingtaine. Nous allons pendre la crémaillère à La Feuilleraie.

Il vint. Mais personne ne sut que ce monsieur était mon mari...

Au cours de la fête, on lui raconta une jolie histoire qui m'était arrivée. C'était l'histoire de la cueillette des roses sur le chemin de Paris à La Feuilleraie.

— Madame Gómez passe sur cette route tous les soirs après son travail, lui dit un convive. Elle a forcément fait la connaissance des cultivateurs de roses. Un soir de gelée, Madame Gómez a vu que ses amis les cultivateurs pleuraient, tout en émoi. Car la gelée était en train de tuer les roses. La même nuit, elle se fit apporter des dizaines de grands draps de lin brodés de couronnes. On dit que ces draps lui venaient de l'héritage de son mari qui est noble, un comte je crois, en tout cas qui descend d'une grande famille. Vous imaginez, des draps blancs sur la terre. En pleine nuit, elle a ranimé l'espoir des planteurs de roses. Ils se sont remis au travail. Elle-même s'y est jointe et, avec eux, elle a bâti une immense tente blanche comme de la neige, pour sauver les roses. Le lendemain, nous sommes tous allés aider. Chacun, monsieur, apportait un morceau de toile d'emballage, des papiers de journaux, et c'était une vraie foire sous les « tentes ». On marchait à quatre pattes, on allumait de petits feux, et, monsieur, c'était un vrai miracle, la récolte des roses fut sauvée. Il faut dire que le ciel les a aidés. Le froid s'est calmé et les roses ont pu survivre. Bien entendu ces draps sont devenus des loques, mais l'amour des cultivateurs de roses pour Madame de La Feuilleraie, je veux dire Madame Gómez, ça, croyez-moi, monsieur, c'est bien plus beau encore que mille draps, même brodés de couronnes. Ils sont venus plusieurs jours à La Feuilleraie pour lui donner un coup de main au verger, au potager. Ils taillaient les joncs. Vous comprenez, monsieur, les bras qui ne sont pas payés, les bras de l'amitié, de l'amour pour la terre, ça, c'est bien plus précieux que le reste. Et tout a fleuri à La Feuilleraie. Si ça vous intéresse, je vous donne les chiffres exacts. Il y a eu 800 kilos de poires récoltées dans le verger, qui ont été vendues au marché...

» Elle aime les roses, Madame Gómez, elle aime les sauver, elle est une rose elle-même.

21

« Je vous promets de vous revenir... »

Les quarante-cinq kilomètres que je faisais tous les jours pour me rendre à Paris, en passant par le bois de Vincennes, étaient devenus pour moi une heureuse habitude. Je trouvais sur mon chemin ces immenses champs de betteraves, de légumes appétissants qui entrent la nuit à Paris pour être distribués au petit matin aux Halles. Mais ce trafic devenait de plus en plus intense, il se passait quelque chose d'insolite pour tous ces braves paysans qui apportaient leurs récoltes. Je devinais et partageais leurs inquiétudes. On parlait de mobilisation et de guerre. La France allait bientôt se battre. Nous, les Parisiens, nous tenions à la paix coûte que coûte, nous ne voulions pas entendre parler de guerre, personne ne la souhaitait, mais elle était déjà à quelques centaines de kilomètres de nous... Notre seul remède était de feindre encore, d'ignorer la rumeur et de vivre en paix, ces derniers jours ensoleillés du printemps 1940.

Tonio s'invitait toujours à déjeuner à La Feuilleraie. C'était le seul repas que je prenais à la maison, parmi mes chiens et mes bons amis les jardiniers, Jules et sa femme. Jules me servait de sommelier et savait verser soigneusement aussi bien les vins rosés que le champagne, sans laisser une seule goutte tomber sur la nappe qui recouvrait la table légendaire de La Feuilleraie. Mon mari était déjà en uniforme, les aviateurs avaient été mobilisés bien qu'ils n'eussent pas d'avion. Ils étaient cependant prêts pour cette guerre qui s'annonçait plutôt comme une comédie et une boucherie puisqu'ils ne disposaient d'aucun matériel en face d'un peuple surarmé...

Les mois passèrent vite. Nous évitions d'évoquer la guerre, nous parlions plutôt des aubépines en fleur, des confitures à mettre en pots, ou du pavillon de chasse qu'il faudrait repeindre.

J'annonçai un jour à Tonio que j'allais consacrer toutes mes économies à l'achat de graines pour nourrir mes poules et les autres animaux.

— Je vais aussi transformer le court de tennis en poulailler pour augmenter la production. Et utiliser le bassin pour en faire une « canarderie ».

Je passais mes après-midi à rapporter dans ma voiture d'énormes sacs de grain achetés par-ci par-là, car déjà les paysans agissaient comme moi et commençaient à cacher ce qu'ils avaient.

Puis la France entra en guerre. Elle fut défaite en un éclair. Ma mère, qui était à San Salvador, m'ordonna par télégraphe de quitter l'Europe le plus vite possible et de rentrer à la maison comme une petite fille bien obéissante.

Je mis mon mari au courant de ce télégramme. Il me supplia pour la première fois, comme un enfant en larmes, de rester en France quoi qu'il arrive. Je ne devais pas l'abandonner, si je partais, il se sentirait sans aucune protection et se ferait descendre à la première mission. Il ne tiendrait plus à la vie.

Je promis ce qu'il désirait. Mais comme il était déjà presque impossible d'atteindre Radio-Paris par les routes, je décidai d'habiter la capitale pour pouvoir continuer à travailler. Tonio me persuada de renoncer à la radio et de rester à La Feuilleraie, à nourrir mes lapins et à faire des confitures. J'acceptai car l'aérodrome de Tonio n'était pas loin de la propriété et souvent il venait s'y reposer un ou deux jours par semaine, près de moi. Malgré cette vie instable, nous eûmes quelques jours de bonheur parmi l'océan de feuilles et de roses de La Feuilleraie.

Les Allemands bombardèrent la petite gare de Jarcy, à un kilomètre de la maison. Plusieurs wagons d'un train sautèrent et ma cuisinière devint folle de peur. Le valet de chambre dut s'engager, et Monsieur et Madame Jules restèrent seuls à me tenir compagnie.

Un lundi, je crois bien que c'était le 10 juin, mon mari arriva à la maison très agité.

— Il faut partir dans cinq minutes, me dit-il.

— Où ?

— N'importe où. Ce n'est pas grave, prends une petite valise, juste de quoi passer la nuit. Tu reviendras bientôt chez toi. Je l'espère. Mais je ne veux pas que tu restes seule ici. Les Allemands seront bientôt à Paris. Tu les entends déjà...

— Oui, je les entends, surtout la nuit. L'autre jour, nous avons vu des avions qui se battaient juste au-dessus de la lisière de la propriété.

— Dépêche-toi, tu partiras dans la petite Peugeot. Il faut que tu emportes autant d'essence que tu peux, pour aller le plus loin possible, je pense que le plus sage est de te rendre à Pau.

— A Pau ? Mais je ne connais personne là-bas.

— Aucune importance. Tu connaîtras des gens bien assez vite. On évacue à Pau tout l'or de la France dans des camions blindés. Tu en suivras un et tu ne le quitteras pas car les Allemands ne bombarderont jamais l'or de la France. Ils sont renseignés et savent qu'il va être mis en lieu sûr. Ainsi sauront-ils où le trouver après les négociations. C'est leur intérêt que cet or soit bien gardé.

Je partis donc en voiture. Je tremblais de peur et de froid.

— Je t'en prie, pas de larmes, répétait-il. Tu auras le temps de pleurer plus tard. Si tu veux avoir de mes nouvelles, il faut que tu sois en zone libre. Si tu restes à Paris, tu ne recevras jamais rien, même si je suis mort.

Je me demande encore par quel sursaut d'énergie, par quelle mystérieuse intuition j'ai suivi son conseil et, comme une somnambule, je me suis mise en route pour Pau.

Je le quittai les yeux fermés, pour mieux garder dans mon souvenir la mémoire de son visage, de son parfum, de sa chair. Nous prîmes deux directions opposées. Gréco, mon chien favori, me suivit pendant quelques kilomètres en courant derrière la voiture mais la soif et la fatigue le découragèrent et bientôt je le perdis de vue lui aussi.

J'arrivai à Paris mais ne pus continuer ma route sans m'installer une dernière fois à une terrasse de café où j'avais l'habitude de m'asseoir. Aux Deux Magots, les tables étaient occupées comme toujours, et tout le monde parlait de quitter Paris. Evacuer, évacuer Paris, tel était l'ordre.

Une colère sourde montait en moi. Pourquoi fuir ? Pourquoi laisser sa maison à des ennemis ? Pourquoi ne pas leur tenir tête ? Même d'un regard ? Ah ! Je trouvais cet ordre bien peu sage. En ce qui me concernait, c'était différent. Si je voulais recevoir des nouvelles de mon amour, je devais aller à Pau. J'étais incapable de renoncer à savoir ce qu'il deviendrait dans cette mêlée où tout son groupe était éparpillé.

En une minute, j'avais perdu ma maison, mon mari, et ce pays d'adoption que j'aimais et respectais. Je sentais comme un goût de cendre dans la bouche et rien, pas même l'alcool, ne calmait en moi la honte de la défaite. C'était la première fois que je fuyais. Une drôle de sensation. On s'éloigne de l'ennemi, on court n'importe où, et on a l'impression d'être plus encore en danger. A mon tour, j'étais envahie par cette panique éprouvée par les quarante millions de Français ayant reçu l'ordre d'évacuer leurs maisons, leurs villages bien-aimés, de tourner en rond comme des animaux en épuisant leur dernière énergie, sans se douter que leur vitalité, leur résistance les quittaient.

J'allais donc à Pau. Pour recevoir une lettre de l'homme que j'aimais. Je me serais volontiers arrêtée n'importe où. Volontiers j'aurais ri devant un Allemand qui m'aurait ensuite fusillée contre un arbre. Je n'éprouvais que de la peur devant ces hommes, ces pauvres Français autrefois vainqueurs et qui aujourd'hui fuyaient, comme un troupeau de moutons sans berger, dans les rues, au hasard, sans étoile pour les guider.

Il m'était impossible de penser dans ce tumulte aux bombardements que les Allemands lançaient sur cette chaîne interminable d'êtres humains qui se déversaient sur les campagnes et les chemins de France. Chacun croyait qu'il allait quelque part mais, s'il avait réfléchi une minute, il se serait arrêté n'importe où parce qu'il était illusoire qu'en se déplaçant par millions les gens trouvent ailleurs de quoi se loger et se nourrir. Mais ils continuaient à se pousser les uns contre les autres, comme du bétail qu'on mène à l'abattoir. On entendait mugir ceux qui tombaient sous les bombes des avions qui nous mitraillaient presque à bout portant. Seuls les camions blindés convoyant l'or étaient épargnés... Tonio avait raison...

J'arrivai à me glisser entre deux de ces camions blindés. Dans la nuit, nous recevions l'ordre de nous mettre sous nos voitures, d'éteindre nos feux de position qu'on avait déjà peints en bleu ou en gris afin de ne pas être visibles à un mètre...

Nous nous habituions à voir dans le noir. La fuite dura pour moi cinq jours. Quand j'eus la possibilité d'aller au premier bureau de poste, je demandai si je pouvais envoyer un télégramme à mon mari. Après avoir été questionnée longuement et avoir montré mes papiers, après avoir répété et écrit sur plusieurs formulaires le nom de mon mari, avec son grade de capitaine dans l'armée française, après avoir bien précisé le nom de son escadrille, je fus enfin autorisée à lui adresser un télégramme, sans aucune garantie qu'il le reçoive. Mais je saisis cette faible chance, j'avais besoin d'écrire son nom sur un formulaire, avec des larmes plutôt qu'avec de l'encre. Je fis ensuite une halte dans un village pour écrire une lettre.

J'arrivai enfin à Pau. Mon point de chute était prévu. On m'attendait. Le lendemain, je me rendis au bureau de poste. C'était comme un devoir religieux que j'accomplissais : j'irais tous les jours au bureau de poste où j'attendrais des nouvelles de Tonio. Puisque le ciel m'avait permis de parcourir la distance de La Feuilleraie à Pau, ce même ciel m'enverrait un message. Des centaines de personnes attendaient au bureau comme moi dans l'espoir d'y trouver une lettre. Dans ce flot d'êtres disséminés, éloignés de tout ce qui leur était cher, on faisait connaissance. On n'était pas fier de raconter sa fuite, sa défaite, ni cet espoir larmoyant qui vous faisait réclamer au guichet la lettre qui, de nouveau, vous rattacherait à des êtres aimés.

Je me rappelais vaguement, comme on entend le cri de quelqu'un qui se noie, les quelques mots que Tonio m'avait dits avant notre séparation : « Monsieur Pose, le directeur de la Banque de France, est un ami, rappelez-vous ce nom : Pose, comme Pau. Vous irez au guichet de la Banque pour lui demander de vous secourir si vous perdez votre argent. Il nous connaît. Je suis sûr qu'il vous aidera. » Je courus à la Banque de Monsieur Pose et je criai aux fenêtres : « Monsieur Pose, Monsieur Pose, Monsieur Pose ! » Un employé me demanda ce que je voulais.

— Je voudrais simplement voir Monsieur Pose. Je suis Madame la comtesse de Saint-Exupéry.

— Il est en conférence, madame. Il m'a dit de vous

aider, il a eu un message de votre époux. Que voulez-vous ? Que désirez-vous ?

— Une chambre car je ne trouve rien. Je ne peux pas rester chez les gens qui m'ont hébergée. J'ai essayé tous les hôtels.

Il a prié un employé de m'accompagner. Le gouvernement avait réquisitionné chez les particuliers des chambres plus ou moins confortables, mansardées et froides, sans eau courante. Mais je fus bien heureuse de trouver un lit chez une femme du pays, qui me fit dormir dans la même chambre qu'un soldat et une vieille.

Le séjour dans cette mansarde était pénible mais encore plus pénible l'attente des nouvelles de Tonio, parti se battre en Afrique du Nord. Je ne savais pas à quel saint me vouer pour obtenir de ses nouvelles et je passais de l'inquiétude à la résignation, puis à la patience pour supporter cette épreuve.

Un jour comme les autres, j'étais au bureau de poste, attendant mon tour parmi des centaines de personnes désemparées qui avaient pris place depuis 7 heures du matin devant les guichets. L'employée qui me connaissait m'adressait quelquefois un signe de la main pour me signifier qu'il n'y avait rien. Ce jour-là, j'entendis sa voix : « Une lettre pour Madame de Saint-Exupéry. » Ma joie fut celle que j'aurais éprouvée si une étoile filante s'était arrêtée au milieu de sa course. Le soleil brillait pour moi seule à côté de ces visages solitaires et blafards qui attendaient leur lettre jour après jour.

Une vieille dame me prit par le bras et, passant avant mon tour, je reçus l'enveloppe. Les yeux autour de moi s'accrochaient à mes vêtements, à mes pieds, à mon visage. Leur envie était si forte que je tombai, évanouie, sur les dalles de marbre de la poste. Toute la file errante se précipita pour me relever mais en réalité chacun voulait au moins regarder l'écriture de la lettre que je serrais contre ma poitrine comme si on avait voulu me l'arracher.

La vieille dame qui m'avait conduite au guichet m'aida à descendre l'escalier et m'accompagna dans un café proche. Elle avait ajusté ses lunettes et me conseillait de rester calme, de réfléchir avant de l'ouvrir.

— J'irai avec vous à l'église pour remercier le ciel. Maintenant lisez votre lettre, mon enfant, ajouta-t-elle, très émue.

J'avais reconnu l'écriture de Tonio, mais il m'était impossible de voir clair. Je ne savais plus lire, j'étais devenue aveugle, des lumières de toutes les couleurs dansaient devant mes paupières et je fus en proie à une crise de larmes. La vieille dame prit la lettre et me dit qu'il était bien arrivé en Afrique, qu'il avait envoyé cette lettre par le seul et unique courrier qui partait en France. Que c'était le dernier avion militaire qui communiquerait entre l'Afrique et la France. « Je vous avais promis de mes nouvelles », disait-il. Il me promettait de me revenir et de ne jamais plus me quitter.

Nous restâmes tard dans la soirée assises à l'église, le seul endroit où l'on pouvait encore se reposer, car la ville contenait dix fois plus d'habitants qu'en temps normal. Quand la vieille femme m'eut quittée, je me demandai pourquoi je ne lui avais pas même réclamé son nom et son adresse. C'était trop tard, elle avait maintenant disparu dans la foule.

Je riais toute seule, je psalmodiais le nom de Tonio, je caressais cette lettre comme j'aurais caressé mon enfant. Je décidai de choisir un bon restaurant pour prendre enfin un vrai repas. J'étais remplie de courage. Depuis que j'avais quitté la maison de mes hôtes, je n'avais pas eu l'occasion de me mettre à table, car les restaurants, bien qu'ils fissent trois services, ne laissaient pas à une personne seule la chance de trouver une table. Mais j'étais décidée, ce soir, à m'asseoir devant une nappe blanche et à savourer le repas qui me ferait attendre sagement mon époux.

Il me reviendrait... Il me reviendrait... Et il me disait

qu'il ne me quitterait plus jamais. Dieu me comblait. Son amour m'était rendu, je me sentais bénie au milieu de la multitude, j'aurais voulu rendre grâces à Dieu en public. J'avais eu du mal à maîtriser ma joie et je marchais en zigzaguant le long des trottoirs dans la rue principale de Pau. La lumière blafarde, bleu électrique, du black-out, m'indiqua un restaurant.

Il y avait une kyrielle de têtes affamées qui se poussaient les unes contre les autres et s'engouffraient dans la porte du restaurant. A mon tour, j'entrai dans le bar. La fumée, la lumière, l'odeur de la cuisine et de ce public manquè-rent de me donner la nausée, mais j'étais affamée depuis quelques jours, me nourrissant de pain sec et de fromage acheté chez les paysans, sans même d'eau fraîche dans un verre...

Un homme d'âge moyen, habillé de gris avec une cra-vate de mille couleurs, me demanda avec malice si j'étais seule. Je lui répondis :

— Vous qui êtes assis au bar, voulez-vous me donner un porto ? Double. C'est moi qui le paierai.

Il sourit, commanda le porto double et me dit :

— Je vous l'offre, mademoiselle. Je suis seul. A deux, c'est plus facile d'obtenir une table. Je suis de Pau et je connais le maître d'hôtel, il nous donnera une table au deuxième service. Prenez mon tabouret au bar.

Il m'attrapa par la taille plus affectueusement qu'un ami et me hissa sur le tabouret. Je commençai à savourer mon porto, songeant au ciel d'Afrique qui protégeait mon mari. J'oubliais le monsieur en gris qui avait touché si familièrement mon bras nu. Il insista pour que je reprenne un porto. J'acceptai et nous continuâmes à boire. Je l'entendais me raconter qu'il faisait fortune en vendant de vieilles cravates, que jamais en temps de paix il n'aurait pu les vendre dans sa boutique et que les affaires marchaient très bien...

J'étais trop heureuse pour me choquer de sa familiarité.

Depuis que j'avais quitté Paris, c'était le premier restaurant où j'allais enfin dîner. Il fallait recommencer à vivre. Je regardais les têtes. Peut-être un visage ami se manifesterait-il parmi les clients ? Des têtes et des têtes passaient sans que je n'en reconnaisse une. Mes épaules tombèrent. Je me courbai sur ce comptoir, commandant tous les quarts d'heure un nouveau porto. J'avais ma lettre talisman contre mon cœur, donc peur de rien.

Des bras pesants, musclés, me saisirent et je perçus un cri :

— Consuelo, Consuelo, c'est toi ? Viens avec nous.

— Consuelo, depuis quand es-tu là ? disait une autre voix.

Bientôt je fus assise devant la nappe blanche dont j'avais rêvé, entourée de trois vieux camarades de Tonio, de trois amis soldats qui avaient risqué leur vie dans cette guerre. Un capitaine, deux commandants, tous les trois blessés, deux à la jambe, l'autre au bras. Ils étaient bandés et marchaient avec des cannes. Grâce à cela, nous obtînmes un meilleur service et un meilleur repas que le reste de la clientèle. Je me rendis compte que j'avais abandonné mon vieux monsieur gris sans autre commentaire. Aucun de ces trois hommes ne savait ce qu'étaient devenues leurs femmes après l'évacuation de Paris. Aucune communication n'était autorisée et ils devaient rester à l'hôpital pour soigner leurs blessures. Ils avaient d'abord été à Biarritz mais, les Allemands ayant envahi la ville, ils avaient pris la fuite vers Pau dans un vieux camion conduit par une infirmière qu'ils appelaient la « pucelle de Biarritz ».

Je bénissais le ciel de m'avoir envoyé de vrais amis. Nous pleurâmes en évoquant la défaite et, à la fin du repas, ils déclarèrent tous les trois en même temps :

— Tu viens avec nous. Nous avons des chambres dans un petit hôtel. Nous sommes cinq, avec toi, ça fera six. Les femmes ont des lits, les hommes couchent par terre.

Je les suivis comme l'animal qui trouve enfin une

caverne où se réfugier. Nous passâmes par la cour car les chambres étaient de petites mansardes sans draps et sans eau courante : des chambres de bonne.

Quand je fus remise de mes émotions, je leur proposai :

— Je vous emmène dans ma maison de campagne aux environs de Pau.

— Comment, tu as une maison près de Pau ? Une vraie maison ? A la campagne ? C'est trop beau, tu plaisantes ?

— Non, pas du tout. J'ai reçu aujourd'hui les premières nouvelles de mon mari. Je parcourais les rues jusqu'au garage où j'avais laissé ma voiture pour y cacher mon trésor, ma lettre. Imaginez-vous que j'avais encore dix litres d'essence. Ma voiture étant petite, avec dix litres j'avais une autonomie de cent kilomètres. Je me suis mise en route vers les champs, en haut d'une colline, où habitait une famille grecque de mes relations. Leur bonne m'a suggéré : « Pourquoi n'habitez-vous pas la campagne ? » Je n'ai pas de maison à la campagne. Ses parents pensait-elle me loueraient le Castel Napoli, la grande maison de la ferme, une bâtisse ancienne entourée de vastes puits d'eau potable et de figuiers. Je me suis rendue chez son père et, pour 1 000 francs par mois, j'ai loué cette maison afin que Tonio ait un coin où se reposer à son retour. Je vous emmène tous là-bas demain.

— Pas demain. Tout de suite ! Nous en avons assez de coucher par terre, s'écrièrent mes amis.

Comme une section d'infanterie, ils bouclèrent leurs sacoches et montèrent dans leur voiture. Ils avaient droit à un minimum d'essence, à titre de militaires et de blessés. Nous envahîmes le Castel Napoli. Chacun prit d'assaut une chambre et une vie de famille s'organisa dans la grande ferme. Des nouvelles arrivaient de temps à autre de soldats qui quittaient l'armée d'Afrique pour se rendre en Angleterre y continuer la guerre.

Mon attente à la poste s'était réduite parce que les militaires passaient les premiers. Mais je n'avais plus de nouvelles de Tonio.

Dans un café, nous apprîmes par un aviateur qu'il était déjà de retour en France. Je pense que depuis ce jour-là je suis devenue comme sourde. Comment ne m'avait-il pas prévenue ? C'était impossible. J'avais reçu une lettre, ma lettre, sa dernière lettre d'amour. Une lettre de fidélité. Il m'avait juré que s'il revenait vivant, il ne me quitterait plus jamais...

Je venais de passer trois mois dans une tranquillité parfaite avec mes amis militaires. L'un d'eux, comprenant mon chagrin, avait les larmes aux yeux. Le beau capitaine ne comprit pas le mal qu'il faisait car il déclencha un séisme et un torrent de larmes sur mon visage. Le commandant le questionna sur la démobilisation de mon mari et il lui donna tous les renseignements. Il ajouta qu'il croyait bien l'avoir entendu dire rejoignait sa famille à Agay dans le Var.

J'étais désespérée. Je pouvais à peine me lever, prise de fièvres et d'angoisses. Mes jambes fléchissaient comme celles d'un animal qui se couche dans un champ pour mourir. La mort seule pouvait me délivrer de cette fièvre de l'attente.

Quelques jours plus tard, je reçus un télégramme de mon mari, me donnant rendez-vous à l'hôtel Central de Pau. Je vins à ce rendez-vous comme une somnambule. Depuis l'instant où j'avais reçu ce message, mes amis épiaient tous mes gestes. Mon rendez-vous était aussi le leur. Ils étaient assis tous en cercle dans la cuisine de la ferme, me suppliant de revenir vite avec Tonio.

Il n'y avait aucun miroir dans la ferme Napoli, je ne pouvais pas me regarder. Eux me servirent de miroir et me donnèrent des conseils sur ma pauvre toilette, flétrie depuis ma fuite de Paris. Les femmes me prêtèrent un mouchoir, un peigne, une broche, et même un collier de perles.

Quand j'arrivai à l'hôtel Central, on me pria de la part

de mon mari de monter à la chambre 70. Un valet de chambre me guettait et me conduisit à la porte. Je frappai doucement. Une voix rauque hurla : « Vous pouvez entrer. » Le valet sursauta et se sauva sur la pointe des pieds non sans répéter :

— Entrez, entrez !

Je n'arrivais pas à tourner le bouton du bon côté. La voix de Tonio reprit :

— Je suis couché, tournez le bouton à droite, entrez donc.

Il était couché, en effet.

— J'ai éteint la lumière. Je suis près de dormir. Si tu veux, allume le lustre à gauche, près de la porte.

— Non, répondis-je, je n'ai pas besoin de lumière.

Je ne l'avais pas revu depuis La Feuilleraie. Il était allongé, le visage très pâle, réfugié contre l'oreiller, les yeux à demi fermés.

Je voulus l'embrasser. Je voulus le serrer dans mes bras, je voulus lui dire toute mon attente, tout mon amour... Il ferma les yeux, et murmura :

— Je voudrais tant dormir.

Alors je commençai à me déshabiller lentement. Il s'assit brusquement et m'arrêta, de la même voix rauque :

— Non, ce n'est pas la peine. Il est 1 heure du matin. Et je me lève à 3. J'ai un train à prendre. Je retourne à Agay. Alors, chérie...

— J'ai donc à peine le temps d'aller chercher mes affaires à la ferme Napoli ? suggérai-je naïvement.

— Non, je pars ensuite à Vichy. A mon retour, je vous verrai plus longtemps. Le plus sage est que vous retourniez chez vos amis maintenant.

Je lui expliquai faiblement qu'il n'y avait plus de taxi à cette heure, qu'il y avait une demi-heure de marche à pied dans les champs, et que le chemin était tout noir.

— Ecoutez-moi, me dit-il d'une voix grave, je vous conseille vraiment de rentrer.

Mon cœur se serra, toute ma flamme tombée subitement en cendres. Il ne me restait plus rien. Je fermai les yeux. Je ne savais pas s'il fallait crier ou pleurer. J'avais dans mon sac sa dernière lettre d'amour où il me disait qu'il ne me quitterait plus jamais... Je la sortis, la relus et la déposai sur son oreiller. Il la regarda, et sans un signe me laissa quitter la chambre et partir dans la nuit noire vers le Castel Napoli...

Mes amis étaient toujours assis en cercle devant la cheminée. Je rentrai comme une femme battue. Sans larmes ni espoir sur mon visage. Quelque chose de délabré, de brisé intérieurement se traduisait par un mouvement continu de ma tête de gauche à droite, comme quelqu'un qui a un tic et qui fait non, non, non, non.

J'avais revu Tonio. L'avais-je vraiment vu ? Ce n'était pas possible. « Non, non », faisait ma tête de gauche à droite, et de droite à gauche. Je m'approchai du feu, je ne regardais même pas les visages de mes amis, anxieux devant le tremblement qui descendait, lentement, dans mon corps tout entier.

Bientôt je pus dire très bas :

— Non, non.

— Quoi ? Quoi, non ? Dis-nous, Consuelo, ce qui t'arrive ? Et ton mari, l'as-tu vu ?

— Non, oui, non, non.

— Es-tu folle ? insista le commandant. Tu nous fais peur, explique-toi.

— Je n'ai rien à expliquer. Je ne sais pas, je l'ai vu quelques minutes. Il m'a dit qu'il voulait dormir, que je rentre me coucher, qu'il reviendra un jour me voir. Je ne lui ai même pas donné la main, et il ne m'a pas donné la sienne.

En prononçant cette phrase, je pus enfin pleurer dans les bras du commandant.

— Bon, bon, imagine-toi que tu ne l'as pas vu du tout. Bois ce verre de whisky.

C'était la bouteille que j'avais mendiée au marquis de Guatalmine pour Tonio. Le commandant l'avait trouvée, bien que je l'eusse cachée après avoir inscrit sur l'étiquette : « Pour Tonio ».

Il l'avait découverte et l'offrait à boire à tout le monde. Mais c'était bien ainsi. Je ne contins plus mes nerfs et me mis à rire très fort. Les femmes piquèrent une crise de fou rire devant leur impuissance à me consoler. On raviva le feu et, tard dans la nuit, le capitaine décoré de la Légion d'honneur chantait encore : « Il reviendra à Pâques ou à la Trinité ! »

Je ne bougeai pas de mon fauteuil et le soleil des Pyrénées me trouva assise devant le feu de cheminée, essayant de comprendre les arcanes du cœur humain. Le commandant me veillait. De temps à autre, il mettait une bûche dans le feu, remuait les cendres, quelquefois aussi il caressait mes cheveux sans dire un mot. Au matin, il me fit boire une tasse de café. J'avais la gorge sèche, j'aimais cette odeur de café au lait, je regardais son visage d'homme et le trouvais beau et bon. Il me tendit la tasse de faïence blanche qui fumait. Je me levai lentement et il prononça ces mots :

— Si tu m'aimes, embrasse-moi, on se mariera, je ne te quitterai jamais.

A midi, je me réveillai au bord de la rivière. Le commandant était penché sur mon visage et me chatouillait le front avec une petite branche.

— Tu dors comme un enfant, regarde ce que j'ai pêché pendant ton sommeil.

Des écrevisses sautaient dans un bassin à mes pieds.

— Viens, on va les faire cuire. Ramasse des pierres, on allumera un feu et cela nous fera un bon déjeuner.

Il se dirigea vers la maison en me portant sur son dos, ému soudain de ma fragilité, de ma folie, bouleversé de cet amour insensé qui me crevait le cœur. Il voulait me sauver. Je lui demandai comment j'étais arrivée dans le champ, n'ayant aucun souvenir. Il me raconta qu'il m'avait emportée, endormie dans ses bras, m'avait lavé la tête, m'avait fait boire de l'eau fraîche puis chanté des chansons jusqu'à ce que je me rendorme d'un sommeil apaisé. En attendant mon réveil, pieds nus, il avait pêché des écrevisses.

Revenue à moi, je fouillai l'herbe pour faire un petit bouquet de fleurs sauvages. Je trouvai des trèfles à quatre feuilles. Nous en prîmes chacun un et je me rappellerai toujours son conseil d'alors : « Ne regarde jamais en arrière, rappelle-toi que, dans les légendes les plus merveilleuses, celui qui regarde en arrière se transforme en statue de pierre ou de sel. »

En sifflant une marche militaire, il m'emporta plus loin dans la verdure, vers la forêt.

Et puis un jour, je reçus une lettre de mon mari qui m'invitait à déjeuner à Pau. Je la montrai au commandant.

— As-tu vraiment besoin d'y aller ? me demanda-t-il.

Je poussai un long soupir.

— Je crois que tu n'as pas fini de souffrir, soupira-t-il. Vas-y, je te conduirai en voiture jusqu'au village et je t'attendrai pour te ramener.

Nous étions, mon mari et moi, l'un en face de l'autre comme toujours, comme si rien ne s'était passé, échangeant les phrases usées des vieux ménages : « Comment va la famille ? Y avait-il beaucoup de monde dans le train ? Il faisait chaud. Le ciel se décompose, paraît-il, il va pleuvoir. As-tu faim ? Je te conseille de manger un peu plus de riz. C'est difficile à obtenir en ce moment... »

Il remarqua le trèfle à quatre feuilles que je portais dans un médaillon autour du cou. Il montra plus d'intérêt pour le bijou que pour moi tout entière. Il l'ouvrit très facilement avec ses doigts de magicien et s'étonna :

— C'est un doux souvenir ? me demanda-t-il avec un rire un peu mélancolique.

— Un peu plus, répondis-je gravement.

— Est-ce que je peux savoir ?

— Oui, j'allais vous le dire. Je suis fiancée.

— Avec un trèfle ? fit-il ironiquement.

— Avec le monsieur qui m'a donné le trèfle.

— Depuis quand ? continua-t-il avec moins d'ironie.

— Depuis l'autre soir, quand vous m'avez conseillé de rentrer dormir chez moi.

— Mais je vous ai dit, Consuelo... ma femme... que je reviendrais vous voir. Me voilà.

— C'est trop tard. Trop tard. Je suis fiancée avec un de vos amis. C'est peut-être mieux pour nous deux puisque vous préférez rester loin de moi plutôt que près.

— C'est vous qui le dites.

— Je ne dis rien. Je ne discute pas. Je veux un compagnon. Je ne veux plus rester seule. Excusez-moi, il est tard, on m'attend.

— Je suis venu, parce que vous m'avez écrit dans une lettre que j'ai reçue à Alger que vous aviez fait le vœu d'aller à Lourdes si je revenais de la guerre. Comme je suis de retour, en vie et près de vous, c'est le moment d'accomplir votre vœu. Je sais que vous êtes sérieuse et nous avons le temps, croyez-moi. Nous sommes à peine à une heure de Lourdes, vous serez facilement de retour chez vous cette nuit.

Oui, je m'en souvenais. J'avais fait ce vœu un jour de désespoir tandis que je fuyais parmi les abandonnés sur les routes de France. J'étais tombée à genoux sous le ciel chargé de malheurs et saturé de l'odeur de l'ennemi en criant : « Seigneur, Seigneur, fais revenir mon mari sur cette terre, sain et sauf. Je Te promets à son retour de l'emmener par la main à Lourdes pour Te remercier humblement... »

Alors je partis avec Tonio jusqu'à Lourdes, le tenant par la main pour accomplir mon vœu de chrétienne.

Il était sérieux. Nous nous baptisâmes l'un l'autre avec

l'eau pure de la fontaine de Lourdes. Mon mari se mit à rire et déclara :

— C'est fait, vous ne devez plus rien au ciel, mais je vous demande de dîner une dernière fois avec moi. Je crois que nous avons pas mal de choses à nous raconter.

— Non, Tonio, je n'ai plus rien à vous raconter.

Il rit encore et m'entraîna par la main jusqu'à l'hôtel Ambassador, m'assurant qu'on y servait un très bon porto. Un capitaine en était le propriétaire.

Comme si l'on nous attendait, on nous conduisit dans un cabinet particulier. Cela me choqua un peu puisque j'étais fiancée à un autre. Tonio m'expliqua que, pour bien manger et bien boire, il était opportun de se cacher dans un cabinet particulier, les vivres commençant à manquer en France...

D'une humeur enjouée, il me parla des miracles de Lourdes, j'eus droit à toute une dissertation sur le mot miracle, sur l'effet des miracles. Le porto était bon et je me sentis consolée de vivre. J'étais heureuse de le revoir bon, sage et tendre comme je l'avais connu autrefois. Nous n'étions en fait coupables ni l'un ni l'autre. Cette soirée-là, nous étions comme au moment de notre première rencontre. J'étais ravie et je le remerciai de tout mon cœur de ce petit voyage miraculeux qui m'avait prouvé que je ne m'étais pas trompée sur la noblesse de son cœur et l'honnêteté de son caractère.

Un dîner copieux suivit notre porto. Tout sentait bon. Le patron était venu nous rejoindre. Quand on alluma l'électricité, je me rendis compte que le temps avait passé, que je me trouvais dans une autre ville que Pau et que le commandant m'attendait toujours. Mon mari lut mon angoisse subite dans les plis de mon front.

— Faut-il lui téléphoner ? Ne vous dérangez pas, j'y vais. Donnez-moi son numéro. Je lui expliquerai ce que nous sommes venus faire ici.

Et il disparut brusquement dans la direction du téléphone. J'attendis presque une heure. Le patron me versait des verres de mirabelle, très savoureuse...

Tonio reparut enfin et m'annonça d'une voix désolée :

— Le commandant vous fait dire qu'il ne vous attend plus. Il est fâché. Ecoutez-moi, ajouta-t-il en souriant, Consuelo, voulez-vous vous fiancer avec moi ?

La liqueur avait pris pour moi un goût amer, depuis la dure réponse du commandant qui, pour un petit voyage à Lourdes, m'envoyait au diable.

— Ne vous fâchez pas, les hommes se ressemblent tous, fit Tonio en souriant encore, soyez bonne. Fiancez-vous avec moi, avec le même trèfle.

Il enleva le médaillon de mon cou sans que je puisse prononcer un seul mot. Et bientôt je me retrouvai dans un magnifique appartement de l'hôtel Ambassador, non seulement fiancée, mais remariée à mon mari...

Au matin, c'était Tonio qui me faisait boire de ses mains le café au lait fumant en me murmurant à l'oreille :

— Ma Consuelo, je vous demande pardon de toutes les peines que je vous ai faites, et que je vous ferai encore et encore... Hier je n'ai jamais téléphoné au commandant !

Ma tasse de café au lait tomba de mes mains.

Nous passâmes encore la nuit dans cet hôtel. Mon mari était un véritable oiseau. Le lendemain, il m'annonça :

— Ma femme aimée, je dois vous quitter et peut-être pour bien longtemps. On me donne une mission hors de France et vous resterez seule à attendre...

22

« Être la femme d'un pilote, c'est un métier.
Être la femme d'un écrivain, c'est un sacerdoce »

Je me réfugiai alors au village de Dieulefit. Le lieu se
prêtait admirablement à la retraite. Les arbres nous bai-
gnaient de paix et d'espoir. Les fruits commençaient à
mûrir et on respirait l'odeur de la récolte. Je pleurais en
songeant à mon verger de Jarcy que j'avais abandonné et
qui, en ce moment, devait être couvert de poires et de
pommes roses. Qui mangerait mes fruits ? Je me sentais
prise d'un amour éperdu pour tout ce qui touchait à la
nature, et je me demandais quand je retrouverais enfin
l'ombre douce de mes pommiers.

Ma solitude grandissait. En vain, je me disais que Dieu
nous a donné la terre entière, à nous d'être sages. Je m'efforçais de croire, de croire, jusqu'à en mourir. J'éprouvais
la nécessité de la résistance : elle s'insinuait en moi, toute
seule, presque à mon insu.

Le soir, je marchais, riche de toute la richesse de la
terre. J'imaginais Tonio près de moi de mille manières,
mais je ne rencontrais toujours que le vide sur mon chemin d'images. Nous étions séparés par des océans et je ne
pouvais les franchir qu'endormie.

Puis vint, comme un signe, la proposition de Bernard
Zehrfuss, mon ami architecte rencontré dans la débâcle à
Marseille, de ressusciter un vieux village de pierre, d'y

installer des artistes, et de résister de cette manière à la défaite, aux injures portées à la civilisation. Ce fut ainsi que je partis pour Oppède.

Oppède. Une petite commune du Vaucluse avec ses maisons du Moyen Âge, abandonnées ou en ruine, et son château construit par le comte de Toulouse, Raimond VI. Ce fut là que nous nous installâmes pour fonder une petite communauté d'artistes et pour perpétuer notre art. Je décidai de m'appeler Dolorès.

La vieille utopie des communautés fraternelles, monacales ou socialistes prenait racine en moi. Mes amis d'exode m'avaient convaincue : « C'est merveilleux, je t'assure, ils cultivent des jardins, ils bâtissent des maisons, ils chassent le sanglier, ils ont rouvert des puits. Ils vivent, quoi ! Pense donc, ils sont complètement libres. »

J'arrivai donc dans ce village beau, fou, en plein mistral...

Bernard Zehrfuss, le jeune architecte Prix de Rome, m'accueillit :

— Il faut nous prendre par la main, Dolorès. Faire la chaîne. Nous allons devenir plus forts... Oppède, tu verras, ce n'est rien, et c'est tout... C'est notre cœur et notre force. Notre civilisation est par terre aujourd'hui, mais elle nous laisse des enseignements. Elle nous a donné le goût des formes, du dessin. Quand le monde s'écroule, tu vois, quand il n'y a plus que des ruines, les seuls qui comptent, ce sont les ouvriers ou les artistes, comme tu voudras, je veux dire ceux qui savent construire...

Les lumières du couchant éclataient sur les contreforts et les parois percées de hautes fenêtres en ogive. Cet entassement de pierres géantes apparaissait invraisemblable, élevé dans la lumière en avant de l'horizon aux lignes pures et bleuissantes du Luberon.

C'était Oppède.

Je marchais avec des sabots de bois que je voulais amener à New York où tu étais, Tonio, pour te les montrer.

J'appris la vie à Oppède. Je croyais déjà tout savoir, avoir tout découvert dans les plantations de café de mon père, mais il me restait cet apprentissage à faire. Je me posais mille questions dont tu étais le centre et, pendant que je regardais les aigles dans le ciel qui survolaient le château, qui entraient par les portails, s'échappaient par les fenêtres, je me demandais où tu étais à ce moment-là. Mais je te savais en sûreté, en Amérique, j'attendais tous les jours de tes nouvelles, j'aimais surtout tes télégrammes, brûlés, angoissés, amoureux.

Je vous remerciais, mon ange, vous ne saviez pas ce que signifiait pour moi ces télégrammes. Vous m'appeliez Consuelo, ma bien-aimée. Vous me disiez que vous étiez absolument désespéré par un Noël loin de moi, que vous aviez vieilli de cent ans rien que de penser à moi, et vous prétendiez m'aimer plus que jamais. « Soyez sûre de mon amour », disiez-vous.

Je pensais encore à notre dernière rencontre : quand je vous avais annoncé que j'allais m'installer à Oppède, vous aviez convoqué Bernard : « Je vous laisse ma femme, je vous la confie, prenez soin d'elle car vous m'en répondrez si quelque chose lui arrivait. » Alors Bernard vous a déclaré : « Écoutez, si vraiment vous tenez à votre femme, laissez là votre voyage en Amérique et restez avec nous, nous organiserons la résistance ici, dans les pierres qui ne parlent pas. » Mais nous n'avons pas pu vous retenir. Je suis restée seule à Oppède. J'étais fière d'être ici : notre communauté éveillerait ces pierres.

Je passais mon temps à vous écrire des lettres, des lettres qui arrivaient ou pas. Je ne recevais que des télégrammes. Tous ces messages me faisaient revivre avec vous, comprendre ce qui nous unissait.

Tout ce qui nous séparait aussi. Surtout la belle E. Qui avait été mon amie, pourtant. Je vous avais demandé un jour de lire son manuscrit : « Prenez ce manuscrit », parce que j'étais émue par elle. Elle était à ce moment-là char-

mante avec moi, comme le sont toutes les femmes avec
l'épouse de celui qu'elles ont l'intention de séduire, et je
lui ai même donné mon casque d'aviatrice pour voler dans
notre petit avion, pour que vous lui appreniez à piloter...
Je n'étais pas jalouse d'elle, je ne pensais jamais que vous
me trahiriez avec elle, et je ne crois pas encore que vous
m'ayez trahie. Je croyais à une grande amitié, je voulais
ignorer les mauvaises langues. Un jour vous m'avez dit :
« Ecoutez, ma femme, je sors souvent seul, je vais dans des
dîners avec des gens un peu farfelus, parce que dans le
groupe de la NRF, où l'on vous aime bien d'ailleurs, il y a
de drôles de gens. Vous souvenez-vous quand une fois un
des invités vous a entraînée dans la bibliothèque pour vous
montrer ses premières éditions de luxe et aussi *Le Con
d'Irène* qui vous a beaucoup choquée ? C'est pour tout ça
que je ne vous emmène pas. »

Oui, je me souviens aussi que des messieurs commençaient à mettre la main dans mon décolleté : comme
j'étais en robe du soir, c'était très facile, ces attouche-
ments. J'ai poussé un petit cri que vous avez entendu et
vous êtes venu à mon secours, bien qu'une amie fût assise
par terre avec sa guitare en train de chanter de très belles
mélodies. Elle avait même défait ses cheveux et appuyé
sa tête entre vos deux jambes, avec de petites secousses
gracieuses. Et tout cela faisait un tableau érotique et bien
charmant. J'étais trop jeune, je n'étais pas habituée à cette
liberté régnant dans le milieu artistique de Paris, dans la
high life, et vous m'avez conseillé : « Rentrez à la maison,
ma petite fille. Je sais que vous êtes choquée par certaines
manières mais c'est tout naturel. C'est que j'ai besoin de
certaines libertés, Consuelo, restez à la maison, vous aimez
peindre, même la nuit, je vais vous installer une lumière
qui ressemblera exactement à celle du jour. »

Oui, je n'étais pas à la page, mais je me souviens de
mes amertumes et de mon inquiétude quand vous rentriez
tard, pour ne pas dire à l'aube. Ah ! Tonio, combien d'an-

goisses ! Je ne savais pas ce qu'il valait mieux pour vous : être perdu parmi les étoiles du ciel ou parmi de jolies têtes blondes à Paris...

Je restais, pour tous ces gens qui vous flattaient, la petite Consuelo, l'Espagnole, la femme qui fait des scènes, et pourtant ce n'était pas vrai, mais vous prétendiez : « Excusez-moi, je rentre parce que ma femme me fera une grande scène. » En fait vous rentriez pour écrire, car vous aviez tellement peu de temps disponible à Paris. Quand on vous voyait chez nous, c'était toujours avec d'autres, un homme, une femme, et à 4 heures du matin vous m'annonciez : « Je vais marcher avec Léon-Paul Fargue », et vous alliez à pied jusqu'à Versailles, vous vous promeniez pendant des heures, jusqu'au petit matin, et vous me téléphoniez : « Venez nous chercher en voiture, on n'a pas d'argent pour prendre un taxi. »

Vous voyez la vie que j'avais... Mais je ne me plains pas, mon chéri, parce que vous ne perdiez pas votre temps, dès que vous aviez une heure, vous travailliez partout, jusque dans le cabinet de toilette, si vous étiez obligé de développer certaines équations pour des problèmes d'aviation... Mon Dieu, être la femme d'un pilote, c'est un métier ; mais être la femme d'un écrivain, c'est un sacerdoce !

Nous avons traversé des moments difficiles, la tempête était dans mon cœur, et pour m'apaiser vous me passiez vos mains d'archange sur le front, vous me parliez, avec vos mots magiques, d'amour, de sacré, de tendresse, de fidélité, et tout recommençait.

— Ne soyez pas jalouse, me répétiez-vous alors. Mon vrai métier, vous le savez, c'est d'être écrivain, et quand votre ennemie me fait la gentillesse de m'envoyer de petits cadeaux, des dés en ivoire, des valises gravées à mon nom, je me sens le cœur attendri, et pour la remercier je lui écris trois, quatre pages, je lui fais des petits dessins et c'est tout. Mais n'ayez crainte, je sais ce que vous avez enduré pendant des années, je vous en remercie, mon épouse, je suis uni à vous par les sacrements et n'écoutez jamais ce que les gens racontent.

Pour le moment, il fallait que je m'occupe. On était dix à présent, on faisait notre pain, on filait la laine, on confectionnait des sweaters avec de la vieille laine récupérée dans de vieux matelas.

Ici, nous n'avions plus grand-chose à manger tant nous étions rationnés. Mais le miracle arriva dans ma petite tête. C'était venu comme une révélation. Je me souvins d'une conversation que nous avions eue à Pau avec Tonio au cours de laquelle il m'avait raconté que les Allemands achetaient les récoltes des paysans « sur pied ». Cela signifiait qu'ils achetaient le raisin encore vert et qu'ils en prenaient livraison une fois mûr. Comme ils fabriquaient des billets de 10 000 francs en série, il ne leur en coûtait rien de donner des sacs entiers de billets. Les paysans étaient satisfaits et eux, ils étaient sûrs ainsi d'affamer les Français... Après avoir vendu nos bijoux et nos montres aux paysans — les œufs valaient 300 francs pièce —, nous ne voulions plus manger. Nous nous nourrissions de bouts d'asperges qu'ils laissaient dans la terre et des melons qui poussaient presque sauvagement. Nous ne pouvions plus survivre. Nous avons tenu conseil, Florent Margaritis, Eliane son épouse, Bernard Piboulon et sa charmante femme qui étudiait aussi l'architecture, Albert Bojovitch dont le frère dirigeait *Vogue* à New York et qui ne voulait pas du tout partir pour l'Amérique, mais faire de la résistance. Ils décidèrent : « Rentrons à Paris parce que ici ce n'est plus possible. »

— Attendez vingt-quatre heures, leur demandai-je.

Le lendemain, je leur déclarai :

— Je pars à Avignon. Là, les Allemands entreposent dans des trains les récoltes qu'ils achètent sur pied : nous irons les voler. Les wagons sont pleins de cochon salé, de mouton prêt à être mangé, et de beurre.

Alors j'ai grimpé des pierres, des murets de pierre, et puis je suis arrivée aux trains, j'y suis montée quoique les marches fussent très hautes. J'ai trouvé un cochon que j'ai traîné jusque sur les rails, une sentinelle m'a vue mais n'a pas tiré, pourquoi ? L'ami qui faisait le guet et moi, nous sommes rentrés avec le cochon, nous avons mis quatre à cinq heures pour revenir à Oppède ; le cuisinier, qui était marocain et ne mangeait pas, le malheureux, de cochon, a toutefois décidé de préparer la bête :

— Je vous la préparerai, je sais comment on fait, vous mangerez bien ce soir...

Notre festin fut merveilleux. Il y avait du vin, vieux et rouge, que nous avions volé dans des caves de maisons abandonnées. Bien sûr, j'ai fait plusieurs fois le voyage jusqu'aux trains, après c'étaient les garçons qui y allaient. Il n'y eut jamais aucun mort.

Un jour, une voiture apparut. Nous avions très peur qu'on ne vienne nous cueillir. On avait des jumelles et, des remparts, on a vu que c'était une femme qui conduisait. Elle s'appelait Thérèse Bonnet et elle venait... me chercher.

— Je sais que tu es là, me dit-elle. Pourquoi n'es-tu pas avec ton gaillard de mari, à New York, qui fait des tours de cartes et se promène avec toutes les blondes de la ville, les milliardaires américaines ? Qu'est-ce que tu fais ici à crever de faim ?

Je lui montrai mes amis :

— Voilà, nous sommes un groupe, tous pour un, un pour tous, et j'attends que mon mari m'envoie de l'argent, un billet, qu'il me donne les moyens de le rejoindre.

Un autre jour, je suis allée voir ma belle-mère à Marseille. Elle me parla sur un ton grave :

— Tonio est malade et votre devoir d'épouse est d'être à ses côtés.

J'avais en effet reçu un télégramme : mon mari était très souffrant et on ne pouvait pas l'opérer parce que tous ses organes s'étaient comme mélangés depuis l'accident du Guatemala ; s'il était vivant, c'était seulement par la volonté du ciel et par la sienne. Je répondis à sa mère :

— Je n'ai pas de papiers.

— En tant que Salvadorienne votre consulat vous les donnera sans problème.

— Non, j'attends, j'attends que Tonio me le demande.

Et puis je reçus enfin le télégramme : « Allez chez Monsieur X., prendre argent pour voyage, tous vos papiers sont arrangés, notre ami Pozzo di Borgo a reçu des instructions pour vous informer. »

Je vis tout à coup le ciel s'éclaircir. J'annonçai à mes amis la bonne nouvelle qui m'arrivait : Tonio me réclamait enfin. Cela faisait onze mois que j'étais à Oppède. Ils ont tous levé les yeux au ciel et se sont exclamés :

— Tu sais, si tu pars, nous partons tous, nous ne restons pas.

J'étais très contente d'aller te rejoindre mais j'avais le cœur déchiré parce que j'avais connu à Oppède une intimité sincère avec mes amis, une manière de penser différente, et surtout l'idée de quitter Bernard me rendait triste. C'était un grand seigneur, un homme jeune qui n'avait pas trente ans et qui chantait du matin au soir, nous égayait, veillait à ce que notre communauté fonctionne bien, au bon rythme. Les ateliers étaient impeccables, on y faisait de jolies choses.

Le jour où j'abandonnai Oppède, je me sentis plus menacée que jamais. Un télégramme mal transmis de New York suffit à me faire imaginer que tout était plus dangereux, plus menaçant que mes belles pierres qui, elles, étaient stables et éternelles. De nouveau j'étais en route, sans pouvoir m'expliquer le pourquoi de cette course, les mystères de ma vie errante.

Un grand besoin de canaliser mon angoisse envahit mon cœur. Une fois dans l'avion, je pensai à ma rencontre avec Tonio. Il y avait plus d'un an que nous nous étions quittés. Malgré le confort de cet avion allemand qui m'emportait d'abord au Portugal, je me figurais qu'un accident toujours possible pouvait m'en priver. Cette rencontre, je l'avais tant attendue. On m'avait dit qu'une fois au Portugal, et si j'avais de la chance, je pourrais, sur un clipper, continuer mon voyage jusqu'à New York. Si l'on m'avait donné le choix, j'aurais préféré attendre et attendre encore cette rencontre au milieu de mes pierres d'Oppède. Je me sentais faible : le manque de nourriture et la peur des retrouvailles. Mon absence d'élégance me fit venir aux lèvres un sourire d'enfant, je n'avais pas l'impression d'être une femme adulte. J'aurais voulu être parée comme pour une cérémonie. Mon cœur était pauvre. Je me disais : « Si seulement je devenais une femme en cristal quand il me regardera... » Les images les plus bizarres envahissaient ma tête. Je contemplais le ciel avec avidité. Je me regardais dans les vitres opaques de l'avion, et je voyais mes pauvres cheveux très courts, car j'avais été obligée, à Oppède, de les couper. Je songeais aux coiffures à la mode à New York et cela m'ennuyait de ne pas être dans le vent. Mes cheveux ne repousseraient pas en une nuit ! J'étais maigre, très maigre : quarante-cinq kilos tout habillée. Je me sentais gênée dans mes vêtements de chèvre. Une femme ne me quittait pas des yeux, était-ce une espionne...

A peine une heure après le décollage, le haut-parleur nous annonça que le vol était interrompu. Nous ferions escale à Barcelone et le lendemain, peut-être, on prendrait quelques passagers pour le Portugal. Le restaurant de l'aéroport de Barcelone était pauvre mais la viande, la soupe sentaient bon, le pain se trouvait à discrétion sur les comptoirs et tous les passagers qui se posaient là se précipitaient pour calmer leur faim. A peine avais-je commandé une soupe et une assiette de riz que le barman me demanda avec quelle monnaie je comptais payer.

J'étais au comble du désespoir car je ne possédais pas de pesetas. Le garçon comprit mon problème et retira la soupe qui commençait à fumer devant mon nez.

L'« espionne » vit mon désarroi et me donna cent pesetas. Cet argent me fut utile pour quitter l'aérodrome et partir à la recherche d'un hôtel en ville. La première question du concierge fut :

— Avec quel argent voyagez-vous ?

Je sortis de ma valise une boîte de seringues, au fond de laquelle j'avais cachés trois billets de 5 000 francs sous du coton. Pendant dix-huit mois, je n'avais eu ni repas complet, ni bain chaud, ni un lit avec des draps. L'hôtel me sembla un paradis. J'aurais bien voulu rester là quelques jours, le personnel était souriant, je ne voyais rien de la légendaire misère de Barcelone... On dansait dans la salle à manger, et de jolies femmes en robe du soir évoluaient avec ce sourire d'aise qu'ont tous les êtres qu'on rencontre dans les halls d'hôtel. Je commandai une bouteille de vin, un poulet rôti et un tas de friandises. Je ne pouvais m'empêcher de songer à notre soupe d'ail d'Oppède. J'étais mélancolique à la pensée d'avoir laissé Bernard et mes amis, qui ne mangeaient pas de mon poulet, et une suite de souvenirs m'assaillit tandis que je buvais seule ma bouteille de vin. Je revoyais chacun de leurs gestes, pleurais en écoutant de vieilles valses, en me disant que c'était comme si j'avais quitté la maison maternelle. Il me fallait cependant aller de l'avant, toujours et toujours, jusqu'à devenir une vieille femme quelque part sur la planète... Je me sentais étrangère au luxe de ma chambre. J'aurais voulu ne pas être seule. Je ne parvenais pas à dormir, la fièvre montait, montait... Je me sentais prête à crier au secours quand ma porte s'ouvrit doucement et... ma compagne d'avion, mon « espionne », prononça mon petit nom et chuchota :

— Je me suis arrangée pour être au même étage que vous. Faisons couler l'eau de la baignoire et parlons très doucement.

Nous nous assîmes par terre à côté de la baignoire, comme des voleuses, et nous nous mîmes à échanger des paroles presque à l'oreille.

— Ah, comme vous êtes chic d'être venue me rendre visite...

— Moi aussi j'ai le cafard. Je n'ai le droit de parler à personne.

— Je peux vous faire perdre votre travail, alors ?

— Non, me dit-elle, avec un sourire amer... Ma tête plutôt. J'en ai assez de faire de l'espionnage... Ce n'est même pas dangereux. C'est ennuyeux...

J'eus très peur d'apprendre que j'avais en face de moi quelqu'un dont le métier était de dénoncer les autres. Et elle trouvait cela simplement ennuyeux... Elle sortit d'une petite mallette une bouteille de liqueur et nous en servit deux verres.

— Oui, vous répugnez à boire avec une espionne, n'est-ce pas ? Je le vois bien. Mais cela paie. Si vous voulez un conseil, restez en Espagne. Vous parlez bien l'espagnol, le français, l'anglais. Vous pourriez avoir un bon salaire, vous faire une petite fortune et vous retirer après la guerre. D'ailleurs, je sais qu'elle ne durera pas très longtemps. Et puis ainsi nous travaillerions ensemble...

J'avais pris une seule gorgée de son alcool qui sentait un drôle de parfum. Curieusement, je distinguais mal ses paroles. Puis je compris qu'il y avait un puissant narcotique dans sa liqueur et qu'elle voulait ouvrir mes valises... J'avais montré mon habileté à dissimuler de l'argent dans mes bagages, et sans doute supposait-elle que je cachais aussi des plans. Je fus prise de panique en me souvenant de certaines scènes de films d'espionnage. Quel effet le narcotique allait-il produire sur moi ? Je m'efforçai de prendre la décision la plus rapide. Elle avait l'habitude du narcotique qui n'agissait plus sur elle. Elle voulait coûte que coûte fouiller mes valises, minutieusement. Comme je n'avais rien de compromettant, c'était mieux de la laisser faire. Je lui dis que j'allais à la pharmacie de l'hôtel m'acheter quelques produits de beauté et que, si je tardais quelques minutes, elle ait la patience de m'attendre. J'ajoutai que j'avais promis à un monsieur brun, qui avait dîné à côté de moi, de descendre bavarder dans le hall mais que je ne serais pas longue. Elle se mit à rire et je crus entendre :

— Tu peux faire vite, car moi aussi je sais faire très vite...

Avant que je ne sorte, elle me tendit un verre d'eau fraîche en me disant :

— Bois d'un seul trait.

A mon retour, il n'y avait plus personne dans la chambre. Je trouvai seulement un mot en espagnol : « Je t'aime bien parce que tu n'es pas sotte. Merci. Ne n'inquiète pas pour ton voyage au Portugal. Tu partiras demain. Signé : Liliane. »

L'avion atterrit à Lisbonne par un jour de vent. Je ne sentais plus mon corps. Je ne pouvais commander mes membres ivres de fatigue et d'émotion. Je me foulai la cheville en descendant la passerelle et, pendant tout mon séjour au Portugal, je boitai...

Le soir qui précéda enfin mon départ, je réussis à téléphoner à Tonio, mais nous n'arrivions pas à parler car il était interdit de converser autrement qu'en anglais, que Tonio ne parlait pas. J'entendis seulement : « Consuelo » et moi, je répondis : « Tonio ». Les téléphonistes maintinrent la liaison quelques minutes encore mais on resta muets comme des amoureux transis...

Au moment d'embarquer, une rumeur courut : le feu s'était déclaré à bord et que nous ne pourrions partir que le lendemain matin. Plusieurs voyageurs rentrèrent chez eux avec leurs femmes, leurs enfants et leurs bagages. Mais moi qui n'avais pas vu de fumée, je restai au pied du bateau, attendant le dénouement de l'histoire. J'eus ma récompense car nous quittâmes le port.

Pendant toute la traversée, nous n'eûmes pas de lumière électrique. Il était défendu de se servir d'une allumette, interdit d'avoir un appareil photographique. L'on voyait chaque matin sur l'eau grise, couleur de la mer en hiver, des morceaux de bois, des épaves, tout ce qui restait des bateaux qui avaient été détruits quelques nuits auparavant, ou la même nuit, tandis que nous dormions sur le pont, réveillés deux ou trois fois par une cloche. C'était des exercices pour nous tenir en alerte, pour nous apprendre la gymnastique du sauve-qui-peut, et nous habituer à prendre place sagement dans les barques de sauvetage, au cas où des torpilles dont nous menaçait la radio allemande viendraient nous surprendre en pleine mer. Les bruits les plus saugrenus couraient parmi les passagers : le bateau ne serait pas coulé parce qu'il transportait des espions en Amérique. Quelques autres, plus hardis et plus imaginatifs, prétendaient même que tout le bateau était un ramassis d'espions... On disait encore que les prisons du bateau regorgeaient de voyageurs et que ce n'était pas le mal de mer qui diminuait le nombre de dormeurs sur le pont... Je savais qu'en réalité le capitaine était intraitable pour les personnes qui enfreignaient le règlement en allumant une lampe électrique ou même une allumette... Cependant, il régnait en nous un étrange sentiment de sécurité, nous n'avions pas peur.

En arrivant aux Bermudes, une de mes voisines, enceinte, accoucha sur le pont en pleine obscurité. Le docteur remplit son devoir : le cas était difficile, c'étaient des jumelles que leur mère eut le courage d'appeler Bermudes. Nos jumelles constituèrent le grand événement du jour. En arrivant au port, on nous interdit d'aller à terre. On nous garda plusieurs jours sur le bateau, car c'était le dernier navire américain qui ait quitté Lisbonne depuis la guerre. Les ordres étaient formels, on allait examiner tous les livres et toutes les lettres que les passagers avaient dans leurs bagages... Chacun de nous dut remettre ses paperasses. Il se trouvait sur le bateau un grand savant français : Jean Perrin. Il se vit confisquer tous ses calculs, ses équations. Il les voyait avec désespoir chiffonnés par des mains peu scrupuleuses. Les poèmes inquiétaient beaucoup ainsi que les cartes de géographie ou les petits dessins qu'on fait en marge des livres quand une phrase qu'on vient de lire suggère une idée. Nous avions tous peur d'être débarqués aux Bermudes. Nous avions déjà tellement souffert en France que nous nous sentions comme de coupables pécheurs. Ainsi s'écoulèrent trois jours angoissants, mais les recherches dans les papiers des savants ou des écrivains s'avérèrent complètement stériles.

On reprit notre route.

Chaque heure me rapprochait de Tonio...

23

Au pied de la statue de la Liberté

Les jours devenaient plus froids et plus gris. L'hiver approchait quand fut en vue New York. Nous étions bien au nord. L'eau paraissait plus dense, presque d'acier, le bateau glissait doucement vers les lumières de la ville qui se reflétaient dans les nuages. Nous étions sans réflexions, sans pensées. Nous, les passagers, n'avions plus rien à nous dire, nos liens se défaisaient là, et nous avions hâte d'arriver : les dernières minutes sont toujours les plus éprouvantes.

On m'appela à la table des officiers qui vérifiaient les passeports tandis que nous étions encore dans les eaux troubles de la baie. Ce sont toujours des moments désagréables, on vous demande si vous êtes bien vous-même, on vérifie votre signature...

Le bateau ne bougeait plus. Personne ne parlait. J'admirais l'organisation de notre débarquement, l'ordre américain qui présidait à notre arrivée. Nous, pauvres brebis perdues dans la tempête de l'autre côté de l'Atlantique, nous étions, par le plus grand des hasards, envoyés en terre sûre.

Je m'étais liée avec un des passagers, S., un homme d'une quarantaine d'années, bronzé comme un Portugais, plein de santé et de gaieté, très équilibré. Lui aussi venait retrouver sa femme qu'il aimait tendrement. Il ne s'était pas passé de jour sans qu'il ne m'ait montré sa photographie et celle de son petit chaton. Il souriait et me disait d'un air gêné :

— Oui, j'éprouve une grande tendresse pour ce petit animal que nous avons appelé Maria, je ne sais pas pourquoi, une cuisinière l'avait baptisé ainsi. Je vous avoue que je suis un peu honteux de mon affection pour ce chaton au moment où des milliers d'enfants meurent de faim en Europe. J'étais employé dans une organisation qui s'occupait de sauver quelques personnes, surtout les Juifs. On nous a donné l'ordre de sauver les hommes intelligents... Comment savoir qui est intelligent ou non ? Comment le deviner quand la personne se trouve pâle de terreur, répète des choses incohérentes ou supplie : « Sauvez-moi, sauvez-moi, donnez-moi des papiers autrement on m'enverra dans un camp » ? Parfois je demandais ce que ces gens faisaient dans la vie, ils avaient même oublié cela, ils étaient bons seulement à vivre et espéraient sauver les heures qui leur restaient à respirer sur cette terre.

Il me parlait tandis qu'il cherchait sa femme avec des jumelles. Soudain il la repéra.

— Ah ! Je l'aperçois et elle a même l'air de tenir Maria dans ses bras. Pourvu qu'elle ne la griffe pas, Maria !

Il riait de bon cœur.

Je me confiai à lui.

— J'ai peur que mon mari ne soit pas sur le quai et qu'on ne me laisse pas débarquer.

— Je m'occuperai de vous, me répondit-il, si on vous enferme à Sing-Sing demain ou après-demain, je viendrai vous chercher. Je prouverai qui vous êtes. Je retrouverai votre mari. Ne gâchez pas votre arrivée à New York, ayez confiance, l'Amérique est un bon pays.

Au dernier moment, mon inquiétude le gagna et je ne sais par quel moyen il envoya du bateau un télégramme à sa femme, la priant de prévenir mon mari de se trouver sur le quai au moment de mon arrivée. Je crois que nous obtînmes une réponse, mais l'attente restait angoissante sur ce bateau, près des mouettes qui, seules, se balançaient sur l'eau huileuse des quais.

Vers 4 heures de l'après-midi, on nous permit enfin de sortir à terre, mais dans l'espace limité par des barricades. On nous enferma comme dans un poulailler et, de là, on délivrait ceux qui étaient réclamés de l'extérieur par un mari, un père, un ami.

Mon tour arriva. Ce fut un garçon inconnu qui me fit demander. De loin, je vis un homme petit et gros, qui portait d'énormes lunettes et dont le rire fort m'arriva plus vite que les traits de son visage. Je vis qu'il possédait bien les papiers qui lui donnaient le droit de venir me chercher.

Quand il fut près de moi, je reconnus un ami de Tonio, que je n'avais pas revu depuis au moins douze ans. Fleury se trouvait bel et bien là, chargé de tous les sables d'Afrique. Je le revoyais au moment de la création de la ligne aéropostale. Mais il avait maintenant l'air de sa caricature, car ces douze ans qui nous avaient séparés ne l'avaient pas rajeuni. Il habitait désormais le Brésil et il avait abusé de l'alcool... Il riait de plus en plus fort :

— Consuelo, tu ne me reconnais pas ?

Je ne pouvais pas lui répondre. Ainsi c'était lui qui venait m'accueillir à la place de Tonio. Pourquoi, vers quel mystère nouveau m'entraînait la vie ? Il me serra la main et nous commençâmes à marcher au milieu de cette cohue qui accompagne tous les débarquements. Il continuait à me parler à l'oreille avec de petites secousses de toux et de rires.

— Ton mari te défend de parler aux journalistes. Tu m'entends ? Il te défend de parler, de donner une quelconque interview. Ecoute-moi bien. Les journalistes viendront avec leurs appareils photographiques. Je leur dirai que tu ne comprends ni l'anglais ni le français. Tu es sourde et muette. Autrement Tonio te renverra je ne sais où. Nous sommes en guerre. Excuse-moi, ton silence me rend nerveux. Mais c'est grave. Tonio ne te pardonnerait pas si tu parlais.

Un Américain, accompagné de gendarmes, s'avança avec ce sourire figé qu'ont tous les journalistes :

— Bonjour, madame de Saint-Exupéry.

— Je ne suis pas Madame de Saint-Exupéry, monsieur, je suis sa bonne.

Les caméras qui étaient prêtes à tourner furent arrêtées par le cri guttural du journaliste :

— Attendez, il y a erreur, c'est la domestique de Madame de Saint-Exupéry. Madame de Saint-Exupéry est encore à bord !

Je passai tranquillement au milieu de ces personnages qui attendaient ma « patronne »...

Tandis que je touchais du pied la terre ferme, je rassemblai lentement mes pensées. Ainsi, je comprenais la mise en scène de Fleury. Il était venu m'accueillir à la passerelle du bateau pour s'assurer qu'aucune photo de moi ne serait prise à l'arrivée. On aurait pu dire que ce n'étaient pas Monsieur et Madame de Saint-Exupéry qui étaient dans les bras l'un de l'autre ! Donc Tonio ne voulait pas être vu avec moi... Pourquoi ? Sans doute avait-il l'intention d'épargner à une de ses amies la vue d'une femme légitime dans les bras de son mari !

L'amertume me rendait laide. Je commençai à haïr la vie. Et dire que j'allais dans quelques instants voir le visage de mon mari qui fuyait notre vraie rencontre ! Mais je ne pouvais lui en faire le reproche. Le choc que j'éprouvais était trop fort. Après tout ce que j'avais souffert pendant la guerre, après deux ans d'absence, me trouver devant mon mari en chair et en os... Je respirais profondément cette odeur de quai, amère et salée. Je ne voulais garder dans mon être qu'une sorte de bonté, de paix, d'amour. Je l'aimais. Oui, je l'aimais encore.

Ces histoires d'interviews et de photographes n'altéraient en rien mes sentiments. Mon cœur seulement faiblissait à chaque pas. Je commençais à entendre des bourdonnements dans les oreilles et mes jambes me lâchaient comme si elles avaient été en coton.

Bientôt je ne distinguai plus que des ombres et des cris. Je fermai les yeux pendant quelques secondes et m'accrochai fortement aux bras de Fleury, qui m'appuya contre un mur en me réconfortant :

— Ne t'évanouis pas. Tu as très bien tenu le choc jusqu'à présent. Un peu de courage encore, tu vas revoir ton mari, il est là-bas, il est là-bas derrière cette grande colonne au fond. Ouvre les yeux, je t'en prie.

Je respirai profondément, détendis mes bras. L'idée de revoir mon mari me redonnait des forces. Même si on m'avait ordonné de reprendre le bateau, pendant deux mois sur une mer agitée, j'aurais encore ouvert les yeux et marché jusqu'au dernier souffle de ma vie pour retrouver celui que j'aimais.

J'observai cette colonne qui devenait de plus en plus haute. Cent mètres me séparaient de Tonio. Je voyais sa taille de grand arbre, debout au milieu des piliers. Je commençai à distinguer les courbes de sa silhouette, de ses épaules un peu voûtées, comme s'il avait soutenu la colonne. Il me regardait venir, immobile.

Cet homme-là était mon mari. Je le distinguais à trois mètres de moi, pâle, enveloppé dans une gabardine grise, enfermé en lui-même. Il n'avait pas de chapeau ni de gants, il ne bougeait pas. Enfin j'arrivai à le toucher. Il n'avait pas l'air vivant. Il y avait mille ans que nous ne nous étions vus, embrassés, interrogés du regard. J'étais tout près de lui et ses bras étaient d'acier et ma voix avait fui au-delà du mystère de la vie. Ce fut lui qui ouvrit brusquement les bras et me serra à m'étouffer en criant :

— Partons, partons tout de suite.

Mais il fallait attendre comme tout le monde qu'un taxi

nous prenne. Nous attendîmes presque une heure. Je commençais à goûter la courtoisie qui règne dans les files d'attente à New York. Les gens sont simples, patients, bien élevés. Personne ne rouspète, ne vole le tour d'un autre. Cela me réconforta et calma ma nervosité.

La première question que me posa Tonio fut :

— Qui as-tu vu ? Pourquoi as-tu donné des interviews ?

J'étais lasse, et à mon tour je lui répondis :

— Ecoute, je n'ai parlé à personne.

— Mais je t'ai vue, je t'ai vue parler à quelqu'un.

— Oui, j'ai dit à un journaliste que j'étais la domestique de Madame de Saint-Exupéry. C'est tout, ne m'interroge plus. J'ai subi assez de questionnaires pour mes papiers au moment de débarquer. Je me suis levée à 5 heures et j'étais si nerveuse que je n'ai rien mangé.

Dans le taxi, nous n'avons échangé aucun mot, désemparés par ces retrouvailles. La conversation magique que j'attendais n'avait pas lieu. Deux êtres qui venaient de ressusciter à la vie commune continuaient, identiques à eux-mêmes, à ne pas se comprendre, à ne pas se relier, murés dans leur silence, tandis que le taxi entrait au cœur d'une ville bruyante.

Je ne savais pas où me menait mon mari. J'étais tout entière livrée à lui et à mon destin. Mon cœur ne pouvait ni rire ni pleurer.

— Je te conduis, m'annonça Tonio, au café Arnold.

— Pourquoi dans un café ?

— Parce qu'on nous y attend. Des amis t'offrent un cocktail. Mon éditeur, sa femme et quelques autres personnes.

— Mais il faut que je fasse un brin de toilette au moins, que je me coiffe, dis-je timidement.

— Les distances sont très grandes à New York, d'ailleurs, au café Arnold, tu trouveras des toilettes pour te laver les mains.

Je compris que je n'avais qu'à obéir. Quelques minutes

plus tard, la voiture s'arrêta au café Arnold, 240 Central Park South. On me fit descendre avec empressement, des chasseurs ouvrirent plusieurs lourdes portes et je me retrouvai devant une douzaine de personnes qui riaient joyeusement, curieuses de rencontrer la femme du grand écrivain...

Le café Arnold est un café français. Les garçons, aimables, vous servent des apéritifs français, l'absinthe, le chambéry-fraise mais aussi du Martini et toute la série, bien entendu, des cocktails américains, ces savants mélanges que les barmen noirs mélangent pour les clients assoiffés comme des sorciers fabriquent des philtres empoisonnés.

Ma pauvre toilette tranchait beaucoup avec celles des femmes décolletées qui me questionnaient toutes à la fois sur mon voyage, sur la France, parfaitement à l'aise en compagnie de leurs amis et de leurs maris. Peu à peu, cependant, une chaleur, une confiance dans ces êtres qui m'entouraient d'une amitié bruyante m'envahirent agréablement. Le menu était abondant. Je voyais sur la table des quantités de beurre, de pains et de viandes dont la présence et la saveur m'étaient devenues depuis longtemps inconnues. Mon mari était devant moi comme autrefois, et je me plaisais à contempler la coiffure, les bijoux, les robes de ces femmes. Il m'était difficile d'imaginer Oppède, de revenir à mon village de pierre. Etais-je vivante ? Rêvais-je ? Ou simplement le chapelet de mes malheurs avait-il pris fin ? Mon mari amusait ses invités avec ses éternels tours de cartes.

— Il est tard, dit enfin une dame. Je me lève de bonne heure. Il faut que je rentre chez moi.

Mon mari se dressa comme un ressort.

— Vous aussi, Consuelo. Vous devez être fatiguée. Partons.

Une simple signature sur la note suffit à mettre fin à ce copieux repas. Nous prîmes de nouveau un taxi, et j'entendis mon mari annoncer au chauffeur :

— Barbizon Plaza.

Suivie du directeur de l'hôtel, je parcourus une suite de trois pièces qui me parut le comble du luxe. J'étais surprise non seulement de trouver un appartement chauffé avec une salle de bains, mais encore plus de le sentir sans vie. Tonio me dit :

— Bonsoir. Moi, j'habite un autre appartement, trop petit pour nous deux. Demain je demanderai de vos nouvelles. J'espère que vous vous reposerez bien.

Il me serra la main et me souhaita une bonne nuit. Tout cela se passa très vite. Je le regardai comme une bête, sans comprendre. Il répéta de nouveau :

— Dormez bien, à demain.

Et je me retrouvai seule au milieu de la chambre, parmi ces meubles étrangers, dans cette ville étrangère.

24

« Je n'ai jamais cessé de vous aimer »

J'avais du mal à répondre à toutes les questions qui m'assaillaient. C'était vraiment un cauchemar. Ayant quitté mes amis d'Oppède, je me retrouvais seule, au bord d'un lit, dans la froideur d'une chambre d'hôtel. Je ne pouvais y croire. Je m'assis par terre comme je le faisais dans mon enfance quand je venais de casser une jolie poupée ou quand je ne comprenais rien à un nouveau jeu. Je ne sais combien de temps je restai ainsi. Comme une fée, j'aurais voulu m'envoler par la fenêtre d'un vingtième étage, face à toutes les belles lumières de ces gratte-ciel, et arriver directement à côté de Dieu où les anges m'auraient fait une compagnie plus agréable que celle de mon mari ! Je ne connaissais même pas son numéro de téléphone. Où trouver le réconfort d'une parole amie ? Mon corps était brisé. Seul mon cerveau retraçait ma vie depuis que j'avais épousé Tonio.

Je déambulais dans cette suite glacée. Je regardais ces porcelaines, ces gravures, toutes les mêmes dans tous les hôtels du monde. Je voyais les buildings illuminés. Quelle fenêtre était celle de mon mari ? Je pleurai doucement quand la porte de mon appartement s'ouvrit. Je vis passer la tête d'un maître d'hôtel qui m'apportait un télégramme en s'excusant d'avoir employé son passe parce que je n'avais pas répondu aux coups qu'il avait frappés. C'était un câble de Bernard Zehrfuss : « Les chevaliers d'Oppède sont en pensée avec vous pour votre débarquement. Vous nous manquez terriblement, lettre suit. Vos dévoués, Albert, Bernard, etc. »

Ah ! Que j'avais besoin de ce message ! Quelque part dans le monde, il y avait des cœurs amis qui pensaient à moi. Je commençai une longue lettre pour Bernard où enfin je pus dire tout ce qui débordait de moi. La nuit se passa dans une espèce de rêve éveillé. Pourquoi le ciel me traitait-il de façon si bizarre ? Le jour me trouva ainsi, tout habillée, allongée sur le canapé.

Au Barbizon Plaza, on apportait un petit déjeuner français, introduit par une fente dans la porte... Il y avait là quelques verres de café au lait, du pain, du beurre et de la confiture. Je bus ce lait chaud fumant, comme une automate, tout en essayant de définir ma situation. Où était Tonio ? Qui était-il donc ?

Je ramassai les miettes que j'avais laissées tomber sur le sol. C'était une occupation agréable que de rassembler ces petits morceaux de pain dispersés sur le tapis bleu : ces simples gestes me redonnaient une sorte de conscience de la vie.

J'avais une réponse à rédiger au télégramme de mes fidèles chevaliers. Ils étaient ma richesse. Un amour sûr. Je n'étais pas seule dans cette suite de pièces glacées. Je pouvais penser à eux, les aimer puisqu'ils me permettaient de leur témoigner mon amour. Le téléphone sonna dans la chambre et cette sonnerie me rendit à la réalité.

— Allô, allô, madame de Saint-Exupéry ? Ici votre ami du bateau, le Portugais. Je viens d'apprendre par votre mari que vous êtes seule à l'hôtel Barbizon. Que puis-je faire pour vous ?

— Venez me voir si vous en avez le temps.

Un quart d'heure plus tard, S. était assis dans le salon du luxueux appartement. Nous parlâmes de choses et d'autres. Il me demanda la permission de venir dîner avec sa femme. Nous restâmes silencieux sur le nom de mon mari bien que l'envie ne me manquât pas de me confier à cet homme si amical. Quand il partit, il me baisa la main, et je dus la retirer brusquement parce que les larmes me montaient aux yeux. Discrètement, il s'esquiva comme sachant qu'il ne pouvait rien faire pour moi. Tout ce que je connaissais de lui, c'était le numéro de téléphone de son bureau. Ainsi pourrions-nous parler quelquefois. Pour moi, c'était déjà beaucoup.

Le téléphone sonna une seconde fois. Mon mari était au bout du fil. Il m'apprit que nous n'habitions pas loin l'un de l'autre et que de ce fait, si je voulais faire quelques pas, je pourrais venir voir son appartement. Je fus touchée de son invitation et l'acceptai. Il me laissa à peine le temps de le visiter et me conseilla, puisqu'il était pris à déjeuner, de manger au café Arnold en bas de son appartement, là où la veille nous avions pris notre repas. Depuis ce jour, j'adoptai ce lieu qui devint ma cantine.

Mon mari éprouvait la même angoisse et la même fatigue que moi. J'avais pitié de lui et lui se rendait compte qu'il était cruel pour moi d'être logée loin de lui. Je ne voulais pas aborder cette question la première. Je lui annonçai, pourtant, que je voulais retourner à Oppède, que je n'avais rien à faire à New York, que je m'y ennuyais déjà terriblement, que ces rues m'étaient étrangères, que je n'avais pas d'amis. Il m'assura que le lendemain, dimanche, il me conduirait à la campagne chez une de nos amies, Michèle, qui serait sûrement heureuse de me servir de guide dans la ville.

En effet, le lendemain nous nous rendîmes chez elle, où je trouvais des arbres en fleur, des jeunes gens en train de boire, et l'atmosphère d'un vrai foyer. J'avais la gorge serrée. La journée se passa vite, et je rentrai le soir dans mon appartement solitaire.

Par une lettre d'Amérique centrale, ma mère me

demanda pourquoi j'habitais, à New York, à une autre adresse que celle de mon mari. Je montrai ma lettre à Tonio et il s'arrangea pour que j'aie le plus vite possible un appartement presque semblable au sien, 240 Central Park South, où il habitait.

Ainsi commençais-je à m'installer à New York. De temps à autre, mon mari venait prendre un repas avec moi, en dehors des heures habituelles car il mangeait vers 2 ou 3 heures du matin.

J'avais pris la sage résolution de travailler. Le travail est la seule chose qui permette de garder un équilibre, de trouver une issue dans la confusion des événements. Je décidai de refaire de la sculpture dans un atelier qui se trouvait à deux maisons de la mienne : Art League Students.

A la fin de ma première semaine, j'avais déjà fait connaissance de quelques jeunes gens qui s'adonnaient très sérieusement à cet art. Certains parmi eux m'accompagnaient au cinéma, prenaient leurs repas avec moi et s'amusaient même à lire de vieux journaux français que nous arrivions à dénicher à New York. Ces amis étaient pour moi d'un grand réconfort, cependant je me sentais incapable de sculpter des formes pures. Le professeur me gâtait beaucoup, j'étais une réfugiée, cela se voyait à ma maigreur, à la gratitude que j'avais pour lui au moindre signe d'affection qu'il me témoignait.

Mon mari vint me faire une visite à l'école. J'étais contente de le voir penché sur ma statue la plus récente. Elle était un peu de travers, comme un funambule. Il me conseilla de ne pas désespérer. Avec assurance, il me prédit que si, chaque jour, je la touchais de mes doigts, si je savais bien caresser l'argile, bientôt elle deviendrait belle et droite. Je le regardai dans les yeux avec étonnement. Son conseil me donna une idée... Si chaque jour j'allais le voir, le toucher de mes regards d'amour, si j'allais lui dire chaque jour ma fidélité, ma foi dans le sacrement du mariage qui nous unissait à jamais, peut-être finirait-il par m'écouter et par être mon mari comme autrefois...

Je continuais cependant à m'enfoncer dans une sorte de dépression. Je me rendais souvent dans les églises, je faisais chaque jour de petits pèlerinages, parfois j'en riais, je croyais devenir folle, je me confessais, me confiais aux prêtres...

J'avais un joli appartement, en apparence rien ne me manquait ; parfois je relisais les lettres de Bernard venant d'Oppède. Et je me rappelais les privations, la crainte, le froid que nous supportions dans ce village de pierre, balayé nuit et jour par le mistral qui nous apportait constamment la rumeur de l'ennemi. Je remerciais alors le ciel de me trouver saine et sauve dans une chambre claire et blanche. Mais les allées et venues de mon voisin de mari, certains bruits, certaines voix féminines, certains rires, certains silences que je percevais à travers la cloison me faisaient trembler de jalousie, étouffer dans ma soli-tude d'épouse délaissée. Je me sentais un peu comme une reine à qui l'on n'enlève pas son titre mais qu'on envoie vivre à l'écart. Alors toutes ces nappes blanches, tout ce luxe, toutes ces lumières de gratte-ciel m'étaient insuppor-tables. Je ne désirais qu'une chose : une épaule pour dormir.

Je relus à cette époque les *Lettres de la religieuse portugaise* et quelques autres ouvrages qui me faisaient brûler tou-jours davantage d'amour pour Tonio, et je compris qu'il était malsain de vivre si près de lui que je voyais de mes fenêtres les lumières de son appartement.

Je lui demandai avec beaucoup de calme de me trouver un autre logement, loin du sien. Je lui expliquais que je ne pouvais rester indifférente à tout ce qui se passait chez lui, et que de voir entrer ou sortir de jolies femmes de son appartement m'était un vrai supplice. Il me prit silencieu-sement par la main, m'embrassa les cheveux et me dit :

— Vous êtes ma femme, ma femme chérie, car je vous chéris à chaque heure du jour. Il faut que vous arriviez à me comprendre comme une mère comprend son fils. J'ai besoin d'être aimé ainsi. J'ai fait de grandes choses dans l'aviation, mais vous savez bien que je me suis cassé des bras, des épaules, des côtes, et parfois je sens que ma tête s'ouvre en deux. Depuis ma première chute en avion, quand j'apprenais à voler, j'ai dû m'abîmer quelque chose dans le crâne. Depuis ce jour-là, je souffre de migraines terribles qui me rendent silencieux ou enragé. Vous me faites du bien quand vous êtes là sans parler ni bouger, quand vous ne demandez rien. Il se peut d'ailleurs que je n'aie plus rien à vous donner. Mais c'est peut-être vous qui êtes capable de me donner, de me cultiver, de m'ensemencer, de m'enrichir, de compenser ce que je perds pour que je puisse créer, continuer mon grand poème, ce livre où je voudrais mettre tout mon cœur. Vous êtes la première qui ait cru en moi, vous êtes celle pour qui j'ai écrit *Vol de nuit*, vous vous rappelez cette lettre que je vous ai écrite pendant mes escales dans les petits patelins sud-américains ? Vous avez compris cette lettre. Vous m'avez dit : « Plus qu'une déclaration, plus qu'une lettre d'amour, cette lettre est un cri d'appel vers le seul être qui puisse vous secourir. Secours dans vos heures de solitude dans le ciel, secours quand vous êtes menacé par les étoiles qui, dans votre fatigue, se confondent avec les lumières des hommes sur la terre. Secours quand vous êtes de nouveau parmi les hommes pour réapprendre la vie de chaque jour. Secours pour ne pas oublier que vous êtes aussi un homme de chair, un homme périssable... » Vous étiez l'être que je cherchais. Vous étiez le port où m'abriter, vous étiez aussi une très jolie jeune fille, déjà angoissée par mes vols de nuit, angoissée déjà de cette menace de la fin... Alors si vous m'aimez un peu, protégez en moi la substance de l'homme que je suis, parce que vous la croyez précieuse. Vous avez dit un soir : « Vous avez un message à apporter aux hommes. Rien ne doit vous arrêter, pas même moi... » Ce jour-là, je décidai de vous épouser pour toujours, pour toute la vie, et pour toutes les vies qu'il nous sera accordé de vivre au-delà des étoiles. Et vous avez commencé à créer un monde où je marcherais droit dans le sens de ce message, auquel vous avez cru. Souvent, aux moments les plus amers de notre séparation, je me promenais encore, plein de confiance et seul, dans la grande chambre mansardée de Tagle à Buenos Aires, où vous m'enfermiez devant une table pour écrire, où je devais, comme un enfant en pénitence, rédiger une page de *Vol de nuit*. Dans mes moments de colère contre vous, j'ai encore aux lèvres la saveur du porto que vous versiez d'un tonneau miniature dont le robinet d'or était si joli dans la niche du grenier où vous me condamniez aux travaux forcés ! Je n'ai rien oublié, Consuelo, de vos tendresses, de votre dévouement, de votre sacrifice. Je sais combien vous ont marquée les angoisses, les tourments, les difficultés de la vie errante que je vous ai fait mener. Je connais l'injustice de vos « amies » sur votre compte, quand il s'agissait de critiquer notre ménage. Elles n'ont jugé qu'avec leur mentalité féminine. Vous, vous m'avez compris, et plus tard vous m'avez aimé, mais vous étiez douloureusement pétrie par la lutte de notre vie quotidienne. Vos impatiences venaient de votre lassitude, les miennes aussi. L'inquiétude a fait place à l'amour et je me suis éloigné de vous pour nous défendre l'un de l'autre. Ainsi nos amis n'ont plus eu de raison de vous rendre responsable de mon malheur ou de mon bonheur. Sachez bien que je n'ai jamais cessé de vous aimer. Mais je vois votre front se rider, j'entends déjà votre voix altérée, qui va nous séparer encore une fois.

— Non, Tonio, je ne suis pas amère. J'ai appris depuis longtemps à digérer le venin de la jalousie. Il n'y aura plus de discussions entre nous, plus de cris. Je veux voir clair. Je viens de loin pour te retrouver, et les jours passent sans que tu ne m'accordes un repas. Je ne sais vraiment pas à quoi je peux te servir, habitant un autre appartement que le tien, restant toujours derrière ta porte. Le maître ne prive pas son chien d'un regard...

— Taisez-vous, cria-t-il. Vous me faites mal. Aujourd'hui même, je vous trouverai un appartement dans ma maison, ainsi nous verrons-nous tous les jours et continuerons-nous à parler de nous.

Ce fut donc une nouvelle installation dans un nouvel appartement, qui ressemblait à une serre d'hiver. Mon mari me fit envoyer des fleurs, des plantes vertes, une machine à écrire silencieuse et un dictaphone.

— Ainsi, quand vous serez seule, vous pourrez raconter vos jolies histoires à cet appareil, et si j'ai envie de vous entendre, je mettrai un de vos disques et je vous écouterai. Car vous êtes un grand poète, Consuelo. Si vous le vouliez, vous pourriez être meilleur écrivain que votre mari...

La pendaison de crémaillère chez moi fut très gaie. Mon mari m'amena quelques amis et nous eûmes une agréable soirée. Le déménagement l'avait beaucoup changé. Depuis ce jour, il me rendait visite tous les soirs avant de s'endormir, pour me prouver qu'il rentrait chaque soir dans sa cage... Parfois il me téléphonait pour me lire les pages qu'il venait d'écrire, et me parlait d'avenir comme si nous devions finir nos jours ensemble.

25

On parle de divorce

Les heures de repas étaient un peu confuses dans notre ménage. Tonio m'invitait à déjeuner ou à dîner mais il ne venait jamais aux rendez-vous. Mon humeur certainement n'était pas douce. Souvent je fuyais la table que j'avais préparée et descendais en colère au café Arnold pour manger toute seule.

Et là, je le retrouvais entouré d'hommes et de femmes, essayant d'amuser ses invités, lui, le Français le plus mélancolique de tout New York. Il n'aimait pas me voir seule à une table comme un reproche silencieux. Il m'ignorait et si, par hasard, il se trouvait quelqu'un qui me connaissait, je distinguais dans son regard presque de la haine à mon égard, fût-ce seulement pour une poignée de main qu'on me donnait.

Quoi qu'il se passât le jour, cela n'avait aucune répercussion sur nos entretiens de la nuit : il venait ou me téléphonait de sa voix tendre, me souhaitant bonne nuit et me parlait du lendemain avec amour.

Ce bonheur était toujours pour plus tard.

Le premier jour du printemps, je me risquai jusqu'à son appartement. Depuis que j'avais déménagé, je n'avais jamais été invitée chez lui. C'était toujours lui qui montait les trois étages qui nous séparaient. Le soleil tout neuf sur

la verdure, les fleurs m'avaient poussée à courir vers lui
sans aucune timidité. La porte n'était jamais fermée à clé.
J'entrai et tombai sur une dizaine de personnes qui ache-
vaient de déjeuner. Je les mis immédiatement à l'aise en
les prévenant que je venais servir le café. La légèreté avec
laquelle je reprenais ma place de maîtresse de maison
amusa Tonio. Mais cette détente que j'avais remarquée sur
son visage ne dura pas longtemps.

Parmi ses invités, il y avait un de nos amis musiciens qui
donnait le lendemain un concert à Town Hall. Il insista
auprès de mon mari pour que j'y assiste. Je feignis d'oublier cette invitation, mais ce fut Tonio qui tint, pour la
première fois, à me conduire dans un lieu public. Nous
avions des places à l'orchestre, très en vue. Toute la colonie française se trouvait là, notre ami musicien étant un
de leurs compatriotes. J'étais heureuse d'entendre de la
bonne musique, mais je sentais mon mari terriblement
nerveux à cause des sourires et des sous-entendus des voisins, qui le voyaient pour la première fois accompagné de
sa femme. A l'entracte, il s'enfuit sans un mot. Je me trouvai seule et davantage exposée, au point que le musicien,
occupé à diriger son orchestre, le remarqua. Je n'avais pas
emporté mon portefeuille car je pensais que Tonio me
reconduirait à la maison. Je me sentais perdue dans mon
cœur et dans les rues de New York. Je marchais pendant
une demi-heure le long des trottoirs, en robe longue, des
larmes pleins les yeux, sous le regard des passants, jusqu'au moment où je rencontrai mon ami musicien qui
descendait de sa voiture pour aller souper dans un grand
restaurant avec quelques personnes. Il me prit le bras et
je les suivis. Depuis ce jour, j'eus un autre ami dans cette
ville où je me sentais si étrangère. Je recommençai alors à
réfléchir sur la vie, sur le cœur des hommes. Mon ami peu
à peu me fit comprendre avec douceur que si l'un des
conjoints commet une faute, c'est l'autre qui doit la réparer, coûte que coûte. Il me conduisit à la campagne, me

montra la beauté des forêts américaines. Quand je revins, j'étais plus sûre de moi.

Mon mari cependant s'inquiéta un peu de cette absence de trois jours dont je lui avais fait part laconiquement, par un simple mot. Notre entrevue fut aimable mais assez ironique. D'habitude, c'était lui qui partait en week-end je ne savais où, cette fois, c'était moi. Rien n'était changé, en apparence... J'avais beaucoup réfléchi et je lui demandai ce soir-là s'il pouvait m'accorder une heure pour parler de choses sérieuses. Il voulut remettre au lendemain cette conversation. J'acceptai en prétextant que ce délai me permettrait d'entendre un bon chanteur qui passait dans un music-hall. Il changea aussitôt d'avis ! il viendrait chez moi.

Pour la première fois, il fut exact au rendez-vous. Je lui offris un grand verre de lait, comme d'habitude, mais il me demanda un whisky. Nous bûmes plusieurs whiskies et je lui annonçai alors que j'avais compris ce qu'il me restait à faire : divorcer.

Quelques jours plus tard, nous rencontrâmes un avocat pour régler notre situation. L'avocat exigeait que je déménage immédiatement. Mon mari me fit répondre en anglais, car c'était moi qui traduisais, que cela ne se ferait pas, qu'il acceptait de céder sur la question de l'argent mais qu'il ne voulait pas que j'habite ailleurs.

La discussion s'éleva, l'avocat lui dit en mauvais français qu'il me traitait comme une maîtresse et non comme une épouse et que lui, mon avocat, était prêt à me défendre.

Mon mari se leva et me planta un baiser sur la bouche. C'était le premier qu'il me donnait depuis six mois que je vivais à New York. Je me fâchai car ce n'était pas sérieux de sa part.

— Je me fous des lois, conclut-il, je vous aime.

Et il claqua la porte, très en colère.

Tout recommençait. Je me souvenais : Almeria... Les orangers en fleur sur la côte... L'amour de nos jeunes vies...

26

La maison du Petit Prince

C'était l'été et il faisait une chaleur tropicale. Timidement je suggérai à Tonio :

— Vous voyez, il faut que nous quittions New York, que nous allions vivre à la campagne. Vous ne tiendrez pas le coup ici.

— Je rêve d'être à la campagne et d'avoir moins chaud Ne plus bouger et travailler, écrire, nuit et jour.

— Donnez-moi un peu d'argent, je demanderai des renseignements dans une agence.

— Non, je vous amène à la gare, prenez un train vers le nord, une belle micheline, la plus rapide.

A la Gare Centrale de New York, je montai dans une micheline qui allait je ne sais où. Je regardai les noms des stations et je lus : North Port. Là, me disais-je, c'est le nord, c'est le froid, il doit y avoir un vent rafraîchissant.

Je pris un billet jusqu'au terminus, et je me souviens que vous avez payé avec pas mal de dollars pour que j'aille jusqu'au bout du monde ; en fait, je ne fis que trois quarts d'heure de micheline...

A la descente, je me mis à chercher partout un taxi pour me conduire en ville. Pas de taxi. Mais j'avais un petit truc à la Consuelo : j'étais la seule de New York à trouver un taxi quand tout le monde en cherchait. Parmi les voitures arrêtées aux feux rouges, il y avait toujours des taxis pour les militaires, les malades, les handicapés ; alors je fixais un chauffeur et je tâchais de me composer un visage qui soit aimable et agréable, je me glissais à la portière, j'ouvrais mon sac, je montrais un billet de cinq dollars au chauffeur et je lui disais : « Oh, je vais assez loin », et lui : « Je conduis, vous voyez que je suis occupé. » J'insistais : « Oui, nous conduirons d'abord cette personne et moi ensuite. » C'est ce que je fis à North Port. « Vous me conduirez après vers la grande maison blanche. » J'avais vu en effet, du train, une maison blanche à trois étages, de style colonial, assez romanesque.

La voiture s'arrêta devant le portail de la grande maison blanche, devant laquelle s'étalait un parc magnifique. La grille étant ouverte, j'entrai comme chez moi. Un monsieur avec un arrosoir à la main me regardait en souriant et je lui demandai :

— Monsieur, je suis sans doute indiscrète, mais je suis étrangère. Mon mari à New York est écrivain, il s'appelle Antoine de Saint-Exupéry, peut-être avez-vous entendu parler de lui ?

— Oh oui, me répondit-il, j'ai lu son livre, *Wind, Sand and Stars*[1], c'est un best-seller, voulez-vous entrer chez moi ?

Il me fit pénétrer dans le salon, que nous appelâmes par la suite Bevin House, je ne sais pas pourquoi.

J'expliquai :

— Je cherche une maison à louer dans le coin. Mon mari ne supporte plus la chaleur. Vous savez qu'il a eu un très grave accident au Guatemala il y a quelques années et il ne peut même plus sauter en parachute, parce que son coude ne s'est pas encore complètement cicatrisé, il a des rhumatismes, et il souffre d'avoir quarante-trois ans... On le trouve trop vieux pour faire la guerre en avion, car il pilote aussi.

---

1. *Terre des Hommes.*

— Je sais, je sais tout ça, j'ai lu *Night Flight*[1], ma femme se parfume même au « Vol de nuit » de Guerlain que nous aimons beaucoup.

C'était du baume au cœur que ces paroles et je regardais déjà le plafond, le décor, les pièces, les corridors... comme si cette maison m'appartenait.

— Vous habitez ici ? Votre femme vient passer les vacances avec vous ?

— Hélas, ma femme est handicapée, elle ne peut pas quitter sa maison de santé, et je n'ai pas d'enfant ; je viens de temps en temps parce que nous avons planté des rosiers, des dahlias, et, vous voyez, c'est tellement facile de se baigner. Regardez la plage.

— Et puis il y a un petit vent agréable. Vous savez, à New York, on est en train de rôtir.

— Oh ! Que j'aime votre accent. Vous parlez comme Salvador Dali.

— Oui, je sais. C'est un de nos amis, quand vous voudrez, je vous le présenterai.

— Ecoutez, madame, vous pouvez annoncer à votre mari que vous avez trouvé votre maison. Mais précisez-lui bien que je ne la lui loue pas. Je la lui offre. Il peut y rester le temps qu'il voudra. Voilà la clé. Ça, c'est la porte d'entrée, ça la porte de la grille. Voulez-vous visiter ?

Je téléphonai aussitôt à Tonio.

— Combien met-on de temps de cette maison à ici ?

— Eh bien, par la micheline où tu m'as laissée, j'ai voyagé peut-être trois quarts d'heure mais, avec une voiture, ce sera moins long.

Le monsieur me demanda :

— Voulez-vous du café, du thé, un chocolat ?

— Oui, j'aimerais un chocolat. Il y a longtemps que je n'en ai pas pris. Mon mari sera là dans trois quarts d'heure.

1. *Vol de nuit.*

Je commençai à lui raconter ma vie à Oppède. J'étais intarissable, car lorsque je commençais à parler du village c'étaient les pierres qui s'exprimaient, et la conversation pouvait s'éterniser des heures...

Tonio arriva enfin avec sa secrétaire, le chien Hannibal, le magnétophone. Nous visitâmes la maison de haut en bas et, notre propriétaire devant prendre le train, il nous laissa chez lui en ajoutant :

— Ça me ferait grand plaisir si vous m'invitiez un de ces dimanches.

— Quand vous voudrez, monsieur, vous pourrez même habiter ici, choisir une chambre, il y en a tellement...

Cette maison est devenue la maison du Petit Prince. Tonio y continua son manuscrit. Je posais pour *Le Petit Prince* et tous les amis qui venaient aussi. Il les rendait fous de colère parce que, une fois le dessin fini, ce n'était plus eux, mais un monsieur à barbe, ou des fleurs, ou de petits animaux...

C'était une maison faite pour le bonheur. Tonio me demanda un jour :

— Vous vous rappelez la chambre de Buenos Aires, celle où j'ai commencé à écrire *Vol de nuit* ? Faites-moi la même.

— Oui, Tonio, je vous retrouverai un petit tonneau avec un robinet d'or où l'on mettra du porto, je vous remplirai des Thermos pleins de thé chaud, je poserai près de vous des bonbons, des pastilles à la menthe, beaucoup de crayons de toutes les couleurs, des papiers multicolores aussi et une grande table.

Tonio partait souvent les week-ends pour Washington. Je ne savais pas qui il allait voir et cela commençait à me rendre nerveuse et inquiète... Il me passait des coups de fil et rentrait sans mot dire, le lundi, très fatigué. Je ne lui demandais jamais ce qu'il faisait là-bas. Je le sus plus tard. Nous déjeunions tous les deux au café Arnold lorsqu'un général américain vint vers nous.

— Mon général, je vous présente mon épouse, Consuelo, elle est espagnole mais elle parle anglais.

— Moi, je parle le français, répliqua-t-il avec un grand accent.

Et il ajouta :

— Est-ce que votre mari vous a raconté le beau travail, l'aide si importante qu'il apporte chaque dimanche à nos plans d'invasion, pour le jour où nous débarquerons en France ? Il connaît la mer comme personne et sait très bien comment aborder les côtes méditerranéennes et même celles de l'Atlantique.

Paix de North Port ! Douceur retrouvée !

27

Derniers instants de bonheur

Tonio ne savait pas ou ne voulait pas parler de lui-même. Sa façon de voir le monde, de le sentir, lui venait sûrement de l'enfance ; il ne parlait jamais de lui, ne se racontait pas, il essayait tous les jours de grandir, de se servir des expériences d'hier pour augmenter ses possibilités de réussite, et cela pas seulement pour lui mais aussi pour les autres. Il ne parlait pas pour faire du bruit avec les mots, pour brasser du vent, mais pour dire toujours quelque chose qui avait un sens. Il ne mélangeait jamais ses douleurs physiques et morales avec le reste de sa vie. Il en faisait totalement abstraction. Il se donnait toujours à celui qui l'écoutait. Je me souviens d'une de ses phrases : « Il faut aimer les hommes sans le leur dire. » Elle explique son caractère : il aimait les hommes mais ne perdait pas son temps à leur expliquer l'attention, l'amour qu'il était capable de leur donner.

L'amour pour lui était une chose naturelle. Ceux qui habitaient avec lui le supportaient difficilement parce qu'il emportait tout son être avec lui, il se déplaçait avec lui-même complètement, totalement. Mais il savait aussi revenir complètement, totalement, sans oublier une parcelle de lui ailleurs. Ses forces physiques et psychiques étaient rassemblées, accordées entre elles, et presque iné-

puisables. Quand je le grondais parce qu'il se surmenait à
faire trop de mathématiques qui me semblaient si rébarba-
tives, il répondait par un large rire et par la même phrase :
« Quand je serai mort, je ne me fatiguerai plus ! »

Je l'aimais pour sa maladresse, pour ses allures de poète,
pour ses airs de géant qui cachaient une âme sensible. Il
savait déplacer des poids très lourds sans effort comme il
avait la grâce de découper dans du papier très fin des
avions qu'il lançait dans le ciel, du haut de notre terrasse,
sur les maisons voisines...

Il oubliait sa grande taille d'arbre, il se heurtait toujours
la tête aux portes, inévitablement. Quand il entrait dans
un taxi, il se cognait chaque fois le front, il souriait et
décrétait que c'était pour s'exercer à de plus graves
chutes... Souvent, il me disait : « Je me crois un beau jeune
homme blond et bouclé mais, quand je passe mes mains
sur mon crâne, je me rends à la réalité, je suis chauve... »

Ses vêtements étaient toujours mal repassés parce qu'il
s'allongeait dessus ou dormait tout habillé. Je n'arrivais
jamais à rétablir les plis de ses pantalons. Il ne défaisait
pas ses nœuds de cravate quand il se mettait au lit, il tirait
d'une façon habile sur une des pointes, le nœud cédait,
l'anneau du cou s'agrandissait et ainsi il y passait la tête !
Généralement, il perdait ses chaussures dans l'espace de
la chambre. Il demandait à ses amis de chercher avec lui :
les chaussures pouvaient être aussi bien sur la cheminée,
dans le tiroir de sa table de travail, parmi ses papiers,
cachés derrière les journaux !

Il voulait des pantalons et des vestons tous semblables. Il
était heureux de trouver le même pantalon, propre, neuf et
il m'embrassait en disant : « Un jour, j'irai moi-même chez
le tailleur et je commanderai des vêtements superbes, un
complet bleu marine qui ira très bien, par exemple, avec
mes cheveux blonds et bouclés. » Et il riait. Ses chemises
étaient toujours d'un certain gris-bleu, et les soirs, les
grands soirs, pour m'accorder une concession, il les choisis-

sait blanches. Jamais je ne l'ai vu porter des bretelles. Il en avait horreur comme il avait horreur des jarretières. Il préférait de loin subir des chaussettes tombantes. Quand il a découvert le rasoir électrique, il était fier comme un enfant, et il l'exhibait dans tout l'appartement. Il se rasait plusieurs fois par jour, le bruit de l'appareil lui était devenu familier. Il accompagnait ses réflexions.

A Bevin House, il était vraiment très heureux. On avait baptisé le domaine « La Maison du Petit Prince ». Il passait beaucoup de temps dans le grenier que je lui avais aménagé. Un jour la femme d'André Maurois me demanda :

— Qui est cette jeune femme qui arrive à 5 heures tous les jours ? Votre mari s'enferme avec elle là-haut. On ne la voit que pour dîner.

— Elle vient lui apprendre l'anglais, répondis-je.

Je l'avais en effet convaincu de prendre des leçons.

— D'accord, si vous publiez une annonce demandant une jolie femme parlant bien anglais et qui ne me prendrait que 10 % de mon temps.

— Je vais rédiger cela le mieux possible. On fera passer l'annonce à l'agence Havas.

Nous avons reçu une vingtaine de femmes, il y avait une foule de voitures devant le perron. Nous avons passé des auditions.

— Ecoutez, choisissez-moi la plus jolie, vous avez meilleur goût que moi.

— Mais je ne sais pas si vous voulez une brune, une blonde...

— La plus jolie...

Alors je lui ai trouvé la plus ravissante blonde de l'assemblée, qui tenait un petit chat dans les bras.

— Peut-être que le chat va vous gêner ? remarquai-je.

— Oh, pas du tout. Renvoyez les autres gentiment mais payez-leur leur essence, je ne sais pas s'il faut cinq dollars par personne.

— Un dollar.

— Ne soyez pas avare, vous savez, nous allons bientôt mourir et nous ne serons plus rien.

Après que j'ai raconté cela à Madame Maurois, elle me demanda :

— Et ça dure depuis combien de temps ?

— Depuis que nous avons loué la maison. Plusieurs mois déjà.

— Vous n'êtes jamais montée voir ce qu'ils font ?

— Vous savez, je ne suis pas indiscrète. Je suis sûr que si c'était votre mari, vous réagiriez pareillement.

— Ah, mais moi, je vais monter !

Au bout d'un moment, j'ai entendu comme une pluie de petites pierres qui dégringolaient de l'escalier. C'était le jeu d'échecs.

La boîte à la main, vous êtes apparu, chemise grande ouverte. Un peu fâché.

Mais je l'étais moi aussi, et triste. La jeune femme avait appris à jouer aux échecs, et vous, vous n'aviez pas même voulu apprendre avec moi les couleurs de l'arc-en-ciel !

J'annonçai à la jeune femme qu'elle n'avait pas rempli son contrat.

— C'est ma faute, intervint Tonio, et de toute manière je n'ai plus besoin de lui apprendre les échecs, elle sait très bien. Et moi, je n'apprendrai jamais l'anglais.

— Mademoiselle, combien voulez-vous pour votre congé ?

— Je vous supplie de me garder, je viendrai gratuitement ! répondit-elle, les larmes aux yeux.

Les échanges de lettres avec Maritain par journaux interposés te furent très pénibles. Tu te sentais incompris. C'était une série de malentendus que tu ne parvenais pas à dissiper. Je ne savais plus comment te distraire. Je te proposais de faire un tour à Central Park, on allait voir les tigres, les lions, les chimpanzés, et bien que tu n'aies pas beaucoup de tendresse pour les singes, j'arrivais à t'arracher un sourire lorsque tu me regardais leur donner à manger des cacahuètes à la main.

Toutes ces semaines, depuis 1943, tu vivais avec une brume sur toi, sur ta tête, alors tu prenais de grands ciseaux et tu fabriquais de petits avions. Un jour, un agent de police est même monté à la maison pour te signaler que ça salissait les rues de New York !

Tu as souri et tu lui as expliqué :

— J'en ai encore de meilleures, des blagues ! Un jour, après avoir téléphoné, j'ai oublié de raccrocher. Je me suis endormi et je ronflais si fort qu'on a eu peur au central téléphonique que quelque chose ne soit arrivé dans cet immeuble. On a pensé au feu, et l'on a envoyé une échelle de pompiers !

Un autre épisode a eu lieu dans la maison de Greta Garbo, qu'elle nous avait louée. Nous avions comme voisine Mrs Guggenheim, la propriétaire des mines, et sa fille Peggy, qui était en admiration devant Tonio. Elle me rendait de petits services à la maison. Le chien Hannibal, un bouledogue, avait mauvais caractère, mais il aimait beaucoup Peggy qui était belle et blonde : il lui prenait le bras entre ses dents et ne voulait plus le lâcher !

Un jour où nous recevions des amis, Gabin, Marlène Dietrich, Garbo, comme notre glacière ne pouvait contenir toutes les bouteilles de champagne, Peggy eut l'idée de les enterrer dans le jardin, dans la neige.

— Très bien, jeune fille, dit Tonio, faites ce travail !

Quand vint le moment de servir le champagne, devant l'assemblée de ces belles dames toutes en gants blancs — même à table ! —, Peggy annonça :

— Je ne sais plus où je les ai enfouies, quelqu'un veut-il m'accompagner ?

Gabin accepta de chercher les bouteilles ensevelies sous la neige, ils se gelaient tous les deux dans le parc, on les entendait rire, surtout le rire si jeune de Peggy !

Alors tout le monde est sorti et chacun s'est mis à chercher les bouteilles : joie de notre vie !

C'est ainsi que nous avons inauguré la maison de Garbo. J'étais contente, mais je voyais que tu n'étais pas du tout heureux. Tu ne le serais, je le savais bien, que lorsque tu aurais obtenu ton autorisation de rejoindre ton escadrille, le groupe 2/33, pour aller te battre, pour qu'on te tire dessus.

Peggy à ce moment-là hébergeait Max Ernst qu'elle avait arraché aux nazis. Puis Max Ernst épousa Peggy ; il venait se réfugier chez nous, sans parler de bonheur ou de malheur ; comme toi, il était triste.

Je me souviens qu'un jour, comme tu n'aimais pas recevoir beaucoup de monde à la fois, tu avais proposé à Max Ernst :

— Si vous êtes seul, venez demain soir chez nous.

Il vint après avoir confié à Peggy :

— Je vais chez Saint-Ex, il m'attend, il n'a invité que des hommes, il n'y aura que sa femme ; il se prépare pour partir à la guerre et il est un peu inquiet de la laisser toute seule à New York.

Je ne me plaignais jamais de cette solitude que je pressentais. De cette tristesse à venir. Tu devais partir, je le savais. « Il faut qu'on me tire dessus, que je me sente lavé, que je me sente propre dans cette drôle de guerre. » C'étaient tes paroles.

Tonio habituait le bouledogue à son départ. Il faisait des bulles de savon et le chien les écrasait sur les murs tout blancs de la maison de Garbo.

— Quand je reviendrai, disait-il, quand je vous retrouverai avec votre chien, s'il ne me reconnaît pas, je ne le battrai pas, je lui ferai des bulles de savon et il saura que c'est son maître qui est de retour.

28

« Je m'en vais faire la guerre... »

Ah ! Tonio, mon bien-aimé, c'est terrible d'être la femme d'un guerrier. Tonio, mon amour, mon arbre, mon mari, c'est décidé : vous partez. Vous savez, Tonio, que vous êtes aussi mon fils... Je sais que vous, vous avez vu une femme avant votre départ, et que vous lui avez dit : « Thérèse, je ne vous embrasserai pas. Parce que je porterai sur mes lèvres, jusqu'à la fin de la guerre, les lèvres de ma femme et son dernier baiser. » En me serrant dans tes bras, quand tu m'as dit au revoir, avant de t'envoler pour Alger, ta voix est restée dans mon oreille. Je l'entends comme le battement de mon cœur. Je l'entendrai toujours.

— Ne pleure pas, c'est beau l'inconnu quand on va le découvrir. Je vais faire la guerre pour mon pays. Ne vois pas mes yeux car je pleure de joie de remplir mon devoir autant que de chagrin de tes pleurs. Je remercierais presque le ciel d'avoir un trésor à quitter : ma maison, mes livres, mon chien. Tu me les garderas.

» Chaque jour tu m'écriras deux lignes, trois lignes, tu verras, ce sera comme une conversation au téléphone et nous ne serons pas séparés puisque tu es ma femme pour l'éternité et nous pleurerons ensemble la distance des jours qui passent sans regarder ensemble les mêmes choses.

» Petite fille, ne pleure pas, je vais pleurer aussi. J'ai l'air fort, parce que je suis grand, mais je vais bientôt m'évanouir et alors, si mon commandant ou mon général sont à la porte, ils ne seront pas fiers de leur soldat !

» Arrange plutôt ma cravate. Donne-moi ton petit mouchoir pour que j'écrive dessus la suite du *Petit Prince*. A la fin de l'histoire le Petit Prince offrira ce mouchoir à la Princesse. Tu ne seras plus jamais une rose avec des épines, tu seras la princesse de rêve qui attend toujours le Petit Prince. Et je te dédierai ce livre. Je ne peux me consoler de ne pas te l'avoir dédié. Je suis sûr que, pendant mon absence, nos amis seront gentils pour toi. Quand je suis là, ils me préfèrent et cela ne me flatte pas. Ceux qui aiment en moi la vedette m'attristent. Ceux qui ne t'offrent pas toutes leurs grâces, je les oublierai. Ma femme, à mon retour, nous serons tous les deux avec nos amis de cœur. Seulement avec eux.

Ah ! Que je voudrais m'allonger un peu plus longtemps près de toi sans rien dire, il me vient dans la tête comme un assaut, une multitude d'images de mon enfance, à cette heure... Et il faut partir... Quelle heure est-il ?

— Tonio, tu me déchires le cœur. Tu me demandes d'être gentille avec ceux qui restent. Depuis que tu as eu cette autorisation de partir, aucun de tes amis n'a songé, même pour plaisanter, à te retenir, à t'expliquer que des avions rapides réclament de très jeunes pilotes. Je leur pardonne leur lâcheté puisqu'ils t'aiment sincèrement, ils te comptent comme un des leurs, sur le point de faire la guerre, et c'est ça que tu voulais. C'est nécessaire pour toi.

— Pimprenelle, mon amour, ne fais pas la guerre contre tout le monde. C'est vrai tout ce que tu dis.

— Oui, je sais, mieux vaut t'expliquer comment j'ai rangé tes bagages.

— Oh la la, pas de recommandations... Tu m'as donné trop de mouchoirs, d'épingles, de pilules, et ces caleçons sont trop petits pour moi.

— Tu maigriras.

— Non, non, je préfère grossir, protesta-t-il en riant. Mais si je deviens fou, si je mélange toutes ces pilules, toutes ces vitamines — un bon repas explosif le jour où je n'aurai pas de pain —, je me mettrai à gonfler comme le boa du *Petit Prince* ! Ne sois pas jalouse de cette bande de colombes qui, en exil, ici, ont roucoulé en français avec moi, et m'ont conduit avec tous nos amis jusqu'à ta porte. Je ne pouvais pas m'en débarrasser. Ne les maltraite pas. L'amour qui n'a pas de racines est bruyant, collant, et je pars, c'est fini, quand je serai loin, il y aura d'autres visages, d'autres amis et même d'autres colombes, tu sais. Mais c'est différent. Ma maison est dans ton cœur, et j'y suis pour toujours.

— Je ne peux quand même pas les accueillir en souriant. Ce n'est pas une fête, ton départ. Et j'ai de la fièvre.

— Ah ! Pimprenelle, il se fait tard. Je dois prendre mon bateau. Il passera demain devant la maison, peut-être cette nuit. Soigne-toi. Ecris-moi. Même si tes lettres sont bêtes. Je dis bêtes dans le sens où tu te trompes souvent dans tes jugements sur untel ou unetelle. N'oublie pas ce que je t'ai dit : tu as un jugement plus sûr sur les hommes que sur les femmes, presque clairvoyant. Tu ne te trompes jamais sur les hommes, mais sur les femmes, toujours !

Il partit enfin. Je restai des heures sur mon lit, comme paralysée. Désespérée. Je ne pouvais pas m'endormir.

Je veillais sur votre sous-marin, je n'entendais aucun bruit mais je vous sentais traverser les eaux, chaque minute, parce que vous n'étiez pas dans ces eaux, mais dans moi, au plus profond de mes entrailles. Vous savez, Tonio, vous aviez raison, j'étais votre mère aussi.

Ah, comme nos petites disputes me paraissaient maintenant vaines ! Comment vous dire, avec l'émotion que j'ai de vous savoir enfermé dans un bateau fragile bien que je vous sache escorté d'autres navires, que je vous protège ? Car je sais que vous arriverez à bon port, mon amour, et je me souviens de ce secret que vous m'avez murmuré à l'oreille quand je pleurais à chaudes larmes : Faites-moi un manteau de votre amour, Consuelo, ma Pimprenelle, et je ne serai pas touché par les balles. Je vous le fais, ce manteau, mon chéri. Qu'il vous enveloppe pour l'éternité.

Je n'ai pas cherché, non, à vous regarder passer en bateau sur les eaux de l'Hudson qui vont vers la mer. Vous m'avez dit que, de toute manière, je ne vous verrais pas à cause des lumières électriques qui forment des reflets fantastiques sur l'eau d'acier. Mais vous m'avez promis que vous m'embrasseriez alors si fort dans votre cœur que je sentirais vos caresses toute la vie et que, si vous ne reveniez pas, la rivière me raconterait la force de votre baiser, me parlerait de vous.

De nous.

ANNEXES

I

La Niña del Masvilla

Ricardo Viñes, le pianiste aux mains d'ailes de colombe, me disait à l'oreille, chaque matin, sur le pont :

— Consuelo, vous n'êtes pas une femme.

Je riais. Je l'embrassais sur les joues en écartant ses longues moustaches qui parfois me faisaient éternuer, tandis qu'il psalmodiait les rites de la courtoisie espagnole, pour me souhaiter le bonjour, pour me demander mes rêves, pour me préparer à bien vivre cette première de voyage vers Buenos Aires. Et tous les jours je me demandais ce que don Ricardo voulait bien dire, avec sa petite phrase matinale.

— Suis-je donc un ange, suis-je une bête ? Ne suis-je pas ? lui dis-je enfin avec violence.

Il devint grave. Sa face à la fresque se tourna vers la mer pendant quelques instants. Il prit mes mains entre les siennes :

— Enfant, vous savez écouter ; ah, ce n'est pas mal... Depuis que nous sommes sur ce bateau, je me demande ce que vous êtes. Je sais que j'aime ce qui est en vous, mais je sais que vous n'êtes pas une femme. J'ai médité des nuits entières

Première page manuscrite des Mémoires de Consuelo.

Lake George. fin juin
le jour de ton
anniversaire

Tonnio, mon amour.

Je me suis reveillé a
6 heures du matin. j'ai couru en pijama
au lac. pour tremper mes pattes. L'eau
est douce. Un soleil amaranta arrive
par derriere ma voisine montagna.
Et je songe a Toi mon aimé. Et je
suis heureuse de te penser, de te
revoir. Malgré la peur que j'ai de
te savoir le plus vieux pilote du
monde, mon cheri, si tout les hommes
Te ressemblait !

Je dois courrir, jusque
au village a une petite eglise
catholique ou on dit la messe
a 7.30 tous les jours, et c'est la
seule messe ici Tres peu de catholi-
ques et tres peu de pretres catholiq-
Je vais aller m'asseoir dans les
banquettes abandonnées de l'eglise
Aujourd'hui jour de ton anniversaire

Lettre de Consuelo à Saint-Exupéry datée du 29 juin 1944 ; le même jour,
Antoine de Saint-Exupéry lui écrit une très grave lettre d'amour, dans la
marge de laquelle il précise qu'il vient d'avoir quarante-quatre ans.

c'est tout c'est que je peu te
donner — Alors, je coures, mon
mari, je dois m'habiller, j'ai
une demi heure de marche a
pied, jusque a l'église.

A bientôt. si je ne
vous vais plus dans cet planette
sâché que vous me trouverés
près du Bon Dieu vous
attendent, pour de bon !

Vous est dans moi
comme la végétation est
sur la terre. je vous aime
vous mon trésor, vous mon
monde.

Votre femme.

Consuelo.

29 juin 1944.

TABLE

Cet ouvrage a été réalisé par la
SOCIÉTÉ NOUVELLE FIRMIN-DIDOT
Mesnil-sur-l'Estrée
pour le compte des Éditions Plon
en mars 2000

Photocomposition : Nord Compo
59650 Villeneuve d'Ascq

Imprimé en France
Dépôt légal : avril 2000
N° d'édition : 13209 – N° d'impression : 50736